Asia-Pacific Human Rights Review 2004
アジア・太平洋人権レビュー2004
Corporate Social Responsibility and Human Rights
企業の社会的責任と人権
●
㈶アジア・太平洋人権情報センター（ヒューライツ大阪）編

はじめに

　近年、企業の社会的責任という言葉が急速に人々の関心を集めている。背景に企業の不祥事などが続いたこともあるが、それだけでなく社会の企業に対する期待や注目が企業の本来の営利活動だけでなく、同じ社会の一員である企業市民としての活動にまで及んでいることもあるのではないだろうか。

　いうまでもなく、企業の活動は人々の雇用、技術開発や社会の経済発展などをもたらしており、人々の生活の向上に貢献している。しかし一方で、従業員の結社の自由などの労働権の侵害、児童労働、排水や廃棄物による環境の悪化や健康への被害など、あるいは住民を弾圧する外国政府への支援など、企業に働く人や企業の活動先の住民など企業に関わるさまざまな人に被害を及ぼすこともある。経済のグローバル化がいわれて久しいが、企業活動の影響は国境を越えて広範な分野に拡大しており、今や国際的な、そして分野横断的な対応が模索されているのである。

　企業は活動している国・地域の法律を遵守しなければならないのは当然であるが、法規制がない場合、あるいは法が及ばない事態についてどうするのか。活動や影響が国境を越える場合はどうするのか。現行の制度で充分なのであろうか、などのさまざまな問題が浮かび上がってくる。

　ルールづくりという観点から見ると、労働権や環境に対する企業の責任は従来より議論が行われており、労働の分野ではILOが早くから条約作成など取組みを行っている。近年の企業の社会的責任の議論は労働権にとどまらず、より広く人権侵害や環境に対する責任を取り上げるようになり、とられるアプローチも条約のような形だけでなく、多様である。たとえば、企業が自発的に規範などをつくり、取り組んでいるのも最近の傾向である。あるいはSA8000やISOなどの認証制度、または国連のグローバル・コンパクトなどが基準や原則を設定し、企業がそれに自主的に参加するという形をとる場合もある。2003年には国連の人権促進保護小委員会が多国籍企業などの責任に関する規範を起草し採択した。

　一方で、従業員、株主、取引先などのように従来はステークホルダー（利害関係者）とはされていなかった市民社会も企業の社会的責任の取組みへの参加が見られるようになっている。企業の自主的な取組みなどの監視や、企業の行動を促したり、規範づくりに関わるなどこちらもさまざまなアプローチが試みられている。

　この特集では、企業の社会的責任の議論を人権という観点から、総論的な見地だけでなく、児童労働やHIV/AIDSなど個別的な問題における企業や市民社会などの取組みを通してその展開や課題を明らかにしよう

とした。

　また、国連やアジア・太平洋地域の人権に関する1年の動きについて取り上げる第2部では、新たな試みとして、若手研究者によるアジア・太平洋地域における各国の人権状況と取組みに関する報告の場を設け、第1回となる今回は7名の方々に、それぞれの国が女性、子どもまたは障害をもつ人について抱える人権の課題をまとめていただいた。この企画を通して、この地域の人権状況における課題や取組みの理解につながることを期待したい。

　最後に本書の企画、ご執筆にご尽力いただいた皆様にお礼を申し上げたい。

　　　　　　　㈶アジア・太平洋人権情報センター（ヒューライツ大阪）所長
　　　　　　　　　　　　　　　　　　　　　川島　慶雄

はじめに 2

第I部 企業の社会的責任と人権
Part1 Corporate Social Responsibility and Human Rights

International Guidelines on Corporate Social Responsibility: International Human Rights Law Perspective
10 **企業の社会的責任に関する国際的指針**
　　国際人権法の視点から
　　山崎公士

Corporate Codes of Conduct Relating to Labour Initiated by ILO and Japan
25 **ILOの動向と日本での企業規範をめぐる問題点**
　　香川孝三

具体的な取組み

Norms on the Responsibilities of Transnational Corporations and Other Business Enterprises with Regard to Human Rights Adopted by the UN Sub-Commission
39 **国連人権小委員会　企業の人権責任に関する規範**
　　川本紀美子

The Role of Private Sectors to Secure Public Health in Developing World: In the Context of HIV/AIDS Problem in Africa
51 **企業と健康・医療**
　　アフリカのHIV/AIDSを事例として
　　稲場雅紀

Corporate Social Responsibility, and Rights of Indigenous and Local Communities: From the Issues Concerning the Use of Genetic Resources and the Protection of Traditional Knowledge
66 **企業の社会的責任と先住民・地域社会の権利**
　　遺伝資源の利用と伝統的知識の保護をめぐる問題から
　　薗巳晴

The Engagement of Cities and Its Potential in the Global Compact: The Policies of the City of Melbourne to Ensure the Implementation of International Norms by Companies
78 **グローバル・コンパクトへのシティの参加とその可能性**
　　企業の国際的行動規範履行確保へのメルボルンの施策を例として
　　菅原絵美

Child Labor and Corporate Social Responsibility
94 **児童労働と企業の社会的責任**
　　岩附由香＋白木朋子

Towards More Comprehensive Business Ethics: Corporate Social Responsibility for Human Rights and Environment
110 **より包括的な企業倫理に向けて**
　　人権と環境への企業の社会的責任
　　岩谷暢子

119 **資料1●人権に関する多国籍企業およびその他の企業の責任に関する規範**
　　仮訳：川本紀美子

123 **資料2●労働における基本的原則及び権利に関するILO宣言とそのフォローアップ**
　　仮訳：ILO駐日事務所

4

第II部 アジア・太平洋地域の人権の動向
Part2 Development of Human Rights Activities in the Asia-Pacific Region

国連の動向

128 *Human Rights Activities by UN in 2003*
2003年の国連の動き
田中敦子／友永雄吾／石川えり

141 *ILO Report on Discrimination at Work*
ILO：仕事における差別
ILO駐日事務所

148 *Views on Individual Communication Issued by the Treaty Bodies for 2003*
条約委員会による個人通報に対する見解
岡田仁子

アジア・太平洋地域の政府・NGOの動向

158 *UNESCO Follow-Up to the World Conference Against Racism, Racial Discrimination, Xenophobia and Related Intolerance*
ユネスコによる「国連反人種主義・差別撤廃世界会議」（ダーバン会議）のフォローアップ
藤本伸樹

161 *The 8th Annual Meeting of the Asia Pacific Forum of National Human Rights Institutions*
アジア・太平洋国内人権機関フォーラム（APF）第8回年次会合
野澤萌子

164 **資料3●アジア・太平洋国内人権機関フォーラム最終声明**
訳：ヒューライツ大阪

168 *Development of Human Rights Education in the Asia-Pacific Region*
アジア・太平洋地域における人権教育の動向
Jefferson R. Plantilla　訳：野澤萌子

アジア・太平洋人権レビュー 2004●目次

アジア・太平洋における子ども・女性・障害者の権利に関する動向

Human Rights of Women and Children in Thailand
171 タイにおける女性と子どもの人権
平井佐和子

The Right to Education of Children with Disabilities in the Philippines
174 フィリピンにおける障害のある子どもの教育への権利
德永恵美香

Consideration of the Draft Law on the Inter-Country Adoption in Cambodia
177 カンボジア王国渉外養子縁組法案
野村文月

Human Rights of Persons with Disabilities in the Marshall Islands: Hardships of Nuclear Survivors
182 マーシャル諸島における障害者の権利
被ばく者の現況を中心に
間野千里

Communalism and Gender -Case of India
186 インドにおけるコミュナリズムとジェンダー
門脇章子

Human Rights of People with Disabilities in China
189 中国における障害をもつ人の権利
関本克良

Human Rights of Women in Japan
192 日本における女性の権利
山本哲史

2003年採択の主要国際人権文書

196 資料4●子どもの権利委員会一般的意見3
訳：平野裕二

211 資料5●子どもの権利委員会一般的意見4
訳：平野裕二

224 資料6●子どもの権利委員会一般的意見5
訳：平野裕二

244 資料7●女性差別撤廃委員会総括所見・日本
仮訳：内閣府

251 資料8●子どもの権利委員会総括所見・日本
訳：平野裕二

㈶アジア・太平洋人権情報センター
（ヒューライツ大阪）

　国連憲章や世界人権宣言の精神にもとづき、アジア・太平洋地域の人権の伸長をめざして、1994年に設立されました。ヒューライツ大阪の目的は次の4点です。
⑴アジア・太平洋地域における人権の伸長を図る
⑵国際的な人権伸長・保障の過程にアジア・太平洋の視点を反映させる
⑶アジア・太平洋地域における日本の国際協調・貢献に人権尊重の視点を反映させる
⑷国際化時代にふさわしい人権意識の高揚を図る
　この目的を達成するために、情報収集、調査・研究、研修・啓発、広報・出版、相談・情報サービスなどの事業を行っています。資料コーナーは市民に開放しており、人権関連の図書や国連文書、NGOの資料の閲覧や、ビデオの観賞ができます。

センターの開館時間●平日（月〜金）の9：30より17：00

〒552-0007
大阪市港区弁天1-2-1-1500　オーク1番街15階
（JR環状線・地下鉄「弁天町」駅下車すぐ）
TEL.06-6577-3577〜8　FAX.06-6577-3583
E-mail●webmail@hurights.or.jp
Web●http://www.hurights.or.jp

筆者紹介

山崎公士 ●やまざき・こうし
新潟大学法科大学院教授
Professor of Law, Niigata Law School

香川孝三 ●かがわ・こうぞう
在ハノイ日本国大使館公使
Minister of Japan Embassy in Vietnam

川本紀美子 ●かわもと・きみこ
神奈川大学大学院法学研究科後期博士課程
Graduate School of Law, Doctor Course, Kanagawa University

稲場雅紀 ●いなば・まさき
アフリカ日本協議会幹事
アフリカ日本協議会感染症研究会コーディネイター
Board Member, Africa Japan Forum
Coordinator, AIDS Task Force, Africa Japan Forum

薗 巳晴 ●その・みはる
株式会社ノルド社会環境研究所研究員
Researcher, Nord Institute for Society and Environment

菅原絵美 ●すがわら・えみ
神戸大学大学院国際協力研究科博士前期課程
Graduate School of International Cooperation Studies, Kobe University

岩附由香 ●いわつき・ゆか
ACE代表
Head Director, ACE (Action against Child Exploitation)

白木朋子 ●しらき・ともこ
ACE副代表
Director, ACE (Action against Child Exploitation)

岩谷暢子 ●いわたに・のぶこ
博士（法学、神戸大学大学院国際協力研究科）
LL.D. (International Law, Graduate School of International Cooperation Studies, Kobe University)

Part1 Corporate Social Responsibility and Human Rights
企業の社会的責任と人権

International Guidelines on Corporate Social Responsibility:
International Human Rights Law Perspective

企業の社会的責任に関する国際的指針
国際人権法の視点から

山崎公士 ●YAMAZAKI Koshi

1. はじめに

「企業と人権」の関わりは1980年代から注目されはじめ、90年代にはさまざまな指針が登場した。それまでは、企業経営において人権はあまり重視されてこなかった。企業は利益を追求する組織であり、消費者に高品質の商品・サービスを提供し、従業員に給与を支払い、株主に利益を配当し、国や自治体に税金を納めるのが使命とされてきた。その結果、人権に配慮するための費用は最小限に抑えられてきた。

しかし、企業活動による重大な人権侵害が頻発し、NGOなどから大きな批判を招く事態が徐々に表面化してきた。また経済のグローバル化によって国境を越えた企業活動が一般化し、その影響は地球規模に及ぶようになった。さらに企業は株主や取引先だけでなく、従業員、消費者、地域社会など多様なステークホルダー（利害関係者）に対し社会的責任を果たすことが求められるようになってきた。

こうした背景から企業の人権尊重義務が注目されるようになり、企業にとって人権問題は重要な課題となりつつある。1970年代後半以降、企業の社会的責任に関する原則や指針などが国際組織やNGOによって策定されるようになった。

本稿では、1970年代以降策定された企業の社会的責任をめぐるさまざまな原則・規格・ガイドラインにおける人権関連規定を国際人権法の視点から整理し、任意文書から法的文書への発展方向を素描し、企業の社会的責任の法的規律において国際人権基準が果たす役割を展望する。

2. 企業活動による人権問題

企業は、社会のなかで活動し利益をあげる組織であり、政府・自治体、金融機関・投資家・株主、調達先・取引

先、従業員、消費者、地域社会（コミュニティ）などさまざまなステークホルダーと日々密接な関係を保っている。したがって、企業活動によって、これらステークホルダーの人権を損なう場面も見られる。企業活動による人権侵害は多岐にわたっている。

(1)企業内部における直接的人権侵害

企業は雇用を創出するが、反面、従業員の人権を侵害することもある。従業員の採用や昇進における社会的出身や国籍による差別、外国人従業員、とくに移住労働者に対する劣悪な労働条件、ジェンダー差別、障害者に対する差別、職場でのいじめ、セクシュアル・ハラスメント、過剰な超過勤務、過労死の問題などが、企業内部における直接的人権侵害の代表例である。なお、生産拠点が国外にある企業が、児童労働やスウェット・ショップ（搾取工場）によって生産活動を展開する場合もこの範疇に入る。

(2)生産活動による直接的人権侵害

企業の生産活動によって人権侵害が引き起こされる場合がある。鉱山開発のため先住民族が生活の場を奪われたり、生産活動に起因する公害によって健康が害されたりするケースである。また食料品や薬品などの製品が健康被害などを起こす場合もこれにあたる。

(3)生産・営業活動による間接的人権侵害

総選挙の結果を無視し続ける軍事政権によるさまざまな人権侵害が報告されているビルマに生産拠点を置き、また営業活動を展開する企業は、軍事政権に経済的に荷担しているとの理由から、間接的にビルマで人権侵害を犯していると批判される場合がこれにあたる。

3.企業の社会的責任に関する原則・指針等と人権関連規定

これまで民間団体（NGO）、政府間国際組織等によって、企業の社会的責任に関する原則や指針等が数多く策定され、運用されている。当初は、企業による行動原則や規格等の任意的な文書が多かったが、最近は企業に法的義務を課すことをめざす文書も登場しつつある。ここでは、これらの文書のうち代表的なものを①民間団体による企業行動原則、②民間団体による規格、③民間団体によるガイドライン、④国際組織による企業行動原則に分類し、それぞれの中に国際人権基準がどの程度盛り込まれているかを整理してみよう。

(1)民間団体による企業行動原則
(a)サリバン原則（1977年）[1]

1970年代に南アフリカのアパルトヘイトと闘う一環として、アメリカ企業

の事業展開を問題視し、レオン・サリバン師が1977年に提唱した倫理綱領（正式には、「南アフリカ共和国に、提携関係会社〔企業〕、系列会社、関連会社、子会社、支社等々を有し事業を展開しているアメリカ企業によって声明された諸原則」）で、次の7原則からなる。

原則Ⅰ　食堂、娯楽施設、作業施設において人種差別をしない。
原則Ⅱ　すべての従業員を平等かつ公平に処遇する。
原則Ⅲ　同一の時間で等しい仕事あるいは同等の仕事をしているすべての従業員に、同額の賃金を支払う。
原則Ⅳ　かなりの数の黒人やその他の有色人種が監督職・管理職・クラーク職・技術職に就けるように職業訓練プログラムを開始し、発展させる。
原則Ⅴ　管理職や監督職に就く黒人その他の有色人種の人数を増やす。
原則Ⅵ　住宅、交通、教育、レクリエーション、健康施設のような労働環境以外の従業員の生活の質を改善する。
原則Ⅶ　社会的、経済的および政治的正義の実現を妨げている法律および習慣を撤廃するように努める。

(b) コー円卓会議（Caux Round Table, CRT)「ビジネスに関する原則」（1994年）2)

コー円卓会議は、激化する対日貿易摩擦に対する欧米の感情的反発やジャパン・バッシングの兆候に危惧を抱いたオランダ・フィリップス社のフィリップス元会長等の呼びかけで、1986年に日米欧のビジネス・リーダーが集まって設立した民間組織である。「ビジネスに関する原則」は、国際的な競争のルール作りや企業の社会的責任を明らかにするため作成された。この原則は序文、第1章まえがき、第2章一般原則、第3章ステークホルダー原則からなるが、次の項目の中に人権問題に関連する事項が盛り込まれている。

◎この原則は次の2つの基本的な倫理的理念に根ざしている。すなわち、共生（英語でもkyoseiと表記）と人間の尊厳である（序文）。
◎ビジネスは活動を展開する諸国で人権、教育、福祉および活性化に貢献

---

1) The [Sullivan] Statement of Principles (Fourth Amplification), Nov. 8, 1984, reprinted in 24 I.L.M. 1496 (1985). 翻訳は、「サリバン原則──南アフリカ共和国に、提携関係会社（企業）、系列会社、関連会社、子会社、支部等々を有し事業を展開しているアメリカ企業によって声明された諸原則」、http://www009.upp.so-net.ne.jp/juka/Sullivan-Principles.htm (last visited Mar 29, 2004).
2) The Caux Round Table, Principles for Business, available at http://www.cauxroundtable.org/principles.html (last visited Mar. 29, 2004). 翻訳は、「コー円卓会議・企業の行動指針」日本弁護士連合会国際人権問題委員会編『企業の社会的責任と行動基準──コンプライアンス管理・内部告発保護制度』（商事法務、2003年）所収。

しなければならない(第2章一般原則、第2原則「ビジネスの経済的・社会的影響——変革、正義および世界共同体に向けて」)。
◎従業員一人ひとりの尊厳を信じ、従業員の利益を重視する。
◎ジェンダー、年齢、人種および宗教のような分野における差別的慣行を撤廃し、平等な待遇と機会を保障する(第3章ステークホルダー原則、「従業員」)。
◎人間の尊厳を尊重する雇用慣行をもつ仕入れ先や下請けを開拓し、奨励し、優先する(同上、「仕入れ先」)。
◎人権および民主的活動を行う団体を尊重し、できる限りこれらを支援する(同上、「共同体」)。

(2)民間団体による規格
(a)SA8000(1997年、第2版2001年)[3]

SAはSocial Accountability(社会への説明責任)の略で、CEPAA(Council on Economic Priorities Accreditation Agency、経済優先度調査会、2000年からSocial Accountability International, SAIに改称)を中心にコンサルティング会社、監査法人、人権団体、労働組合、大学、小売業者、製造業者などの代表者が集まり策定した労働環境に関する国際規格である。

SA8000は労働者の権利等に関するILO諸条約、世界人権宣言および子どもの権利条約に依拠した次の9原則を提示する。なお、SA8000はISO9000やISO14000と同様に、第三者が審査する認証取得の対象でもある。

1. 児童労働——15歳未満の労働者を使用してはならない。15歳未満の児童労働者を救済しなければならない。
2. 強制労働——刑務所内の労働または債務奴隷を含め強制労働を強いてはならない。
3. 健康と安全——安全で健康的な労働環境を提供しなければならない。
4. 結社の自由および団体交渉権——労働組合を結成し、これに参加する権利、および団体交渉権を尊重しなければならない。
5. 差別——人種、カースト、門地、宗教、障害、ジェンダー、性的指向、組合もしくは政党への参加、または年齢に基づく差別をしてはならない。セクシュアル・ハラスメントをしてはならない。
6. 懲戒——体罰、心理的もしくは精神的強制、または言葉による暴力を行ってはならない。
7. 労働時間——適用される法律を遵守しなければならない。しかし、いかなる場合でも、1週間の労働時間は48時間を超えてはならず、少なくとも1週間に1日の休暇を与えなければ

---

[3] Social Accountability 8000, second issue, available at http://www.sa8000.org/Document%20Center/2001StdEnglishFinal.doc(last visited Mar. 29, 2004).

ならない。
8. 給与——給与は法律に従い、労働者とその家族のベーシック・ニーズを満たすため充分なものでなければならない。
9. マネジメント・システム——認証を受け、維持しようとする施設は、マネジメントのシステムや慣行をこの基準に単にあわせること以上の行動をとらなければならない。

(b)社会的責任に関するグローバル・サリバン原則（1999年）4)

グローバル・サリバン原則は、南アフリカにおけるアパルトヘイト根絶をめざした「サリバン原則」を世界的に適用しようとしたものである。グローバル・サリバン原則は、サリバン師が企業の社会的責任として規定した人権・労働・地域社会に関する諸原則である。人権関連の主な内容は以下のとおりである。

◎普遍的人権、とりわけ従業員、企業が活動する社会、およびビジネスで関わる当事者の人権を支持することを表明する。
◎皮膚の色、人種、ジェンダー、エスニシティまたは宗教的信仰に関し、企業のあらゆるレベルにおいて、従業員の機会均等を進め、また企業活動において子どもの搾取、子どもへの体罰、女性への人権侵害、非自発的な労役その他の人権侵害のような労働者に対する容認できない取扱いを行わない。
◎従業員の任意的な結社の自由を尊重する。

なお、グローバル・サリバン原則は、①これを支持する企業にその実践状況を毎年報告させ、②その実践状況を毎年評価・検討し、③同原則を支持する企業間の経験交流のため年次会合を開催する等によって、同原則の実施を図っている。

(3)民間団体によるガイドライン

(a)Global Reporting Initiative(GRI)の持続可能性報告書ガイドライン(Sustainability Reporting Guideline)(2000年)5)

GRIは環境報告書のグローバル・スタンダードを策定する目的で、CERES（持続可能な未来に向けて協働するアメリカの環境・投資・アドボカシー団体の連合体）と国際連合（以下、「国連」）開発計画(UNDP)の協力で1977年に設立された団体である。2000年に公表され、2002年に改定された「持続可能性報告書ガイドライン」は、持続可能性に関わる経済パフォーマンス、環境パフォーマンスおよび社会的

---

4) Global Sullivan Principles of Social Responsibility, available at http://www.globalsullivanprinciples.org/principles.htm (last visited Mar. 29, 2004).
5) 2002 Sustainability Reporting Guidelines, available at http://www.globalreporting.org/guidelines/2002.asp (last visited Mar. 29, 2004).

パフォーマンスの3側面の指標を持つ初めての包括的な持続可能性報告書に関するガイドラインである。人権問題は社会的パフォーマンス指標の4項目（労働慣行、人権、社会および生産責任）のひとつに位置づけられ、以下の8項目に関して必須指標と任意指標が設定されている（HRはHuman Rightsの頭文字）。

HR1. 戦略とマネジメント
HR2. 非差別
HR3. 結社の自由と団体交渉権
HR4. 児童労働
HR5. 強制的・義務的労働
HR6. 懲戒慣行
HR7. （企業が雇う）保安要員（security personnel）
HR8. 先住民族の権利

(4)国際組織による企業行動原則[6]

(a)国連のグローバル・コンパクト（1999年）[7]

グローバル・コンパクトは、1999年1月31日に、世界経済フォーラム（通称、ダボス会議）の席上で、アナン国連事務総長によって提唱された。事務総長は、世界のビジネス・リーダーに対して、すべての人がグローバリゼーションの恩恵を得られるよう協力することを求めた。グローバル・コンパクトは、人権、労働、環境を中心とした企業の社会的責任を世界的に達成するために用いられるひとつの基本的枠組で、下記の9つの原則からなる。世界人権宣言やILOの基本原則、環境開発リオ宣言といった普遍的な原則に基づいている。

グローバル・コンパクトは規制手段や行動準則ではない。しかし、9原則に賛同する企業は9原則を守るよう努力することを約束し、毎年どのような努力をしたかを国連に報告することになっている。グローバル・コンパクトはグローバル・サリバン原則その他の企業に関する国際基準と相補的な関係にあり、すぐれた企業の実践を明らかにし、それを世界中に普及させるための制度的な基盤である。

◎人権
原則1　ビジネス界は、その影響の及ぶ範囲内で、国際的に宣言された人権保障を支持し、尊重しなければならない。
原則2　ビジネス界は、人権侵害に荷担してはならない。

◎労働基準
原則3　ビジネス界は、組合形成の自由と団体交渉権の実効的承認を支持しなければならない。
原則4　ビジネス界は、あらゆる形態の強制労働の撤廃を支持しなけ

---

[6] ILOが1977年に採択（2000年の改訂）した「多国籍企業および社会政策に関する原則の三者宣言」は国際組織による企業行動原則として重要であるが、詳細は本書香川論文参照。
[7] The Global Compact, available at http://www.unglobalcompact.org/Portal/Default.asp（last visited Mar. 29, 2004）. グローバル・コンパクトについて詳しくは、大泉敬子「グローバル化の進む世界と国連——『グローバル・コンパクト』の意味を問う」世界法年報23号（2004年）参照。

ればならない。

原則5 ビジネス界は、児童労働の実効的廃止を支持しなければならない。

原則6 ビジネス界は、雇用と職業に関する差別撤廃を支持しなければならない。

◎環境

原則7 ビジネス界は、環境問題に関する予防的な取組みを支持しなければならない。

原則8 ビジネス界は、環境に関するより大きな責任を促進するイニシアティブをとらなければならない。

原則9 ビジネス界は、環境にやさしい技術の開発と普及をすすめなければならない。

(b) OECD多国籍企業行動指針[8]

　OECDは2000年6月の年次閣僚会議で「多国籍企業行動指針改訂版」を採択した。この行動指針はそれを採用している33カ国(29のOECD加盟国とアルゼンチン、ブラジル、チリおよびスロバキア)で活動中の多国籍企業に向けられた拘束力を持たない勧告である。しかし、行動指針は実施のため国内連絡窓口(ナショナル・コンタクト・ポイント)などの独自のメカニズムを持ち、行動指針の遵守を奨励し、指針の不遵守に関する苦情を処理するなど、行動指針の実効的実施を図っている。

　行動指針改訂版は、序文と10項目(Ⅰ.定義と原則、Ⅱ.一般方針、Ⅲ.情報開示、Ⅳ.雇用と労使関係、Ⅴ.環境、Ⅵ.賄賂の防止、Ⅶ.消費者利益、Ⅷ.科学および技術、Ⅸ.競争、およびⅩ.課税)からなる。

　人権との関連では、行動指針改訂版は、「Ⅱ.一般方針」の第2項で、「企業は、受入国の国際的義務および約束に従い、企業の活動によって影響を受ける人々の人権を尊重する」としている。ここにいう「企業の活動によって影響を受ける人々」には、従業員を含め、企業活動の直接的・間接的影響を受けるすべての人々が含まれる。また、「受入国の国際的義務」への言及も重要である。なぜなら、国内の人権法制が不備な国においても、その国が自由権規約、社会権規約、ILO諸条約などを批准していれば、それら条約上の義務を負うので、そうした国で活動する多国籍企業にこれら条約上保護される人権を侵害しない責務が課されるからである。

4. 人権をめぐる社会的責任と法的責任——企業が守るべき人権とは？

　企業は従業員、消費者、取引先、株

---

[8] Guidelines for Multinational Enterprises, available at http://www.oecd.org/document/280,2340,en_2649_34889_2397532_1_1_1_1,00.html (last visited Mar. 29, 2004). 翻訳は、「OECD多国籍企業行動指針(仮訳)」『企業の社会的責任と行動基準』前掲注2)所収。

主、地域住民、行政、NGOなど多様なステークホルダーに対し社会的責任を負っている。企業の社会的責任は、法令遵守を根本とし、そのうえで企業倫理を守り、情報を公開し、さらに寄付やメセナなどの企業市民活動を行い、ステークホルダーとのwin-win（互恵的）な関係を構築することとされる9)。

企業が遵守すべき法令の範囲はきわめて多様である。業種・業態によって守るべき法令は異なるであろうが、「人権」に関しては、業種・業態にかかわらずほぼ同一と考えられる。企業が遵守すべき法令には、国内法と国際法の双方が含まれる。企業は法人として登記された国の国内法とともに、生産や営業活動を展開する国の国内法にも拘束され、同時に企業活動を規律する国際法にも拘束される。したがって、人権問題に関し企業はこれら国内法上の人権規定に拘束されるとともに、国際法上の人権規定にも絶えず配慮し、これを遵守する必要がある。以下では、多岐にわたる国内法は扱わず、「人権」に関するグローバル・スタンダードを示す国際人権基準の観点から、人権をめぐる企業の法的責任を検討する。

5. 企業の社会的責任と国際人権基準

すでに紹介した民間団体や国際組織による企業行動原則・規格・ガイドライン等の中には、企業活動の影響を受けるすべての人々の人権尊重に向けて、国際人権法によって確立した国際人権基準がかなり取り入れられているが、とりわけ、次の4種が重視されている。

① 人種、ジェンダー、年齢、宗教等を理由とする差別、ならびにこれらを理由とする雇用差別の禁止および撤廃——国際人権基準のなかでも中核的ないわゆる非差別原則である。この原則は世界人権宣言2条1項、自由権規約2条1項などの人権諸条約に規定されている。

② 児童労働の禁止、子どもの搾取、子どもへの体罰の禁止——社会権規約10条、子どもの権利条約32条、就業が認められるための最低年齢に関する条約（ILO第138号条約）3条、最悪の形態の児童労働の禁止および廃絶のための即時行動に関する条約（ILO第182号条約）3条、最悪の形態の児童労働に関する勧告（ILO第190号勧告）2条3項において具体化されている。

③ 強制的および義務的労働の禁止——世界人権宣言4条、自由権規約8条、社会権規約6条、強制労働に関する条約（ILO第29号条約）1条、強制労働廃止条約（ILO第105号条約）1条において具体化されている。

④ 結社の自由および団体交渉権——

---

9) 斉藤槙『企業評価の新しいモノサシ——社会責任からみた格付基準』（生産性出版、2000年）48～53頁。

世界人権宣言20条、自由権規約20・21条、社会権規約8条、結社の自由及び団結権の保護に関する条約（ILO第87号条約）2～5条、団結権及び団体交渉権についての原則の適用に関する条約（ILO第98号条約）4条に具体化されている。

なお、ILOの第29、87、98、105、138号条約は、第100号および111号条約とともに、中核的労働基準を形成する重要な条約である。

6. 任意文書から法的文書へ

1970年代以降、企業の社会的責任を問う国際的潮流のなかで、民間団体や国際組織によって企業行動原則、規格、ガイドライン等が策定された。これらは、国内的にも国際的にも政治的・経済的に大きな影響力を持ち始めた多国籍企業の行動を律する試みであったが、いずれも任意的な文書であり、多国籍企業や国家を拘束する力は持たなかった。

そこで、70年代半ばから90年代半ばにかけて、多国籍企業を法的に規律する多数国間条約を作ろうとする動きが、主として発展途上国（G77）[10]主導で展開された[11]。1974年に国連総会で採択された「新しい国際経済秩序の樹立に関する宣言」（新国際経済秩序樹立宣言）[12]は、新国際経済秩序が依拠すべき原則のひとつとして、「自国内で、その完全な主権の基礎として、多国籍企業が活動する国家の国内経済上利益となる措置をとることによる、多国籍企業活動の規律および監督」（4(g)項）を掲げた。また同年国連総会で採択された「国家の経済的権利義務憲章」[13]は、管轄内で活動する多国籍企業を規律・監督する権利を国家は有することや多国籍企業は受け入れ国の内政に干渉してはならないことを明記した（2条(b)）。しかし、これらは国連総会決議であり、国家や多国籍企業を法的に拘束する文書ではなかった。

(1) 国連多国籍企業行動綱領草案

国連は1974年に経済社会理事会の下に多国籍企業センター（Centre on Transnational Corporations）[14]と多国籍企業委員会（Commission on Transnational Corporations）を設

---

10) 1964年の第1回UNCTAD総会に参加した77カ国の発展途上国は、公正な世界経済秩序の構築に向けて、共同宣言を採択した。以降、発展途上国は77カ国グループの名の下に団結し、圧力団体として活動するようになった。しかし、70年代末以降、南側諸国の分裂と先進国側の逆襲により、その影響力は急速に低下した（大隈宏「77カ国グループ（G77）」猪口孝等編『政治学事典』（弘文堂、2000年）829頁参照）。
11) 1970年のチリにおける大統領選挙の際に、典型的な多国籍企業である国際電信会社（ITT）による左派・アジェンデ候補を落選させる工作が1972年に明るみに出たことで、国連における多国籍企業規律問題が注目されるようになった（小寺彰「多国籍企業と行動指針」総合研究開発機構編『多国籍企業の法と政策』（三省堂、1986年）276頁注(1)参照）。
12) Declaration on the Establishment of a New Economic Order, GA Res. 3201(S-VI).
13) Charter of economic rights and duties of states, GA Res. 3281(S-VI). 賛成120カ国、反対6カ国（アメリカ、イギリスならびに西欧諸国）、棄権10カ国（イスラエル、日本ならびに西欧諸国）で採択。

置[15]し、多国籍企業の行動綱領を策定する作業が政府間で開始された。しかし、多国籍企業委員会においては、勧告形式の原則宣言を望む先進国と、多国籍企業と国家を法的に拘束する国際文書を期待するG77諸国の意見が鋭く対立した。こうした状況が続くなかで、多国籍企業委員会は1983年に「国連多国籍企業行動綱領草案」[16]を完成させ、1990年にはその改訂版[17]を公表した[18]。

しかし、行動綱領採択に向けた交渉は1992年に暗礁に乗り上げた。アメリカや多国籍企業とG77諸国間の上記対立が解消しなかったためである。結局、多国籍企業行動綱領は採択されず、放棄された。また、多国籍企業の活動を監視していた多国籍企業センター自体も、国連の財政難と構造改革を理由に、1993年に廃止された[19]。さらに、国連の多国籍企業委員会も国連貿易開発会議（UNCTAD）の国際投資・多国籍企業委員会となった[20]。冷戦が終結し、また発展途上国への投資が減ったため、発展途上国は多国籍企業を危険な進入者と見ず、むしろ豊かな賓客とみなすようになった[21]。

(2)国連多国籍企業人権規範

国連の「人権の促進および保護に関する小委員会」（人権小委員会）は80年代後半から多国籍企業の活動と人権との関係を検討し始めたが、多国籍企業に関する人権指針を策定するため、委員5名で構成される作業部会を1999年に設置した。2001年には「企業のための普遍的人権指針（草案）」が、2002年にはこの指針（草案）を改訂した「多国籍企業その他の企業の人権に関する原則および責任」がそれぞ

---

14) Economic and Social Council resolution 1908 (LVII)によって設置された。国連事務局に置かれた独立組織であり、多国籍企業をめぐる情報収集や調査・研究とともに、多国籍企業行動綱領草案の起草作業を担当し、同時に多国籍企業委員会の事務局も兼ねた。
15) Economic and Social Council Resolution 1913 (LVII) によって設置された48の加盟国政府代表からなる政府間委員会。
16) Draft United Nations Code of Conduct on Transnational Corporations, May 1983, 23 ILM 626 (1984). なお、多国籍企業行動綱領の作成過程については、佐分晴夫「多国籍企業行動綱領作成過程の検討」金沢法学28巻2号（1986年）参照。
17) U.N. Commission on Transnational Corporations, Proposed Text of the Draft Code of Conduct on Transnational Corporations, U.N. ESCOR, U.N. Doc. E/1990/94 (June 12, 1990), available at http://attac.org/fra/libe/doc/unctad.htm(last visited Mar. 29, 2004).
18) 83年版も90年版も、「人権および基本的自由の尊重」に関し、次の項を盛り込んでいた。「多国籍企業は活動する国において人権および基本的自由を尊重しなければならない／するものとする(83年版；90年版は後者のみ、以下同じ)。多国籍企業は、社会的および産業的関係において、人種、皮膚の色、性、宗教、言語、社会的、国民的およびエスニック的出身、または政治的意見その他の意見にもとづき差別してはならない／しないものとする。多国籍企業は、機会および待遇の均等を進める政府の政策に従わなければならない／従うものとする」（83年版は13項、90年版は14項）。
19) GA Res. 47/212 (1992). 多国籍企業センターは、経済・社会発展局多国籍企業・マネジメント部となった。現在は、国連貿易開発会議（UNCTAD）多国籍企業・投資部である。
20) GA Res. 49/130 (1994). 国際投資・多国籍企業委員会では、発展途上国への外国の直接投資を容易にすることが強調された(Barbara A. Frey, *The Legal and Ethical Responsibilities of Transnational Corporations in the Protection of International Human Rights*, 6 Minn. J. Global Trade 153, 167 (1997)).
21) *Id*., at 167.

れ作業部会から小委員会に提出された。そして数年の検討を経て、人権小委員会は2003年8月22日に、「人権に関する多国籍企業およびその他の企業の責任に関する規範」（以下、「多国籍企業人権規範」）22）を採択した23）。

多国籍企業人権規範は、国連、OECD、ILO、企業、労働組合、アムネスティ・インターナショナルなどNGO、その他の多くの私的・公的組織による行動綱領や類似の文書から、関連する文言を抽出し、組み合わせることで成り立っており、国際人権基準に関する国家と多国籍企業およびその他の企業（以下、「多国籍企業等」）の責務が以下の形で明記されている。

A. 一般的義務（人権の促進、履行確保、尊重、尊重確保、保護に関する国家の責務）
B. 機会の平等および非差別的待遇の原則（均等な機会・待遇の確保に関する多国籍企業等の責務）
C. 個人の安全に対する権利（政治犯罪、人道に対する罪、ジェノサイド、拷問、強制的失踪、強制労働、人質行為、超法規的・即決的処刑その他の人道法違反を行わない多国籍企業等の責務）
D. 労働者の権利（強制労働を利用せず、子どもの権利を尊重し、安全・健康的な職場環境を提供し、労働者とその家族の適切な生活水準を確保できる報酬を提供し、結社の自由と団体交渉権を確保する多国籍企業等の責務）
E. 国家主権と人権の尊重（国際法・国内法を承認・尊重し、活動する国の権限を承認・尊重する多国籍企業等の責務）
F. 消費者保護に関する義務（提供する商品・サービスの安全と品質を確保する多国籍企業等の責務）
G. 環境保護に関する義務（諸国の環境保全に関する国内法令、ならびに環境・人権・公衆衛生・安全等に関する国際法に従って活動する多国籍企業等の責務）
H. 実施に関する一般的規定
I. 定義

この規範は、国家や多国籍企業等を法的に拘束する文書ではないが、次のような実施方法を提示している。

①国家は、この規範ならびに他の関連する国内法および国際法が、多国籍企業等により実施されることを確保するために必要な法的および行政的枠組を創設しかつ強化しなけれ

---

22) Norms on the responsibilities of transnational corporations and other business enterprises with regard to human rights, U.N. Doc. E/CN.4/Sub.2/2003/12/Rev.2 (2003). 翻訳は、川本紀美子訳「人権に関する多国籍企業およびその他の企業の責任に関する規範」（本書所収）。
23) 規範制定の背景や内容等については、川本紀美子「国連人権小委員会『人権に関する多国籍企業およびその他の企業の責任に関する規範』」本書所収参照。See, David Weissbrodt and Muria Kruger, *Current Development: Norms on the Responsibilities of Transnational Corporations and Other Business Enterprises with Regard to Human Rights*, 97 A.J.I.L. 901 (2003).

ばならない（17項）。
② 多国籍企業等は、最初の段階として、この規範に合致する社内の活動規則を採択し、普及させ、実施する。
③ 多国籍企業等は、少なくとも規範が定める保護の迅速な実施に向けて準備するために、定期的な報告を行い、かつ、その他の措置をとる。
④ 多国籍企業等は、取引業者、下請業者、納入業者、ライセンス業者、代理店または自然人もしくは法人との契約その他の合意および取引に、この規範を適用しかつ組み入れる（以上、15項）。
⑤ 多国籍企業等は、規範の適用に関して、国連、ならびに既存のまたは今後創設されるであろう国際的および国内的メカニズムによる定期的なモニタリングおよび検証を受ける。
⑥ 多国籍企業等は、自らの活動が人権に与える影響に関して、この規範に従って定期的な評価を行う（以上、16項）。
⑦ 多国籍企業等は、この規範の不遵守によって有害な影響を受けている人々等に対して、とりわけ損害賠償、原状回復、補償および社会復帰を通じて、受けた損害もしくは奪われた財産について即時的、効果的かつ充分な補償を提供する。この規範は、損害の決定とともに、刑事制裁および他のすべての点に関して、国内裁判所および／または国際裁判所により、国内法および国際法に従って適用される（18項）。
⑧ この規範のいかなる規定も、国内法および国際法の下での国家の人権義務を縮小または制限するように解してはならない（19項）。

この規範は、法的文書ではないが、企業の社会的責任に関する国連による初めての包括的な文書であり、人権NGOはこの規範が人権委員会によっても採択されることを期待している。しかし、アメリカとイギリス政府や一部の多国籍企業はその採択に反対していると伝えられる。

⑶ NGOによる条約化の動き

2002年に国連主催で開催された「持続可能な開発に関する世界サミット」24）（以下、「ヨハネスブルグ・サミット」）の準備過程で、環境NGO「地球の友インターナショナル」の主導で、諸国はヨハネスブルグ・サミットで多国籍企業の社会的責任を規律する国連条約等を審議すべきであるとのキャンペーンが展開された。OECD多国籍企業行動指針などの任意的企業行動原

---

24) World Summit on Sustainable Development (WSSD). 1992年ブラジルのリオ・デジャネイロで開かれた「環境と開発に関する国際連合会議」（リオ・サミット）から10年めの2002年8月26日から9月4日まで、南アフリカのヨハネスブルグで開催された。リオ・サミットで採択された「アジェンダ21」の達成度を評価し、持続可能な開発実現のための戦略の再構築を目的とし、「持続的開発に関するヨハネスブルグ宣言」と「ヨハネスブルグ実施計画」を採択した。ヨハネスブルグ・サミットに関する情報や文書は、公式ホームページから入手できる。http://www.johannesburgsummit.org/（last visited Mar 29, 2004）.

則は、経済がグローバル化した現状では、企業の行動を充分に規律できないとの認識からである。このため、地球の友インターナショナルは「企業責任条約」25)の制定を提唱した26)。その目的は次の8点に要約できる。

① 企業の悪影響を受けているステークホルダーが権利の実施を通して補償を受けるためのメカニズムの確立
② 企業の社会的・環境的な義務の確立
③ 一貫した高水準な企業行動のための規則の確立
④ 先進的な企業が利益を享受でき、企業のロビー活動よりも市民の要求に政府が適切に対応する市場の枠組みの創出
⑤ 企業の国際的な直接的責任の確保。
⑥ 制裁措置の確立
⑦ 企業が南の国に対して負っている環境債務の払い戻しの確保
⑧ 環境不公正や南北問題の脅威にさらされているコミュニティのための環境的公正性の確保

「企業責任条約」提案は以下の義務を締約国に課すことを想定している。

① 株式上場企業、取締役、役員レベル職員に以下の責務を課す。
  ◎ 企業の環境的・社会的影響、物質的危険性、環境的・社会的な規範違反に関して完全な報告をする。
  ◎ 影響を受けるコミュニティとの実効的な事前協議を実施する。これには、環境影響評価（EIA）や関連文書すべてへのアクセスが含まれる。
  ◎ 企業活動が引き起こす環境・社会への悪影響を企業の意思決定において最大限に考慮に入れる。
② 取締役に対する国内の環境・社会関連法違反、ならびに取締役と企業に対する国際法・協定の違反に関する拡大補償責任。
③ 企業活動によって悪影響を受ける市民やコミュニティが補償を受ける以下の法的権利の保障。
  ◎ 企業が親会社の本拠地と主張する場所において、世界中の影響を受ける人々が訴訟を起こす法的権利。
  ◎ 企業の決定へのステークホルダーによる法的な異議申立。
  ◎ そのような異議申立を支援するため公的資金を提供する法律扶助

25) 地球の友インターナショナルの主張内容については、Friends of the Earth International, Towards Binding Corporate Accountability, FoEI Position paper for the WSSD, January 2002, available at http://www.foei.org/corporates/towards.html (last visited Mar. 29, 2004).
26) 開発NGOのひとつであるChristian Aidは、多国籍企業を法的に規律するため、国連に「地球規律機構 (Global Regulation Authority)」を設置することを提唱している。See, Mark Curtis (head of policy at Christian Aid), *Global business too important to be left to business people: Commentary*, The Guardian (London), April 23, 2001, at Guardian City Pages, Pg. 23; Christian Aid, How would the Global Regulation Authority work?, available at http://www.christian-aid.org.uk/campaign/trade/tradeq.htm#anchor17 (last visited Mar. 29, 2004).

制度。
④コミュニティや人々が健康で持続可能な生活をおくるため必要な資源へのアクセスや管理に関する以下の権利を確立する。
　◎先住民族やローカル・コミュニティのための共有の資源や森林資源、水資源、漁業資源、遺伝子資源、鉱物などの世界的共有物に関する権利。
　◎立退きに反対し、企業の事業計画について事前協議し、これを拒否する権利。
　◎企業のため、または企業によって収奪された資源に対する補償や賠償の権利。
⑤環境、社会、労働の権利や人権に関する最小限で高い水準の規範を確立（および実施）する。
⑥こうした新規の責務、権利、（法的）責任違反に関し、企業に以下のような適切な制裁を科すため、国内法規定を確立する。
　◎国内の株式市場への上場を一時停止する。
　◎公的助成、保証、融資などの企業の利用権を保留する。
　◎罰金。
　◎極端な事例の場合は、有限責任ステータスを剥奪する。
⑦環境権、社会権および人権に関し取締役や企業を裁くため、国際刑事裁判所の管轄権を拡大する。
⑧企業の合併や独占的慣行に対する国際的管理体制を確立する。
⑨条約の実施や実効性を監視検討するため、継続的な体制とプロセスを確立する。

ところで、ヨハネスブルグ・サミットでは「企業責任条約」提案に関してはなんらの進展もみられなかった。しかし、同サミットで採択された「実施計画」の中に次の文言が盛り込まれたため、環境NGOによるこの提案は今後も引き続き検討対象とされることになった。

「〔諸国は〕リオ原則27)を基礎に、企業の責任（responsibility）と説明責任（accountability）を積極的に促進する。これは、政府間協定および措置の充分な展開および実質的な実施、国際的イニシアティブおよび公的―私的パートナーシップ、適切な国内規則、ならびにあらゆる諸国における企業活動の継続的進展の支援を通じてなされる」28)。

7.結びにかえて

本稿では、企業の社会的責任をめぐるさまざまな文書を紹介し、国際人権

---

27) Rio Declaration on Environment and Development, June 14, 1992, U.N. Doc. A/CONF.151/5 (1992), reprinted in 31 I.L.M. 874 (1992).
28) Plan of Implementation of the World Summit on Sustainable Development, para 49, in Report of the World Summit on Sustainable Development, Johannesburg, South Africa, 26 August-4 September 2002, U.N. Doc. A/CONF.199/20 (2002).

基準がそのなかでどのような位置を占めているかを分析した。企業の社会的責任に関する原則・指針・ガイドライン等は、民間団体や国際組織によって、種々の背景から策定されてきた。70年代半ばから90年代半ばにかけて、多国籍企業を法的に規律する多数国間条約をつくろうとする動きが、主として発展途上国の主導で試みられたが、実現しなかった。90年代終盤からは国連で多国籍企業人権規範を策定する動きが活発化し、現在でも進められている。また、ヨハネスブルグ・サミットをひとつの契機として、企業責任条約を求める運動もNGOによって展開され始めた。このように、企業の社会的責任に関する文書作りに関し、当初は任意的文書の策定が主流だったが、前世紀最終盤から諸国と多国籍企業を法的に拘束する力を持つ法的文書の策定が模索されつつある[29]。

ところで、2004年3月から4月に開催された国連人権委員会では国連多国籍企業人権規範が審議対象とされた。人権小委員会は2003年8月に多国籍企業人権規範を承認し、これを上部機関である人権委員会に送付した。その際、人権小委員会は、政府、国連機関、専門機関、NGOその他の関係団体にこの規範に関するコメントを2005年までに提出するよう求めることを人権委員会に勧告した[30]。これを受けて、人権委員会は2004年4月20日にコンセンサスで採択された決議[31]において、企業の人権に関する責任をめぐるすべての既存のイニシアティブや基準（国連多国籍企業人権規範を含む）の領域と法的地位を詳述する報告の作成を国連人権高等弁務官に要請した。人権委員会はこの決議によって、人権に関する企業の責任基準を強化すべきことを認識したといえる。来るべき人権高等弁務官報告は、企業の社会的責任規範づくりに向けた大きな一歩となることが期待される。

《参考文献》
・Radu Mares, ed., Business and Human Rights: A Compilation of Documents (Raoul Wallenberg Institute Human Rights Library ; Vol. 13), (Brill Academic Pubishers, 2004).
・Jedrzej George Frynas and Scott Pegg, Transnational Corporations and Human Rights (Palgrave Macmillan, 2003).
・Rory Sullivan, Business and Human Rights (Greenleaf Publishing Ltd, 2003).

---

29)企業の社会的責任を国際人権法の観点から問題とする方法としては、次の7種が考えられる。①個々の企業が国際人権基準を踏まえた自社の企業行動原則・指針を策定する、②業界団体や企業団体が国際人権基準を踏まえた企業行動原則・指針を策定する、③人権・環境等NGOが国際人権基準を踏まえた企業行動原則・指針を策定する、④国際組織が国際人権基準を踏まえた企業行動原則・指針を策定する（以上、任意的文書）、⑤主権国家が企業の行動を規律する国際人権基準を踏まえた国内法を制定する（以下、法的文書）、⑥企業に国際人権基準の遵守を法的に求める国内法を立法し、これを実施することを締約国に義務づける条約を制定し、国家を通じて間接的に企業を法的に規律する、⑦企業を直接かつ法的に規律する条約を制定する。
30)Sub-Commission resolution 2003/16, para.3, U.N. Doc. E/CN.4/Sub.2/2003/L.11 at 52 (2003).
31)Commission on Human Rights Resolution 2004/116, U.N. Doc. E/CN.4/2004/L.11/Add.7. at 81-82 (2004).

Corporate Codes of Conduct Relating to Labour Initiated by ILO and Japan

ILOの動向と日本での企業規範をめぐる問題点

香川孝三 ●KAGAWA Kozo

　企業は利益をあげることによって継続して従業員を雇用することで社会に貢献しているが、それだけでなく利益を上げる方法・手段が問われつつある。不正な方法や法律に違反して利益を上げることは許されないし、従業員を雇用するにしても最低の労働条件を順守しないで雇用を続けることは許されない。人権や環境基準を無視して経営することも許されない。

　企業には株主のほかに多くの利害関係者がいる。それらのステークホルダーを考慮に入れて経営することが求められ始めている。従業員、組合だけでなく消費者の意向も尊重しなければ企業経営が存立しえない時代になってきている。

　企業は経済のグローバル化が進むにつれて多国籍企業となってきている。そのとき安い労働力を利用できる発展途上国に進出して利益を得ている。それは先進国の労働条件との格差を利用しているが、それが国際労働基準に違反している場合もある。それを是正する必要性も高まっている。つまり企業経営に公正さが求められている。

　これらは総称して企業の社会的責任や企業倫理と呼ばれている。それを明確に示すために行動規範を定める運動がさまざまなレベルで起きている。そのなかで、どのような規範とするかが問題となっている。とくに先進国と発展途上国、経営者（団体）と労働組合の間で議論がなされている。社会的経済的背景の異なる国や企業で統一的な基準（ユニバーサル・スタンダード）とするのか、それとも国や企業で異なる基準（ローカル・スタンダード）を認めるのかという議論が進行中である。

　本稿では労働・雇用に関する基準を中心とした行動規範に着目して述べてみたい。

1.ILOの動向

　ILO（国際労働機関）は労働領域を専門とする国際機関であり、その最大の役割は、国際労働基準を設定して、

25

加盟国にそれらを順守するよう促進することである。そのために国際労働条約（ILO条約）・勧告を設けている。そのほかに決議や宣言という形で総会や理事会で採択される場合があるが、それらは拘束力は弱い。しかし、それらを無視しにくくなっており、フォローアップによって順守を勧めるやり方も編み出されている。

議決権は各国4票あり、政府代表2票、使用者代表1票、労働者代表1票からなっている。条約・勧告の採択はILO憲章19条によって出席代表の3分の2の多数が必要である。条約として発効するためには、さらに2カ国以上によるその条約の批准が必要である。条約は批准によってはじめて批准国の国内法として効力を持つ。しかし、批准をしていなくても、理事会の要請によって批准ができない理由を付した報告書を提出しなければならない。条約の批准を行うように事実上のプレッシャーを加盟国に与えている1)。

勧告は批准とは関係ない。つまり、批准しようと思っても、そもそも批准できない。しかし、勧告を実施しない場合、理事会の要請によって一定の間隔をおいてどのような措置を講じてきたかについて報告書の提出が義務づけられている。これも勧告の内容を実施するようにプレッシャーを加盟国に与えている。

企業の社会的責任や企業行動規範自体を定める国際労働条約・勧告は存在しないが、それに関わる決議や指針は存在する。以下にそれらを見てみよう。

⑴多国籍企業および社会政策に関する原則の三者宣言

これは理事会の決定に基づく宣言である（Tripartite Declaration of Principles concerning Multinational Enterprises and Social Policy, 1977, 2000）。1977年に宣言されたが、2000年に改正がなされている。1970年代に多国籍企業がさまざまな問題を発生させたために、OECDや国連等が対応策を講じたが、そのひとつとしてILOで決議されたのがこの宣言である。

ILO条約で定めなかったのは、使用者側が活動規制に反対したこと、さらに多国籍企業は国境を越えて活動するので、条約で国家を拘束しても、それに限界があることから、理事会の宣言という形に落ち着いた。これは法的拘束力はないが、道義的に宣言の内容を順守すべき義務が生じるとされている。そこで関係者が自主的に宣言の内容に即した行動に取り組むことが期待されている。政府だけでなく、労使も宣言の内容を促進することが期待されている2)。ここが他の国際条約とは異なる点である。

多国籍企業に関わる諸国は、ILO理事会に3年おきに宣言の効果について

---

1) 吾郷眞一「ILOの活動」日本ILO協会編『講座ILO――社会的正義の実現をめざして（上）』（日本ILO協会、1999年）113頁以下。同『国際労働基準法』（三省堂、1997年）26頁以下。

報告することになっている。つまりフォローアップがなされている。これまで7回の報告が行われている(Seventh Survey 1996-1999)。1980年、多国籍企業委員会(1993年、多国籍企業小委員会に変更)が組織されて政府から提出される報告を検討し、理事会の審議にかけている。

この宣言では、多国籍企業は、とくに発展途上国において雇用機会の創出と雇用条件の向上、機会および待遇における平等に基づく人事管理、雇用の安定のための措置として事業所閉鎖や撤退、事業活動の変更には手続の順守、職業訓練や職業指導の提供、労働者とその家族の基本的ニーズを満たす労働条件の確保、安全衛生基準の順守、結社の自由および団結権の尊重、団体交渉・労働協約締結の保障等が定められている。多国籍企業がとくに発展途上国で実施すべき事項が定められている点に特色がある。これらはILO条約(29・87・100・105・110・111・115・119・122・130・135・136・139・142号)・勧告(35・69・90・92・94・110・111・114・115・116・118・119・122・129・130・134・144・147・150号)に記載されている内容と関わっており、宣言といってもILO条約や勧告を踏まえて作成されている。

この宣言を踏まえて2000年には社会的責任のガイドラインである"Knowing and Using Universal Guidelines for Social Responsibility"が作成されている。これは政府、経営、組合の協議のための指針であって、三者の対話によって国際労働基準、ディーセントワーク(人間らしい仕事)を実現することをめざしている。経済のグローバル化が進むなかで、公正な持続可能な発展のために不可欠な要素として雇用促進、訓練、労働条件・生活条件、結社の自由が定められている。その内容は後で述べる中核的労働基準を含めて、この宣言に定める内容の実施要領という側面を持っている。

⑵労働における基本的原則及び権利に関するILO宣言とそのフォローアップ

これは総会の決議に基づく宣言であり、拘束力のないものである(ILO Declaration on Fundamental Principles and Rights at Work and Follow-Up, 1998)。しかし、通常の総会決議より一歩国際労働基準に近づく機能を持たされている。これは国際貿易協定に国際労働基準の順守を貿易の条件とするという社会条項の規定を設けるかどうかの議論から端を発した。この問題は先進国と発展途上国の

---

2) 栗山直樹「多国籍企業および社会政策に関する原則の三者宣言」日本ILO協会編・前掲書(下)384頁。ILOの文書のほかにOECD(経済協力開発機構)の多国籍企業のガイドラインや、EU(欧州連合)の2002年7月に公表された「企業の社会的責任に関する委員会通達――持続的発展への企業の貢献」、国連人権小委員会で2003年に採択された「多国籍企業およびその他の企業の人権責任に関する規範」もある。

対立を生み、一応の解決がILOの場でなされたが、それがこの宣言である。

この宣言の特徴の1つは、結社の自由の尊重、強制労働の廃止、雇用差別の禁止、児童労働の禁止の4分野について、それに関わる8つの条約（29・87・98・100・105・111・138・182の各号）を批准をしていなくても順守することに合意したことである。ILOで、この4分野を最も重要な分野とする合意が成立したことを意味する。

しかし、これだけが重要ということではない。決議を成立させるに必要な賛成が得られた分野ということである。つまりこの4分野で妥協が得られたということである。安全衛生や最低賃金の順守が抜けているが、それを含めると賛成票が規定に達しないおそれがあったために、落とされたということである。

もう1つの特徴は、4分野を実現できない場合に、ILOが技術協力や財政面の援助を行うことを決めたことである。社会条項の議論では国際労働基準を順守できない場合は貿易上制裁を科すことが提案されていたが、制裁を科さないで、順守できるように助成をすることになった。これによって宣言の賛成を得やすくなった。有体にいえば、ILOは飴を与えることで順守を促進しようということである。社会条項を提唱しているアメリカは鞭を与えることによって順守を促進しようとするものである。

3番目の特徴はフォローアップ手続があることである。年次報告（"Annual Report"）と総合報告（"Global Report"）の2つが行われている。前者は理事会に提出されてそこで審査される。7名からなる特別の専門家によって審査される。後者は4つの分野の1つを順番に取り上げて事務局に報告し、事務局長報告として総会に提出され、審議のうえ、理事会で必要な技術協力を行うかどうかを審議する。その報告書の表題は"Your Voice at Work," 2000（結社の自由）、"Stopping Forced Labour," 2001（強制労働）、"A Future without Child Labour," 2002（児童労働）、"Time for Equality at Work," 2003（雇用差別）となっている。一巡したので、2004年は再び結社の自由が取り上げられる。それぞれの実施状況、実施できない場合はその理由、実施までの手順が問題点として取り上げられている。進展がなければ、その理由が問われることになり、このフォローアップは各国に対して4分野の順守へのプレッシャーとなっている。

(3) 企業行動規範に対するILOの見解

以上のように、ILOには企業行動規範そのものを定める条約、勧告、決議、指針があるわけではないし、そのモデル案を公表しているわけではない。企業行動規範の中に規定されうる雇用や労働に関する規範をILO条約・勧告、宣言という形で制定しているにすぎない。しかし、さまざまなレベルで企業行動規範が定められているので、ILOが企業行動規範自体をどのように

評価しているかを見ておこう。

　企業行動規範は企業がそれぞれ任意に作成する規範であることから、ILOでは企業行動規範を「私的運用」と呼んでいる。「企業が労働基準を使うことは人々の進歩のためによいことですが、一方ではこれを利用することによる危険性もあるからです」、「国内でこうした条件が満たされていない場合（たとえば、結社の自由がないとか、法の支配がない）に、真にそれを個別企業が実施できるのかという点について大いに疑問があると考えています」（ジャン・クロード・ジャンビリエILO国際労働基準局長）3)。一言でいえば、諸刃の剣ということになる。

　企業行動規範は一般的に使用者によって作成される。場合によっては労働組合との話合いを経て作成されるかもしれないが、それは現段階では一般的ではない。使用者がその企業行動規範をきちんと順守するのならば問題は生じないが、それを隠れ蓑に利用する場合がある。つまり、対外的には順守を装い、企業行動規範を宣伝の材料として使いながら、対内的には違反をしている場合もありうるからである。たとえば、先進国への貿易を行う場合、企業行動規範があることは相手国にアピールでき、貿易しやすくなるかもしれないが、そのための宣伝材料として企業行動規範が用いられ、実際にはその内容がきちんと実施されない場合もありうる。

　さらにマイナス面として、インドネシアにおけるナイキの撤退をめぐる紛争に見られるケースがある。ナイキというブランド名をつけた運動用具を生産している下請企業が企業行動規範を順守していないことを盾にとって、ナイキが請負契約を解除してしまう事例が起きている。たしかに、いくら発注企業としてナイキが順守を指導しても、それが順守されない場合があろう。そのとき請負契約を解除すると、その下請企業は成り立たず、倒産するか規模を縮小せざるをえず、人員整理によって大量解雇が発生してしまう。それへの手当をしないで撤退してしまうのは大問題である。ましてや人件費が高くなったので、もっと安い国に移転するための口実に企業行動規範が利用されるのは許しがたい行為である。

　また、別の形で深刻な問題も提起されている。マレーシアの輸出加工区では、外資導入のために組合の結成を禁止していた。ところが、企業行動規範では結社の自由の尊重を定めている場合、どちらの基準で企業が行動すべきかという問題が生じる。つまり、進出先の国の法律が国際労働基準に違反している場合、どうすべきかという難しい問題を発生させる4)。つまり、法令順守

---

3) J.C.ジャンビリエ「最近の国際労働基準の進展状況——問題のある国際労働基準の私的運用」世界の労働53巻2号（2003年）10頁。
4) 拙著『マレーシアの労使関係法論』（信山社、1995年）169頁。拙稿「アジア発展途上国での国際労働基準と日本」国際人権ひろば47号（2003年）10頁。

を企業行動規範に定めていても、法令が国際労働基準に違反していれば、どうすればいいのかという困難な問題を提起する。ILO条約を批准していればこのような問題は生じないかもしれないが、批准していない場合には、国内で、法令より国際労働基準が上位の効力を持つとはいえないからである。

もちろん企業行動規範にはプラス面もある。たとえば中核的労働基準以外の労働基準を企業行動規範の中に含めることができる。何を含めるかは使用者の判断に任されるという柔軟性がある。しかし、行動規範は法的拘束力を持たない。あくまでも任意の履行に任されている規範である(voluntary approach to corporate responsibility)[5]ので、実効性のある規範とするための仕掛けが必要である。そうでなければ単なるスローガンにすぎなくなる。

以上のようにメリットとデメリットがあり、注意をして企業行動規範を見ていこうというのがILOの立場である。

2.日本での動き

日本での企業行動規範に関する動向を見てみよう。

(1)経営側の動き
(a)業界団体の動き

日本経団連は「経団連企業行動憲章」を1991年9月に作成し、企業行動の見直しを会員企業に求めた。1996年12月には証券会社の不祥事を受けて改定し、企業倫理を守ることを求めた。しかし、それからも企業の不祥事がなくならず、消費者の信頼を裏切る企業行動が跡を絶たなかった。そこで日本経団連は2002年10月15日に改定を行った。この改定では、消費者やユーザー等のステークホルダーの信頼を得ること、そのために企業情報を公開することを明記したうえで、10項目にまとめられている。この中で労働・雇用に関係するのは6項目の「従業員のゆとりと豊かさを実現し、安全で働きやすい環境を確保するとともに、従業員の人格、個性を尊重する」である。これは従業員の人権、労働条件の確保を含めているからである。このことは『企業行動規範実行の手引き〔第3版〕』に明記されている。

この規範を実行するために、企業内で、日常の活動として経営トップの姿勢の表明、企業倫理委員会の設置、企業倫理担当役員の任命、企業倫理ヘルプライン(相談窓口)の設置、企業倫理の浸透・定着状況のチェックを行う。さらに不祥事発生時の対応として企業トップが迅速に説明責任を果たすこと、原因の究明、再発防止の実施、関係者の厳正な処分を行う。日本経団連としては、会員企業への相談窓口の設置、企業倫理専門部門の新設をし、新

---

[5] UN Non-Governmental Liaison Service ed., *Voluntary Approaches to Corporate Responsibility: Readings and a Resource Guide*, United Nations, 2002.

規入会企業には企業行動規範を守るという文書提出を義務づける。さらに違反が発生した場合の措置を明確化した。つまり、会員企業からの報告を受けて日本経団連としての措置を実施する。厳重注意、役職の退任、活動自粛というこれまでの措置に加えて、会員資格の停止、退会の勧告、除名処分も行うことを明記した。事態の改善が見られれば措置を解除する。

従来より強い措置を定めたが、日本経団連内部には企業の自主性に任せるべきとする反対意見もあって、これは妥協の産物である。企業行動規範順守を誓約する文書提出を新規入会企業のみに限定したことにそれが表れている。誓約書を提出していながら、不祥事が発生した場合、それを理由に代表訴訟で損害賠償責任を追及されることを恐れたという。不正の通報を受け付ける窓口を設け、告発者を保護する体制ができたことは一歩前進であるが、それを義務化することは日本の企業風土には合わないとして採用されなかった。このように妥協のうえで成立した規範であるが、それまでより一歩前進で、これによって企業倫理や企業責任を果たすための努力を行い、さらにより厳しい規範を設定することが、消費者から求められよう。

海外で活動する企業の社会的責任に取り組んでいるのが、1989年に設立された海外事業活動関連協議会である。「良き企業市民」（Good Corporate Citizens）となるために、「企業の社会的責任に関する国際基準・規格の現状と今後の対応について」と題する報告書を2002年5月にまとめた。2003年1月に改定されたが、そのポイントとして次のことが書かれている6)。

経営トップが企業の社会的責任について認識して、そのリーダーシップのもとで取り組むこと、社内体制を整備し、責任者を設けること、企業の取組みについて情報発信すること、企業の社会的責任についての国際基準に参加するかどうかを検討し、その基準順守を企業の方針として実施すること、さらに積極的に国際基準の作成に関わることを定めている。海外事業活動関連協議会も日本経団連が設立した組織であるので、日本経団連の企業行動規範に即した基準づくりを行っているが、国際基準との関わりが提言されている点に特色がある。

中小企業が多く加入している東京商工会議所は、2002年に「企業行動規範について」を公表した。これも企業の不祥事をきっかけに、社会からの信頼を得るために、企業行動の適法性、公正な競争および情報公開をめざして作成された。10項目が示されている中で明確に雇用・労働についての規範は存在しないが、1項目の「法令を遵守し、立法の趣旨に沿って公明正大な企

---

6) 高巖・辻義信・Scott T. Davis・瀬尾隆史・久保田政一『企業の社会的責任——求められる新たな経営観』（日本規格協会、2003年）166頁。

業活動を遂行する」の中に含まれるのであろう。不祥事が発生しないように経営者自身の倫理感の樹立、社内組織の整備、社員教育を徹底すること、さらに違反が発生した場合には、事態の正確な把握、原因の究明、応急措置、再発防止措置、対外的な情報提供によって、企業危機を回避することを定めている。あくまでも規範順守を企業の自主性に任せる立場を採用している。

経済同友会は、2003年に「企業評価基準」を提唱している。企業の社会的責任を評価する基準として、市場、環境、人間、社会の4分野を掲げ、それぞれの評価項目を設け、経営者自身で評価を実施して、将来目標を設定していこうとするものである。この基準が企業行動規範となる可能性を持っている。経済同友会が評価を問題としているのは、社会的責任投資（Social Responsibility Investment）の普及を見越しているからである。日本でも1999年から社会的責任投資が環境分野で開始されているが、今後、労働・雇用、人権、社会貢献の領域に広がる可能性はある。株価指数として社会的責任インデックスを設定している機関も存在している。そうなると企業行動規範を作成し、それを順守することが投資の対象としての企業の評価を高めることになる。

(b) 個別企業の動き

個別企業が企業行動規範を作成するのは、企業に関わるステークホルダーに企業としての責任を果たす内容を明示し、それに即して企業経営することを明らかにするためである。その背景には、社会的責任インデックスを高めることが世界的企業として評価を高めることになるという戦略が存在する。

ここではソニー・グループの企業行動規範を事例として見てみよう。これはインターネットで公開されている[7]。これは、基本原則、人権の尊重、誠実で公正な事業活動、倫理的行動の4つの項目に分かれているが、労働基準については人権の尊重の項目で述べられている。

そこには中核的労働基準に関する事項が含まれ、ILOの宣言の影響が見られる。さらに、安全の確保、性的その他のハラスメントの禁止も定められている。特徴があるのは、ソニー本体だけでなく、ソニーが直接または間接に過半数以上の株式を持っている会社、さらに取締役会によって適用範囲に含めると決定した会社に適用することである。これによって関連企業にも企業行動規範の採択を促している。関連会社が採択する際には、企業行動規範にはそれぞれの国や地域の法規制や社会的慣習によって内容を変更することも認めている。しかし、ソニーの行動規範と矛盾することは認めていない。ソニーの行動規範を上位とする考えに基づい

---

7) http://www.sony.co.jp/SonyInfo/Environment/management/code/index.html (accessed, 3 February, 2004).

ている。

　また特徴として、社内通報者に対して報復措置をとらないことが定められている。企業にとって不利益なことを通報する場合もあり、それが企業の利益を損なった、あるいは対外的信用を毀損したとして懲戒処分の対象となると、通報する者がいなくなるからである。

　以上、ソニーの行動規範は配慮の行き届いた内容になっており、関連企業も含めて順守されることが期待される。

(c)世界的な規範への対応

　個別企業が独自に行動規範を作成するだけでなく、世界的に普及しつつある規範に賛同して、それを順守するという方法がある。これによって世界的水準にあった企業経営がなされているという保証になる。

　その中でいくつかの事例を取り上げてみよう[8]）。

①SA8000

　1997年にアメリカのNGOである経済優先度調査会（Council on Economic Priorities, CEP）が中心となって、欧米の多国籍企業、労働組合、人権擁護団体等がCEP認証機関を結成して、労働者の権利についての国際的な基準としてSA8000を作成した。その内容は、中核的労働基準のほかに、安全衛生基準の順守、最低賃金の順守、最低労働時間の順守、規律保持のための体罰、精神的強要の禁止が含まれている。サプライヤー（部品供給者）や下請け企業にも情報提供や連絡がなされ、サプライヤーが規範を順守するように、その記録を管理することが期待されている。さらに、モニタリングのために情報提供する従業員に対して解雇や懲戒処分を慎むことが定められている。このSA8000は、そこに定める労働基準に達しない状況のなかで作られた商品やサービスを購入しないようにする消費者運動と結びつくことによって実質的な効力を有する。つまり、労働基準に違反して作られた商品やサービスを購入しないということが企業への圧力となって、労働基準を順守させようとする運動がSA8000である。

　SA8000の認証を得るための認証手続が定められている。認証を申請したい企業は認証機関から資料を入手し、当該企業やサプライヤーにおける労働基準や人権に関する問題点を確認する。当該企業内にSA8000を担当する部署を設置し、管理システムを構築する。次に認証機関から監査を受ける。従業員のなかからサンプルを抽出して、権利が剥奪されていないかどうかの調査が行われる。条件を満たしてい

---

[8] SA8000やグローバル・コンパクト以外にも多くの企業行動規範が提起されている。Global Sullivan Principle、イギリス（Institute of Social and Ethical Accountability）の1999年に始まったAA1000、オーストラリア規格協会の1998年に始まったAS3806、フランス規格協会の2003年に始まったSD21000、日本では麗澤大学経済研究センター企業倫理研究プロジェクトが1999年に始めたECS2000がある。

ない場合は、認証機関から是正勧告を受ける。それらを改善すれば、本監査を受けて認証を取得する。一度認証を受けても定期的に監査を受ける。そこで問題が指摘されて是正が不充分だと、認証が取り消される可能性がある。認証に必要な費用は企業側が負担する。

SA8000が実効力を持つためには、社会に広く知られる必要がある。しかし、日本ではまだ広く知られる状態にはない。2003年7月15日段階で世界で258社が認証を受けている。そのなかで日本の企業はわずかに3社だけである。トキワ・コーポレイションが取得第1号であるが、これはアメリカのエイボン社の要請を受けて取得したものである。そのほかにイタリアでホンダ・ロジスティック・センター、フィリピンで東芝が取得している。以上のように日本国内では1社しか認証を受けていない。これではSA8000が消費者に知られているとはいえない状況にある。他のアジア諸国を見ると、日本以上に認証を取得した企業が多い。中国が45社、インドが27社、ベトナムが19社、パキスタンが11社、タイが9社、トルコが6社、フィリピン・韓国が4社という状況である。他のアジア諸国で認証数が多いのは、認証を受けることによってアメリカに輸出しやすくなると踏んでいるからであろう。アメリカの消費者にアピールできるからである。これらと比べると日本の企業の立ち遅れが目立つ。

② グローバル・コンパクト（Global Compact）

次に注目される国際的な行動規範として、国連のアナン事務総長が提唱しているグローバル・コンパクトがある。1999年の世界経済フォーラム（ダボス会議）の大会でアナン事務総長がグローバル・コンパクトの構想を提示し、2000年7月から発足した。

グローバル・コンパクトの内容は人権、労働基準、環境の3つの分野に限って、9つの原則に限定している。労働基準は中核的労働基準にのみ限定している。国連の中の専門機関であるILOで合意された中核的労働基準を採用したものと思われる。9つの原則は抽象的な書き方で示されている。罰則を科すことを前提とはしていないので、その書き方でも構わないという判断であろう。そのほうが企業も受け入れやすいという配慮があったものと思われる。

グローバル・コンパクトに参加するためには、9つの原則を支持していることを企業が表明し、年に1回そのために実施した活動報告を国連に行い、そのことを国連のホームページに掲載する。企業の表明は国連との間で契約を交わすことを意味しない。企業側の義務は年1回の活動報告と国連とのパートナーシップを組むことである。比較的に軽い義務である。

2003年7月21日段階で1,213社が参加を表明している。日本からはアミタ、リコー、アサヒ、キッコーマン、ジャパンエナジー、富士ゼロックス、国土環境（メトシャン）、王子製紙、屋久島電工

の9社である。日本経団連はグローバル・コンパクトに関心を持ち、国連のグローバル・コンパクトの担当者を日本に呼び、講習会を開催している。今後、日本ではグローバル・コンパクトを受け入れる企業が増加することを期待したい。
③ISO(世界標準化機構)

国際標準化運動は約100年の歴史を持っているが、1946年に工業規格の国際的統一を促進するために設立されたISOは、スイス民法60条によって法人格を認められたNGOである。日本は日本工業標準調査会が1952年に加入し、1957年に初めて理事国に選ばれた。現在では自動的に理事国となる5つの国の中に入っている。ということは、日本はISOの意思決定に深く参画できることになる。

日本ではISO14001とISO9001の認証を受けている企業が多く、ISOで決められる基準の影響を受ける可能性が大きい。現在企業の社会的責任についての規格化がISOのワーキング・グループで検討中である。先に海外事業活動関連協議会が国際基準作成プロセスに参画することを提言していることを述べたが、同協議会はISOでの企業の社会的責任の規格化に日本経団連とともに作成に関わっている。その規格にどのような基準を盛り込むのか、それらが世界中に適用できる基準とされるのかが問題となろう。技術水準の標準化とは異なり、人権、労働・雇用、環境の問題は社会的文化的要因とつながっていることや、経済の発展段階が異なる国々があることを考慮して、規格作りに慎重さが必要となろう。とくに、先進国が指導力を持っているISOでは、先進国である欧米の価値観が優先しがちであるが、労働や雇用の分野では発展途上国の意見の反映が不可欠であろう。ISOは2007年に規格化する方針としている。

以上の経営側の動きを整理すれば、企業の社会的責任を表す企業行動規範はあくまでも経営側の自主性に基づいて行うべきものとしている。経営者の自由裁量のもとで、企業経営に必要だと判断するかぎりで行動規範を作成することを基本方針としている。しかし日本経団連の行動規範は若干強制的要素を含んでいるが、それは企業の社会的責任を問われる事態が生まれてきたことで、経営上の危機を回避する必要性が高くなっているからであろう。さらに社会的責任投資が普及していけば、企業の評価を高めることが企業の業績を上げることにつながり、行動規範への企業の関心を拡大する動機づけになろう。

⑵組合側の動き

組合側の動きとして注目されるのはIMF-JC(全日本金属産業労働組合協議会)である。IMF(国際金属労連)は1997年5月の第29回世界大会において、多国籍企業との間で企業行動規範の合意を得ることを方針として決定した。IMFはICFTU-APRO(国際自由労連アジア太平洋地域組織)のモデル

規範を下敷きにして、IMFモデル規範を作成した。このモデルに基づき、すでに4社と合意を得ている。2001年12月にイタリアの電機会社であるMerloni Elettrodomestios社、2002年6月にフォルクスワーゲン社、2002年9月にダイムラー・クライスラー社、2003年4月にレオニ社と協定を締結している。

IMF-JCはIMFの政策に基づき、日本の現状に合わせて、2000年7月に「海外事業展開に際しての労働・雇用に関する企業行動規範」(IMF-JC版モデル)9)を作成した。これをもとに企業との間で協定を締結することを目標としている。労使協議または団体交渉によって合意することをめざすが、実現に至っていない。

IMF-JC版モデルの特徴は次の点にある。適用範囲を連結決算の対象となる企業としている。明確な基準を提示している。内容として中核的労働基準のほかに労働安全を追加している。実効性を確保するために、規範が順守されているかどうかに注意を払う。そのために連結決算の対象となっている企業には規範の内容の周知を図る。規範違反の疑いのある場合には、情報を収集し、事実関係を調査し、問題解決を図る。連結決算の対象とならない企業でも、資本参加企業や取引先に規範を順守するように要請し、規範に違反している場合には規範順守に向けて対処することになっている。この対処には取引先との契約打切りは含めていない。IMF版では下請けや取引先との契約打切りも制裁手段として入っている。IMF-JC版でこのようにされたのは、いきなり契約打切りという制裁では、下請けや取引先との長期の関係を重視してきた日本の企業にはふさわしくないという判断に基づいている。

モニタリングのために労使でチームを作って定期的に調査を実施したり、実際に問題が生じた企業に重点的にモニタリングすることを提案している。SA8000でも労働組合が基準に違反している企業の認証の取消しを求めるという形で参加してはいるが、IMF-JC版モデルでは労使が連携して問題解決に対処することになっており、SA8000より組合の積極的な役割が求められている。その費用の負担については何も触れられていない。IMF版では企業側の負担とされている。

IMF-JC版モデルでは、行動規範を企業との話合いによって作成することに重点を置いている。日本の企業になじみのない行動規範を受け入れやすい工夫を施している。しかし、それでも企業側の合意を得るのが難しい。労働組合との話合いで規範を作れば、企業としては組合からのチェックを受けることになり、やっかいであるという判断があるようである。企業はより緩い形での

---

9) 国際的労働組合が作成した規範として1997年の国際自由労連のCode of Labour Practices、そのアジア太平洋事務総局で1998年に作成したCode of Conduct on Labour Practicesがある。これらはIMFの行動規範に影響を与えている。International Confederation of Free Trade Unions ed., *A Trade Union Guide to Globalisation*, 2001参照。

行動規範を希望しているからである。それは、企業側の自主性に基づく行動規範という戦略を打ち破ることができない状況にあることを示している。

3.おわりに

ILOは行動規範を「私的運用」として全面的に賛成しているわけではないが、一定の効用を認めている。それを達成しやすくするために、企業行動規範を作成するうえで考慮すべき問題点を指摘しておこう。

⑴中核的労働規準に何を含めるか

国際条約のようなハードな規範ではなく、ソフトな規範である企業行動規範は柔軟な取扱いが可能である。そこで、労働や雇用に関する事項のどれを行動規範の中に含めるのか。ILO宣言に定められた中核的労働基準が中心であろうが、それ以外に何を含めるのかが問題となる。中核的労働基準は論理必然的に選ばれたわけではなく、ILOの総会で決議しやすくするために労働基準を限定している。いいかえれば妥協の産物である。そこで、それ以外の労働条件を含めることは可能である。何を含めるかは企業の自主的な判断や労働組合との話合いに任される。

中核的労働基準が比較的に簡単な規定で定められているために、その中身をどのように解釈するかが問題となる。違反しているかどうかを判断する必要があるので、単に抽象的な規定では不充分ではないかという問題がある。

中核的の労働基準はILO宣言によって合意を得ているので、行動規範にそれを規定することを拒否しにくい状況があろう。しかし、各国の法律と中核的労働基準の内容が相反する場合どうするのか。どちらを重視するのかという問題も提起されている。

⑵規範の遵守をどう確保するか

規範の遵守をどう確保するのか。モニタリングの方法の工夫が必要である。企業内部の点検では甘くなり、信頼性に欠ける。そこで外部の評価を取り込む必要性がある。どこに頼むかが問題となる。社会的責任問題に取り組むNGOの活用も必要となろう。

モニタリングの際、従業員による社内からの通報を認める制度を作っておく必要がある。もしその通報によって会社の利益を損なうことから懲戒処分に付す制度があれば、通報制度は機能しない。会社に不利益な通報でも、処分の対象にしない制度が不可欠である。

日本では国レベルで公益通報者を保護する法律を制定する動きがある。国民の生命、身体、財産に関わる法令に違反する犯罪行為やそのおそれのある行為を従業員が行政機関に通報する場合に、その者の解雇や不利益取扱いを禁止する内容となるようである。企業内部で就業規則あるいは企業行動規範の中にそのことを規定することが必要であろう。

(3)違反の際の制裁措置

違反の場合に制裁措置をどうするのか。ILO宣言では制裁はしないが、個別企業の場合はどうか。企業行動規範では下請けや取引先にも規定の内容を順守することを求めている場合がある。それが順守されない場合、どのような措置を講じるべきかが問題となる。下請けへの契約打切りが制裁手段としてありうるが、それは下請けの倒産を招くおそれがあり、大量解雇という問題を引き起こすので、それへの対応を考慮のうえで制裁を行うべきである。

(4)日本企業の課題

日本の企業は企業行動規範の作成では立ち遅れている10)。SA8000やグローバル・コンパクトの普及状況を見ると、発展途上国のほうが積極的である。輸出製品を作っている企業が積極的だからである。なぜならば、アメリカやヨーロッパに輸出するときには企業行動規範を持っていることがプラスに評価されて、輸出に有利になるからである。

日本の企業が世の中の動きの後を追いかけていて、世界をリードする状況にはないことや、消費者運動が弱いことの反映であろうが、もっと積極的に取り組む必要があるのではないか。とくに社会的責任投資がもっと普及してくれば、積極的にならざるをえない事態に追い込まれるのではないか。2003年10月、日本経団連とリコーやソニー、松下電器、オムロン、NEC、イトーヨーカ堂、三菱商事の8社が「企業の社会的責任」の規格化の作業を開始し、2004年6月までにまとめるという報道がある11)。いよいよ日本も本格的に取り組み出したということであろう。

(5)中小企業の課題

大企業だけでなく、大企業と取引のある中小企業も企業の社会的責任問題への対応が迫られている。大企業の行動規範によって下請けの企業にもその順守が迫られる事態が生じてくる。それならば中小企業自体も行動規範を作成することが求められることが考えられる。大企業から見れば、行動規範があるかどうかが取引をするかどうかの判断基準となってくるであろう。

---

10)全日本金属産業労働組合協議会(IMF-JC)『海外事業展開に際しての労働・雇用に関する企業行動規範——資料集〔第3版〕』(IMF-JC、2001年) 22頁。拙稿「Code of Conduct Regarding Labour and Employment Pertaining to Overseas Business Practices Initiated by IMF-JC」同志社大学人文科学研究所・社会科学70号(2003年) 1頁、拙稿「企業は社会的責任を果たさなければならない——企業行動規範をめぐる国際会議の動きから」IMF-JC編IMFJC2003年夏号28頁。
11)2003年10月27日付日本経済新聞朝刊。

●**具体的な取組み**

Norms on the Responsibilities of Transnational Corporations and Other Business Enterprises with Regard to Human Rights Adopted by the UN Sub-Commission

国連人権小委員会 企業の人権責任に関する規範

川本紀美子 ●*KAWAMOTO Kimiko*

1. はじめに

伝統的な国際法は主権国家のみを規律の対象としており、若干の例外を除いて「企業活動を直接規律することはしないとされてきた」[1]。しかし1970年代に多国籍企業が受入国の内政に干渉しているとの主張が注目されると、一定の企業活動を国際法の下に置くために、国連や経済開発協力機構（OECD）の場で多国籍企業に対する行動指針の策定が試みられるようになる。このときは主として南北の対立により、積極的に企業活動を規制するような国際法の形成は行われなかった。

その後1982年、メキシコに端を発した債務危機を契機に企業の海外直接投資が減少し始めると、途上国は外国投資に対する従来の敵対的政策の見直しを余儀なくされる[2]。さらに冷戦体制の終結を背景に自由主義経済が主流化すると、国際社会では自由な投資環境の整備を優先するために企業に対する規制を緩和する傾向が強まっている。

この一方で1980年代以降、多国籍企業が関わったとされる人権侵害事例がNGOにより次々に報告され[3]、企業の社会的責任が厳しく問われるようになった。人権が企業によって侵害されることは、これまで国際法・国際人権法の枠組では国家の義務を問うことによって論じられてきた。前出の国連やOECDの行動指針も「企業に対して直接に法的な義務を課すと言うよりも、むしろ各国家に対して企業の活動を規

---

1) 横田洋三「国際法における国際企業活動の地位——歴史的・法制度的考察」ジュリスト703号（1979年）22頁。
2) 中川淳司「国際投資の保護と日本」国際法学会編『日本と国際法の100年 第7巻』（三省堂、2001年）202頁。
3) 代表例としてナイジェリアでの石油採掘事業につき、http://www.hrw.org/hrw/reports/1999/nigeria/index (accessed: 20 February 2004)参照。

39

制することを求めた内容のものが多く、その意味ではこれらの規範の実際の名宛人〈受益者〉は各企業ではなく国家であると考えられるものが大多数である」4)とされる。

だが売上高が一国のGDPを上回る強力な企業が存在するうえ5)、自国の経済発展に外国投資を必要とする政府は往々にして経済上の要素を重視しがちである。こうした国では企業が自国領域内で人権を侵害しても、政府は能力の欠如（inability）ないしは怠慢（unwillingness）から有効な規制を行わず、しばしば人権条約上の義務を果たしてこなかった6)。加えて国際機関や業界団体、あるいは企業自身によって作成された数多くの行動規範（code of conduct）は企業の自発的な意思に基づくものにとどまり、その遵守は必ずしも担保されていない。

これらの限界を克服するべく、現在国連は、直接企業に向けた義務を明確化し、法的拘束力のある規範文書を作ろうとしている。人権委員会の補助機関である「人権の保護と促進に関する小委員会」（以下、人権小委員会または小委員会）の「多国籍企業の事業方法および活動に関する作業部会」（以下、作業部会）による「人権に関する多国籍企業およびその他の企業の責任に関する規範（Norms on the Responsibilities of Transnational Corporations and Other Business Enterprises with Regard to Human Rights）」7)（以下、人権規範または規範）の作成である。この規範は2003年8月、人権小委員会で全会一致で採択されており8)、これまでの国際基準のなかで企業にも適用できる基準を再宣言することで、人権に関する企業の責任を包括的に示した文書である。国家が持つ人権保障義務を当然の前提としながら、それだけでは構造的に人権が保障されない現実を前に、人権を実質的・実効的に保障することをめざして企業に直接人権に関する責任を問うための方策が探られているのである。

2. 人権規範採択に至る経緯の概観

(1) 多国籍企業作業部会の設立

人権小委員会9)では、1980年代後半から多国籍企業の活動が人権に与える影響に関心を寄せ研究を行ってきた10)。1994年に事務総長に対しこの

---

4) 植木俊哉「『国際組織法』の体系に関する一考察──『国際組織法総論』への予備的考察(1)」法学56巻1号（1992年）10頁。
5) たとえば、国連貿易開発会議プレスリリース（UN.Doc.TAD/INF/PR47, p.2）表1参照。
6) UN Doc. CRC/C/121, para.634.
7) UN Doc. E/CN.4/Sub.2/2003/12/Rev.2.
8) UN Doc. E/CN.4/Sub.2/Res/2003/16.
9) この当時の名称は「差別防止および少数者保護小委員会」であるが、1999年に現在の名に改称された。本論では両者とも人権小委員会と呼ぶ。
10) UN Doc. E/CN.4/Sub.2/Res/1989/15, 20-21、同1990/16-18、同1991/13,27、同1992/9,29、同1993/12,36,40、同1994/11,40-41、同1995/13、同1996/15,31。また97年の先住民族作業部会においても、先住地における民間部門の活動に対するガイドラインないしは行動綱領の検討が議長提案されている。

問題の包括的検討のための背景文書の提出を要請したところ、事務総長は直接投資が途上国に与える影響、多国籍企業の経営統合による世界戦略について主に労働権に着目した分析を報告した[11]。これを受けて人権小委員会は事務総長にさらなる報告を要請し、これに対し技術移転問題を中心とする報告がなされた[12]。以上の研究、報告、さらにEl-Hadji Guissé委員による背景文書[13]を踏まえて人権小委員会は、多国籍企業の事業活動が社会権、発展の権利、自由権の享受に与える影響について研究する会期内作業部会を、3年の任期で設立することを決定した[14]。

(2)多国籍企業作業部会の活動
(a)第51会期(1999年)

設立決議の翌1999年に1回目の会合が開かれた。作業部会メンバーに指名された5名の専門家は[15]、任期中の討議事項として、①多国籍企業の現在の活動について関連情報を収集すること、②多国籍企業が自由権・社会権(発展の権利を含む)の享受に与えている影響に関してデータを集めること、③小委員会委員であるWeissbrodt氏に行動規範草案の作成を依頼すること、を採択した。またその他の議題として、多国籍企業に対する行動規範の可能性に関して勧告と提言を採択すること、多国籍企業の活動と人権を適合させる実施メカニズムにおける国連の役割を明確にすること、関係国政府に対し国内の法的な監視メカニズムを採用するよう勧告すること、人権条約上の義務の不遵守国と多国籍企業の責任を分析することなどを提言した[16]。

翌年5月には、最初の草案として「企業の人権行動に関する原則案」[17]が発表されたが、これには各条文の根拠

---

[11] 小委員会の要請(UN Doc. E/CN.4/Sub.2/Res/1994/37)への報告「経済的・社会的・文化的権利の実現——人権の享受、特に国際労働および労働組合の権利と多国籍企業の事業方法および活動との関係」UN Doc.E/CN.4/Sub.2/1995/11。この文書では、輸出加工特区や雇用、労働市場の再構成を検討することで、多国籍企業が途上国の自己決定権、発展の権利を必ずしも尊重していない現状が指摘された。

[12] UN Doc. E/CN.4/Sub.2/1995/31. 人権小委員会からの求めに応えてドイツ・アルゼンチン政府、国連内の部局や専門機関、政府間機関およびNGOからの関連情報を得て作成されている。たとえば、健康の権利に関して医薬品とTRIPS協定の問題を、食糧の権利に関して作物特許と生物多様性の問題を、労働の権利に関して輸出加工特区の問題を、それぞれ世界保健機関、国連食糧農業機関、国際労働機関および関連NGOと連携して提起している。

[13] UN Doc. E/CN.4/Sub.2/Res/1997/11, para.3. Guissé氏は委員会に「経済的・社会的・文化的権利における多国籍企業の活動の影響に関する作業文書」UN Doc.E/CN.4/Sub.2/1998/6を提出し、国境を越えた経済主体の活動が、国家レベル、国際レベルでの所得格差を引き起こしている現状を述べ、多国籍企業の政策が環境の持続可能性にもたらす影響に懸念を示した。また多国籍企業の子会社の活動が社会権を侵害した際に、国内法に基づく補償が作用しない場合があることを指摘して、国家と多国籍企業の協定に社会権の視点を取り入れる必要を提言している。

[14] UN Doc. E/CN.4/Sub.2/Res/1998/8, para.4.

[15] UN Doc. E/CN.4/Sub.2/1999/9, para.1. 最初のメンバーはEl-Hadji Guissé(アフリカ)=議長、Zhong-Shunkong(アジア)、Asbjørn Eide(西欧ほか)、Paulo Sergio Pinheiro(南米)、Antoanella Lulia Motoc(東欧)。

[16] UN Doc. E/CN.4/Sub.2/1999/9 para.9以下参照。

[17] "Draft Principles relating to the Human Rights Conduct of Companies", UN Doc.E/CN.4/Sub.2/2000/WG.2/WP.1, Annex.

となる国際文書(条約、ガイドライン、産業界・労働組合・企業による行動規範、NGOによるガイドライン等)の該当部分が示されている[18]。出所を公表することで[19]、草案が既存の関連基準に依拠したものであることを明確にしていると考えられる。

(b)第52会期(2000年)

議長以外の委員が一新されたが[20]、引き続き現在の人権基準を収集分析し多国籍企業に適用する方法、投資協定の人権との整合性等について研究が行われることが確認された。この会期では、規範の適用対象を多国籍企業に限るか、草案の性格をどう解するか、国家の責任をいかに位置づけるか、など今日まで続く論点が提起されている[21]。しかし多国籍企業の定義自体から議論がまとまらず、次の会期へ継続審議とされた。

会期後に、改正された草案「企業のための普遍的人権ガイドライン」[22]が作業部会に提出され、初めて規範の実施に関する規定が置かれた。それまで実施を扱わなかったのは、当初「研究」の観点から実施より実体規定に重点が置かれるべきだと考えられていたためである。

(c)第53会期(2001年)

3期目の会合[23]冒頭、議長は作業部会の目的は規範の策定ではなく、多国籍企業の活動の人権への影響力を研究し国家の義務の範囲を検証することであると述べた[24]。作業部会に委任されたマンデート(任務)に行動規範の作成が含まれていないためであるが、他の参加者からは規範を作成する必要性が強く主張された。さらに、規範は企業の受入国の義務を明確化する助けとなるものにすること、そのような規範が作成されるまでは企業に倫理的な義務を負わせることが主張されている[25]。この会期においても討議は多くの点で合意に達することができず、さらなる検討期間が必要であるとされたため、小委員会は作業部会の任期を3年間延長した[26]。延長に伴って作業部会のマンデートも新しくなり、関連情報(投資や貿易等も含む)の収集や多国籍企業の活動を規制する国家

---

[18] UN Doc. E/CN.4/Sub.2/2000/WG.2/WP.1/Add.1.
[19] UN Doc. E/CN.4/Sub.2/2000/WG.2/WP.1/Add.2.
[20] Soo-Gil Park(アジア)、David Weissbrodt(西欧ほか)、Manuel Rodriguez-Cuadros(南米)、Vladimir Kartashkin(東欧)が新たに交代参加。UN Doc. E/CN.4/Sub.2/2000/12, para.2.
[21] *Ibid*., paras.26-32.
[22] "Draft Universal Human Rights Guidelines for Companies", UN Doc. E/CN.4/Sub.2/2001/WG.2/WP.1/Add.1. 2001年3月にWeissbrodt委員を議長に規範を討議するセミナーが開かれ、規範に前文を設けることが提案された。また"Guideline"では拘束力ある文書作りに支障が出るとの意見を受けて"Principles"に変更されることになった。UN Doc. E/CN.4 /Sub.2/2001/WG.2/WP.1/Add.3.
[23] メンバーにはMiguel Alfonso-Martínez(南米)が交代参加し、この5名が規範採択時まで続いた。
[24] UN Doc. E/CN.4/Sub.2/2001/9, para.15.
[25] *Ibid*., paras.20-22.
[26] UN Doc. E/CN.4/Sub.2/Res/2001/3, para.4. 当初は、3年の期間があれば余裕ある議論と合意が得られると考えられていたようである。UN Doc. E/CN.4/Sub.2/1999/9, para.11.

の義務の検討に加えて、規範の起草が明確に含まれることになった。

会期後には、暫定案「企業のための基本人権原則」[27]が改訂され、「多国籍企業およびその他の企業の人権原則および責任」[28]が提示されている[29]。

(d)第54会期(2002年)

会合に先立ち、有力NGOによって作業部会の活動への全面的な支持が表明された[30]。

引き続き草案に対する検討がなされ、すべての企業を含めていた草案の適用対象から、小規模企業を除くことにするという例外を導入することになり、その基準について、従業員数で区切る方法、人権への影響力に着目する方法などが検討されている(後述)。また草案の拘束力を強調するために、名称を「原則」から「規範」に変更した。

草案は、翌年5月に「人権に関する多国籍企業の責任に関する規範草案」[31]としてほぼ同じ内容で引き継がれ、討議参加者の意見や提案を取り込む形で別途コメンタリーも作成された[32]。

(e)第55会期(2003年)

会期前に出された案[33]について若干の検討がなされて最終案となる規範が固まり[34]、小委員会での採択にかけられた。数点の修正が口頭で行われたうえで、人権規範は詳細なコメンタリー[35]とともに全会一致で採択された。

3. 討議における論点

人権規範は、40以上の条約・宣言等に言及した前文に始まり、8パートにわたる実体規定、定義までの全23条からなっている[36]。実体規定は、一般的義務(規範1)、機会の平等および非差別待遇の権利(同2)、身体の安全の権利(同3~4)、労働者の権利(同

---

[27] "Fundamental Human Rights Principles for Business Enterprises", UN Doc.E/CN.4/Sub.2/2002/X/Add.1.
[28] "Human Rights Principles and Responsibilities for Transnational Corporations and Other Business Enterprises", UN Doc. E/CN.4/Sub.2/2002/WG.2/WP.1.
[29] 2002年2月にも会期外の会合が持たれたが、検討時間が充分でなかったため、Kartashkin, Park, Weissbrodtの3委員がコメントを提出し、本会合までにコメンタリーが作成された。UN Doc. E/CN.4/Sub.2/2002/WG.2/WP.1/Add.1, para.3.
[30] Amnesty International, Human Rights Watch, Lawyers Committee for Human Rights, Christian Aid, Oxfam, World Organisation Against Torture, Prince of Wales International Business Leaders Forumほか多数による。AI Index: IOR 40/021/2002等参照。
[31] "Draft Norms on the Responsibilities of Transnational Corporations with regard to Human Rights", UN Doc. E/CN.4/SUB.2/2003/12.
[32] UN Doc. E/CN.4/Sub.2/2003/38.
[33] UN Doc. E/CN.4/Sub.2/2003/L.8.
[34] UN Doc. E/CN.4/Sub.2/2003/12/Rev.1.
[35] UN Doc. E/CN.4/Sub.2/2003/38/Rev.2. コメンタリーは、規範に含まれる事項に対して解釈基準を提供するものであるとされる(規範前文9項)。詳細な内容を持ち、規範15第3文のようにコメンタリー内に置かれていた内容が条文に昇格した例もある。
[36] 後掲の規範仮訳を参照。

5〜9)、国家主権と人権の尊重(同10〜12)、消費者保護に関する義務(同13)、環境保護に関する義務(同14)、一般的実施規定(同15〜19)と広範な分野に及ぶ。規範は幅広い関係者からのコメントを受けて起草されてきたが、とりわけ規範の適用対象、規範の性格、実施の方法、他の規範との関係性に関しては活発な議論がなされた。

(1) 適用対象

もともと作業部会が設置された問題意識は、各国国内法の統制を受けにくい多国籍企業の活動が人権に与える影響を研究することにあった。そのため、規範の適用を多国籍企業に限らずすべての企業に行うことに対しては、賛同論が大勢であった一方[37]、批判も根強かった。批判は主に、①作業部会のマンデートを越えている、②研究の対象は政府の規制を回避して人権に多大な影響を与えうる多国籍企業であり、小規模企業ではない、③適用を幅広くして実現を危うくするよりも、まず多国籍企業のみに適用する規範を作るべきである、とする3点である[38]。これに対してWeissbrodt委員は、多国籍企業が自らの形式上の企業形態を操作して国内企業に変容することで規範の適用を避けようとする事態を防ぐためには、多国籍企業以外の企業もすべて対象に含めることが必要であると主張している[39]。多国籍企業が本社の所在国以外に事業拠点を置いている場合、経済・経営学では親会社と子会社の間に統一した意思が存在しているとして一般的に両者の一体性を認めるが、法律学上は子会社は活動する国の国内法に基づいて設立され、親会社とは別個独立の法人格を有しているとされる。したがって親会社は原則として子会社に関する責任を負わないため、子会社の活動について親会社との実質的な一体性を構成し法規制を行っていくことは容易でないとされてきた(corporate veil)[40]。賛否両論を踏まえた結果、人権規範は最終的に多国籍企業以外の企業を名称上も条文上も明確に対象に含めたが、同時に「その他の企業」に適用が推定されるのは、①その企業が多国籍企業と関係を有すること、②活動の影響が国内にとどまらないこと、③活動が身体の安全の権利(規範3、4)の侵害に関わっていること、のうちいずれかに当てはまる場合に限ることとした[41]。人権

---

[37] たとえばUN Doc. E/CN.4/Sub.2/2000/12, para.37。
[38] UN Doc. E/CN.4/Sub.2/2001/WG.2/WP.1/Add.3, para.19, UN Doc. E/CN.4/Sub.2/2002/13, paras.25,34.
[39] UN Doc. E/CN.4/Sub.2/2002/13,para.15, UN Doc. E/CN.4/Sub.2/2001/9 para.47. 一部NGOも適用に制限を課すことは責任回避の逃げ道を作ることになると主張している。UN Doc. E/CN.4/Sub.2/2002/13, para.34.
[40] Karl Hofstetter, "Parent Responsibility for Subsidiary Corporations", in International and Comparative Law Quarterly, Vol.39 (1990), pp576-598. 典型例は1984年インド・ボパールで起きたインド・ユニオンカーバイド社ガス漏れ事故である。概要は安田信之「ボパール事件ジャバルプル高裁判決の概要」国際商事法務16巻7号(1988年)556〜562頁参照。なお、子会社への国際法による規制範囲につき、松岡博「多国籍企業の法的規制」国際経済法4号(1995年)14〜20頁。

侵害、環境損害を現実に引き起こすのは、多国籍企業本体よりは途上国にある関連子会社や契約企業であるという現状から考えると、条件のさらなる明確化が求められつつも、原則的に「その他の企業」まで対象に含めて規範を適用することは必要であるといえよう。

(2)規範の性格

人権規範は、起草の当初から法的拘束力を持つ文書にすることがめざされていた。拘束力ある規範の作成が支持される理由としては、①自発的なガイドラインではこれまでの繰り返しにすぎない、②企業に人権基準を課すには強制的な実施方策が必要である、③多国籍企業に対抗する力を持たない国家には国家の義務遵守だけでは足りない、などの点が挙げられてきた。一方、主な反対理由は、法的な規範は国家の義務を弱めるのではないかという点である。また拘束力を持たせるためには条約形式が必要だが、成立までに非常に長い時間がかかる点も懸念されている。これらに対しては、人権規範は規範1で国家の第一義的責任を明確に強調していること、後述のとおり条約形式以外でも一定の拘束力を持つよう検討されていることに留意すべきである。結局のところ現時点では、拘束力については、「ソフト・ロー」として[42]、または現在ある条約や法的義務の有権的解釈である点[43]を根拠にして認められるにとどまる。

また、そもそも企業に国際法上、人権に関する義務があるかについては、世界人権宣言が前文で「社会のすべての機関（every organ of society）」が人権を尊重すべきであるとしていることから、企業も国家の人権保障義務を代替することはできないまでも、一定の範囲で人権尊重義務を負うべきであると主張されている。さらには近年、贈賄防止等、人権以外の分野の条約規範において企業の国際責任が問われる傾向にあることも指摘されている。

(3)実施の方策

これまでのところ、人権侵害を行った企業に対して、国際法上直接に法的効果を及ぼせる手続や機関は存在しない。1998年、国際刑事裁判所規程の審議過程でフランス政府代表団が、法人（juridical person）を裁判所の管轄に含めるよう提案を行ったが[44]、各国代表の賛否表明において大勢を占めていたのは効果的な実施方法に対する懸念であった[45]。

人権規範は実施について、まず多国籍企業その他の企業が人権規範に

41）人権規範21第2文。
42）UN Doc. E/CN.4/Sub.2/Res/2001/9, para.32.
43）UN Doc. E/CN.4/Sub.2/Res/2002/13, para.14.
44）ローマでの全権外交会議作業部会でのICC規程草案23条5項6項。UN Doc. A/CONF.183/C.1/WGGP/L.5/Rev.2. 最終的にこの条項は削除された。
45）UN Doc. A/Conf.183/C.1/SR.1, paras.32-66.

沿った社内規則を制定してそれを普及させ実施したうえで、定期的な報告を行って規範を実施するための方策をとると規定している46)。取引契約の締結や停止を検討する際に人権規範を基準として用いることも提唱した47)。そのうえで企業は、現行のないしは今後創設される国際機関のメカニズムまたは各国の国内メカニズムによる、透明で独立したモニタリングや検証を定期的に受けることになっている48)。

モニタリングの実施メカニズムについては、さらにコメンタリーが各機関に向けて具体的提案を行っている49)。たとえば国際的な実施メカニズムとして、各人権条約機関に対しては、国家へ通常の報告事項に追加して人権規範に関する報告を要請する方法を創設すること、および条約義務を解釈する一般的意見・勧告を採択する際に人権規範を参照することを提言した。国連および国連専門機関に対しては、物品やサービスの調達決定の際に規範を用いて選定を行うことを提案している。人権委員会に対しては、国別報告者やテーマ別手続において多国籍企業や他の企業の活動について、各自の任務の範囲内で人権規範を用いて検討を行うことを提案し、また人権委会の中に企業が規範を遵守しなかった場合に情報を受領し、効果的な措置をとるための専門家グループ、特別報告者、作業部会を設置することを提案している。小委員会および関連作業部会には、NGO、労働組合、個人等によるアクセスを確保して広く情報を受領し、企業にも答弁の機会を与えるようにすることを提案している。いずれも積極的なものであるが、各機関はよりいっそうのモニタリング方法を開発し、進展させていくことが求められる。

また市民社会に対して、労働組合にはこの規範を企業との協定交渉または権利の遵守を監視する基礎として利用することを、NGOには企業活動の監視に利用することを推奨している。さらに機関投資家などが社会的投資の選定基準として規範を用いることもモニタリングにつながるとされている50)。

一方、国内メカニズムに関しては、政府が人権規範を広く知らしめること、そして国内で事業を行う企業に対する法律や行政条項を作成する場合のモデルとして人権規範を利用することで、規範内容を実行し監視していくよう奨励されている。この際には労働査察、オンブズパーソン、国内人権機関といった方策を利用すべきであろう51)。

---

46) 人権規範15。
47) Commentary 15(c)。
48) 人権規範16。日本でも事業報告書について民間による第三者検証を導入する企業が出ている。たとえば、富士ゼロックス「社会・環境報告書2003」56頁。
49) Commentary 16(b)。
50) 社会的責任投資の有用性について、たとえばエイミー・ドミニ（山元利明訳）『社会的責任投資』（木鐸社、2002年）参照。
51) Commentary 17(a)。

ところで、2001年の小委員会決議で「多国籍企業によってなされた権利の侵害および損害に対して制裁を適用し、賠償を得るための監視メカニズム創設の可能性を分析」[52]するとされたことを受けて、損害賠償、原状回復、補償といった方策が規範に取り込まれたが、企業にとっては現実的な懸念となる点である。企業に人権上の責任を問う国際的な裁判所が存在しないため、責任を問いうるフォーラムは国内裁判所となる[53]。しかし、多国籍企業の活動に関しては、法人の設立の準拠法国は他国で起こった違法行為には当然司法管轄を及ぼさない。また操業国では、不都合な規制が課されそうになった企業が投資の引上げを行いかねないことから、司法判断が政治的に制約される場合がある。これらに対処するためには法の支配の普及など、今後の対応が検討されるべきである。

(4)国連グローバル・コンパクトとの関係

国連グローバル・コンパクト(以下、GC)の人権、労働基準、環境に関する9原則と人権規範に含まれる内容は基本的に共通しているが、GCは規制の手段でも拘束力のある行動規範でもないことを明確に表明している点が規範と大きく異なる[54]。そのためGCに対しては、NGOから実質的な遵守効果に関する懸念が示されてきた。2003年4月には、当初からGCに参加してきたNGOが連名で書簡を公表し、9原則の実施のために、GC事務局がオンブズパーソンの創設などなんらかの対策を考慮するよう促した[55]。さらに、人権規範に対して公式な声明を出すよう求めた[56]。というのも、作業部会は規範前文で独立してGCに言及し[57]、討論でもたびたびGCを取り上げる[58]など協働を模索してきたが、国連の内部で同様の問題意識に立ちほぼ同時期に始まった試みでありながら、GC側

---

[52] UN Doc. E/CN.4/Sub.2/Res/2001/3, para.4d.
[53] この点注目されるのが、アメリカの外国人不法行為請求権法(ATCA: Alien Tort Claims Act,1789)である。国際法に違反して行われた外国人の不法行為について米国裁の管轄権を認めるため、世界中から企業の人権侵害に関する申立が集まり、2003年現在、この法を根拠にした裁判は20件余りに上る。かつて米政府は、Filartiga事件においてこの法理へ積極的な貢献をなしたが、Unocal事件では国務省が2003年法廷助言者として出廷し、管轄権との関係で問題があるとする旨の発言を行っている。
[54] この点Weissbrodt委員は、GCには世界の多国籍企業75,000社のうち1,000社しか参加しておらず、その1,000社でさえいつでも撤回が可能である点を指摘して、人権規範がボランタリーな規範でない意義を述べている。BBCラジオ "Newshour" 13 August 2003. なお、人権規範に反対する経営者団体もGCには賛同を示している。
[55] Oxfam International, Amnesty International, Lawyers Committee for Human Rights, Human Rights Watchによる(2003年4月7日付)。http://web.amnesty.org/pages/ec_briefings_global_7April03 (accessed: 20 February 2004). NGO側は人権規範はGCを具体化し補完するものであるとする。
[56] Ibid. GC事務局は書簡へ返答し、GC諮問委員会は提案を実現する適当なフォーラムであるとして(2003年6月3日付)、第4回諮問委員会の場でGCと人権規範のような規制アプローチとの関係を明確化するとした。"Report on Advisory Council Meeting", http://www.unglobalcompact.org/content/NewsDocs/dsg_ngoletter030603.pdf (accessed: 20 February 2004).
[57] 人権規範前文第7段落。
[58] UN Doc. E/CN.4/Sub.2/2001/WG.2/WP.1/Add.3 paras.39-42、UN Doc. E/CN.4/Sub.2/2002/WG.2/ WP.1/Add.1 para.32など。

からはなんらのコメントも発表されてこなかったのである。後日GC事務局は、GCは遵守を管理強制するものでなく任意のイニシアティブであることを再確認したうえで、規制を行う権限はもっぱら政府にあり「人権規範」については政府が決定を行うものであるとする討議結果を発表し、規範に対する評価や関係性には触れなかった。解決へのアプローチに差異のある両者であるが、それぞれの特性を生かして建設的な関係を築くことが模索されてしかるべきである。

4. 採択に対する反応および今後の展望

(1) 採択に対する反応

作業部会の審議に関わったほぼすべての関係者が人権規範の採択を歓迎した。とくにNGOグループは、規範がすべての企業が人権に関する義務を有するとしていることは、国際社会の長期発展と貧困削減に貢献し、企業にも社会にも利益をもたらすものであるとして規範採択当日に全面的な支持声明を発表した[59]。声明は15団体が連名で行っているが、それぞれが賛同を得たパートナー団体を代表しており、全体の支持団体数は約960に上る。また、グローバル・レポーティング・イニシアティブ（GRI）も採択を歓迎し、人権規範が導入を検討している報告システムについてすでにノウハウを持っていることを述べた[60]。

一方、経営者団体である国際使用者連盟（IOE）[61]および国際商業会議所（ICC）[62]は、審議に参加しながら一貫して懸念を表明してきた。その主張によれば、人権規範は、①国際文書の繰り返しにすぎず各国政府の義務から目をそらすものである、②企業を信用していない、③国連内で同時進行中のGCが意図するところと相容れず、自発的なアプローチをとる企業から反発を招くものである、とされる。規範の採択後は、アメリカのUS Council for International Business（USCIB）[63]が、IOEやICCと同様の批判を行う急先鋒となってきている[64]。USCIBは、今後IOE・ICCと連携しつつ、人権委員会を構成する53カ国（日本を含む）

---

59) Press Statement "Nongovernmental organizations welcome the new U.N. norms on transnational business" 13 August 2003.
60) http://www.globalreporting.org/news/updates/2003/0308UNHR.asp (accessed: 20 February 2004). 多くの日本企業を含め400社以上の企業が社会、環境面の報告書を作成する際にGRIガイドライン「Sustainability Reporting Guideline」(2002年)を利用している。
61) International Organization of Employers。1920年に設立された国際的経営者団体で、ジュネーブを本部に132カ国から136の団体が加盟している。
62) International Chamber of Commerce。1919年に設立された国際的商工業者団体で、約130カ国から数千社が参加している。
63) 1945年に自由貿易の推進と国連で企業団体を代弁する目的で創設された評議会。参加企業は先進国有名企業を中心に300社弱。
64) USCIB会員向けニュースレター（2003年9月5日付）、"UN code no help to Companies" Financial Times（2003年12月17日付）ほか。批判に対してはUSCIBの解釈は誤解に基づいている、USCIBは規範の公開審議過程にまったく参加しなかったなど数多くの反論がなされている。

にある国内経済団体に規範への注意を喚起していくこと、人権委員会での規範審議について米国務省と共同して戦略を立てていくことを表明しており[65]、動向が注目される。

(2)今後の展望

採択された人権規範は、2004年の次期人権委員会に送られることが決定している[66]。小委員会は、人権委員会が各国政府、国連、専門機関、NGO、そのほかの当事者に対して人権規範およびコメンタリーへのコメントを2005年の人権委員会と人権小委員会へ提出するよう要請することを求め、そのうえで人権委員会内に人権規範とコメンタリーを審議する作業部会を創設することを勧告している[67]。今後の人権委員会での議論は予断を許さない。すなわち、かつて「国連多国籍企業行動綱領」作成が中途終了した一因に、綱領の作成部会が独立した専門家でなく政府代表で構成され、議論が政治的関心に支配された経緯があるからである[68]。政府代表からなる機関である人権委員会の審議でも同様の問題が起こりうる可能性が懸念される。

しかし、条約・宣言化といった方向性とは別に、人権規範はすでに一定の効力を獲得しているとも考えられる[69]。小委員会は、人権に否定的影響を与える可能性のある多国籍企業の活動(とくに人権規範に関わってくる活動)について、多国籍企業作業部会が、各国政府、NGO、企業、個人等から情報を受領し、合理的な期間内に関係する多国籍企業その他の企業にコメントを出すよう求める権限を認めている。また作業部会は受け取った情報を調査して、コメントおよび勧告を適当な多国籍企業、その他の企業、政府、関連NGOといった情報源に伝えることになっている[70]。

かようにその活動が国際社会で広く注視され、人権規範に違反する行為が国連で検討される可能性が生まれたことは、規範の法的拘束力の議論を超えて、企業に対する事実上の圧力となるだろう[71]。

5.まとめにかえて

世界はグローバル化が進んだといわれて久しいが、近い将来に「世界政府」

---

65)"Status Report on the draft Human Rights Code of Conduct" http://209.238.219.111/USCIB-text-Status-Report.
66)UN Doc. E/CN.4/Sub.2/Res/2003/16, para.2.
67)*Ibid*., para.3.
68)Hans W. Baade, "Code of Conduct for Multinational Enterprises: An Introductory Survey", in Norbert Horn ed., *Legal Problems of Code of Conduct for Multinational Enterprises*, Vol.1, Kluwer (1980), p.417.
69)採択された規範が「草案」形式でないことは、政治的に条約化が困難であると予想されることとともに、この文脈で理解されるべきであろう。
70)Supra., n.66, para.5,6.
71)ただし情報の検討等に要する財源・人員の不足が予想されることから、決議どおりに運用されるかは不透明である。

の実現が予見されない以上、現在の主権国家体制が続いていく状況は変わらない。そこでは国境が厳然として防波堤の機能を果たしており、国境を越えた富や権利が平準化されることはないと考えられる。多国籍企業はこのような技術力、労働基準、社会資本整備などに落差のある複数の国家に足をかけることによって、各国間の「水位差」から利益を得ようとする。

これまでも現実の国際社会では、国家間の関係を含めて強者と弱者の力の不均衡が往々に問題を生じさせており、これらの問題を是正しようとする力学によって、国際社会全体の視点に立つルール作りが続けられてきたのである。国際社会が主権国家を主体とする水平的な関係のみで構成されているとすれば、多国籍企業を法的に拘束するには本社が登記された設立準拠国あるいは事業を行う受入国の国内法によるしかなかった。しかし、国際社会にある種の公共秩序が存在するようになれば、多国籍企業と人権保障をめぐる問題は各国国内法に関わるだけでなく充分に国際法の問題となるだろう。その際には、国内法と国際法双方が補完的に効果を模索しながら問題の解決がなされるべきであり、とくに国際人権法の果たす役割は大きいと考える。人権小委員会による人権規範が提示した課題は、国際社会が直面するトランスナショナルな問題を検討するための実験的な試みでもあると評価したい。

追記

第60会期人権委員会は、人権に関する多国籍企業および関係する企業の責任に関して、日本など13カ国[72]が共同提案した決議をコンセンサスで採択した（E/CN.4/2004/L.73/Rev.1, 16 April 2004）。この決議で人権委員会は、(a)人権に関する企業責任の問題が重要であることを確認し、(b)人権高等弁務官事務所に対して、人権に関する企業責任に関連するイニシアティブ・基準（とくに「人権規範」）の範囲および法的地位を明確にしかつ未解決の問題を特定する報告書を利害関係者[73]の意見を求めながら作成して、2005年の人権委員会に提出するよう要請した。報告書の提出は人権に関する企業責任の基準を強化する選択肢ならびにあらゆる実施方法を明らかにすることを目的とするが、一方で決議は、(c)人権規範は人権委員会の要請に基づいたものでなく草案としては法的な地位を認められず、したがって小委員会は規範に関していかなるモニタリング機能をも実行すべきでない、ともしている。

---

72) 他の共同提案国は、人権委員会の現メンバー国であるオーストラリア（議長国）・エチオピア・ハンガリー・アイルランド・メキシコ・南アフリカ・スウェーデン・英国、メンバー国以外のベルギー・チェコ・ガーナ・ノルウェー。
73) 具体的に、国家・多国籍企業・経営者団体・労働組合・関係する国際組織や専門機関・条約監視機関・NGOが挙げられている。

●具体的な取組み

*The Role of Private Sectors to Secure Public Health in Developing World:
In the Context of HIV/AIDS Problem in Africa*

企業と健康・医療
アフリカのHIV/AIDSを事例として

稲場雅紀 ●INABA Masaki

1. はじめに──2002年10月、コカ・コーラ社を襲った激震

　アフリカで最も多くの従業員を擁する多国籍企業、コカ・コーラ社。世界で最も有名なこの企業に、2002年10月17日、激震が襲った。アトランタの本社をはじめ、全米各地で、アフリカの従業員にエイズ治療を保障せよ、と主張する抗議行動が展開されたのだ。

　抗議行動は全米だけにとどまらなかった。パリでは、HIV感染者・AIDS患者（以下、PLWHA：People Living with HIV/AIDS＝エイズと共に生きる人々）の直接行動団体、アクトアップ・パリ（ACTUP Paris）が戦闘的なスタイルで抗議行動を繰り広げた。ケープタウンでは、「HIV Positive」と書かれたTシャツで身を固めた南アフリカのPLWHAの組織「治療行動キャンペーン」（TAC: Treatment Action Campaign）の部隊がコカ・コーラ社に押しかけ、規模は小さいながらケニアのナイロビ、モロッコのラバトでも抗議行動が展開された。ガーナのアクラでは、コカ・コーラ社へのデモを組織しようとした「ガーナ・治療アクセスグループ」（GATAG: Ghana Treatment Access Group）のメンバーが警察により拘束され、すぐさま、ガーナ政府に対する世界規模の抗議行動が展開された。アジアでも、タイと日本で、コカ・コーラ社に対する申入れが行われた。

　この日は、「コカ・コーラ社に対する地球規模の行動デー」に指定されていた。コカ・コーラ社に対して、アフリカで同社が雇用する10万人の従業員とその家族への抗HIV治療（薬物によりHIVの増殖を抑える治療）を含む包括的なヘルス・ケアおよびVCCT（秘密の守られた自発的なHIV検査・カウンセリング〔Voluntary and Confidential Counseling and Testing〕）の実施、コンドームの無償配布、予防啓発教育の体制の確立を要求する……世界規模のこのキャンペーンを呼びかけたの

は、途上国におけるエイズ治療の実現を主張する米国の市民社会ネットワーク「ヘルス・ギャップ連合」(Health GAP Coalition)、南アフリカのTAC、モロッコのPLWHA組織「エイズと闘うモロッコ人協会」、タイの「タイ・PLWHAネットワーク」(TNP+: Thai Network of PLWHA)である。行動趣意書には、次のように書かれている。

「公衆衛生推進の責任は公的保健部門が担うべきであるが、企業もまたHIVに感染した従業員およびその家族の治療を受けるという人権を守る責任を有する。企業が職場で治療プログラムに取り組んでいけば、治療は実行不可能と未だに主張する各国の政府に大きな圧力をかけることになる」1)。

コカ・コーラ社に対する世界同時多発の抗議行動は、同社へのきわめて大きな圧力となった。コカ・コーラ社は、抗HIV治療の対象を同社の業務管理スタッフに限定するという当初の姿勢を見直し、まず19カ国において、従業員と配偶者に対して、抗HIV治療を給付対象に含む企業健康保険制度を提供することを表明。コカ・コーラ・アフリカ基金(Coca Cola Africa Foundation)も、コカ・コーラ社がアフリカ各国において、HIV/AIDSに取り組む地域組織や国際NGOの活動を支援することを表明した2)。

世界で感染拡大が続くHIV/AIDS。2003年末現在、世界でHIV/AIDSと共に生きる人々は4000万人を数え、年間500万人がHIVに新規感染し、300万人が死ぬ3)……「静かな戦争」といわれるこの世界的なエイズ危機のなかで、企業が果たすべき社会的責任は、コカ・コーラ社にとどまらず、否応なしに拡大しつつある。

2. 世界の製薬産業のあり方を大きく変えたHIV/AIDS

(1)治療薬の開発によって人間と共存可能となったHIV

世界のエイズ危機と、それに対する社会的認識の高まりによって最大の影響を受けた業界は、製薬業界である。

米国レーガン政権が80年代の構造不況の克服のために採用したプロ・パテント(知的財産権保護の重視)政策は、96年の世界貿易機構(WTO)の「知的財産権の貿易関連の側面に関する協定」(TRIPS協定)によって世界化した。以前から産官学共同によってさまざまな公的研究機関と連携しなが

---

1) ヘルス・ギャップ連合ウェブサイト(http://www.treat-your-workers.org/call.html)参照(visited 4 February, 2004)。
2) コカ・コーラ・アフリカ基金ウェブサイト(http://www2.coca-cola.com/citizenship/africa_program.html)参照(visited 10 February, 2004)。
3) 国連エイズ合同計画・WHO「AIDS Epidemic Update 2003」(http://www.unaids.org/en/default.asp)参照(visited 10 February, 2004)。

ら新薬開発を行ってきた欧米の多国籍製薬企業は、吸収・合併を繰り返して巨大化しながら、世界化された知的財産権により独占価格を設定して新薬を販売、恒常的に巨利を得る優良企業群を形成するに至った。

　これらの企業にとって、エイズ治療薬の開発は重要であった。世界のPLWHA4000万人の95％は途上国の人々だが、残りの5％は先進国の人々である。これが、エイズと、マラリアやトリパノゾーマなど、途上国に患者・感染者が集中している他の病気との違いである。多国籍製薬企業は、この5％の人々と、その医療費として支出される公共・民間の医療保険や社会保障費を市場として、エイズ治療薬の開発に多くの力を投入した。もし、エイズがマラリアほかの「無視された病気」と同様に先進国に患者・感染者を有していなかったとしたら、利潤の追求というインセンティブは機能せず、新薬開発への資金・労力の投入は格段に少なくなっていたはずだ。

　エイズ治療薬の主流は、HIVを含むレトロウイルスの増殖過程に作用して増殖を止める「抗レトロウイルス薬」(Anti-Retroviral medicines、以下ARV）[4]である。ARVは、1988年にAZT（ジドブジン）が発明されて以降、90年代にAZTと同じ「核酸系逆転写酵素阻害剤」（Nucleoside Reverse Transcriptase Inhibitor、以下NRTI）数種類が開発されていたが、1996年、これとは別のタイプの「非核酸系逆転写酵素阻害剤」（Non-nucleoside Reverse Transcriptase Inhibitor、以下NNRTI）であるネビラピン、および「プロテアーゼ阻害剤」（Protease Inhibitors、以下PI）であるインディナビルが開発され、エイズ医療は革命的な転換を遂げた。複数のタイプのARVを同時に摂取し、効果的にHIVの増殖を押さえ、耐性ウイルスの出現を減少させる多剤併用療法の開発である。これにより、先進国ではエイズによる死者数が劇的に減少し、エイズは「管理可能な慢性病」へと変化した。多剤併用療法には服薬の複雑さや極端な副作用などの問題も存在するが、その後、これらの問題を大きく改善した新薬がNRTI、NNRTI、PIの各タイプにおいて開発され、エイズ治療の質は向上を続けている。「治療費が出る公的なしくみがあれば」……HIVは、人間の生における共存の対象となるに至ったのである。

(2)市民社会からの異議申立て──揺さぶられた知的財産権

　残された、しかし最大の問題は、十分な社会保障制度が存在しない途上国にあった。

　ARVの開発は、利潤の追求というインセンティブを足がかりとした、現代科学の勝利ということができる。しかし、

---

[4] ARVの種類等については、たとえば「HIV感染症治療の手引き（第7版）」(http://www.hivjp.org/guidebook/guidebook.html)が詳しい（visited 10 February, 2004）。

53

それは、この病によって最も痛めつけられている人々の頭上を素通りすることとなった。多国籍製薬企業が知的財産権によって保護された独占価格で製造販売するブランド薬で多剤併用療法を実施した場合、その価格は1人当たり年間200～300万円に及ぶ。現代科学の恩恵は、この価格を自ら支払える財力を持つ者と、この価格を負担する能力のある国家に住む者にしか届かなかったのである。

財産の額、生まれ落ちた場所の如何によって、同じ病にかかっても生きられる者と命を奪われる者とが存在する……この矛盾への抵抗は、先進国と途上国でほぼ同時に始まった。多剤併用療法の導入後すぐの97年の段階ですでに、米国のPLWHAの直接行動団体ACTUPは「エイズ治療薬をアフリカへ」のスローガンを掲げた。南アフリカでは、マレー系南アフリカ人のHIV感染者で同性愛者の解放運動の指導者だったザッキー・アハマットが、同じく南アフリカで同性愛者解放運動を領導した黒人指導者サイモン・ンコリのエイズ死を追悼して、98年の国際人権デーに、ARVの導入を含む包括的なエイズ治療へのアクセスを求めるPLWHAのネットワークである「治療行動キャンペーン」（TAC）を創設した。エイズ治療と知的財産権をめぐる象徴的な闘いは、ここ南アフリカにおいて起こった。

1998年、南アフリカ政府は、公的医療負担の重さから、必須医薬品の安価な供給をめざして、自国の薬事法を、強制実施権および並行輸入に関する条項を含む形で改正した（Medicines and Related Substances Control Amendment Act, No.90 of 1997）。同改正法における強制実施権とは、公衆保健上の非常事態において、政府がそれを発動することにより第三者に特許権を付与し、ジェネリック薬[5]の自国内製造を実現することができるというもの、並行輸入条項は、同じく非常事態において、並行輸入による廉価な医薬品確保を可能とするものである。そもそも、TRIPS協定の31条などには、国家の非常事態において知的財産権の制限を認める条文が存在しており、この条項自体がTRIPS協定に違反するものでないことは明らかである。ところが、南アフリカ製薬工業協会および多国籍製薬企業40社は、この薬事法を違憲としてプレトリア高等裁判所に提訴したのである。

提訴を行った製薬企業側のねらいは明らかだった。この薬事法が、製薬企業の巨利を保障する世界化された知的財産権を破るアリの一穴になることを恐れたのである。さらに、米国製薬工業会などの意を受けたアメリカ合州国[6]のクリントン政権は、南アフリカの

---

[5] 特許権を所持する企業が製造・販売する医薬品を「ブランド薬」という。これに対して、ブランド薬と成分・効能が同等で、特許期間を渡過したのちに、別の企業が製造・販売したり、特許を設定できない／していない国で製造・販売したり、されている医薬品をジェネリック薬という。

ムベキ政権に対して包括通商競争力法スペシャル301条7)による経済制裁措置の発動をちらつかせて威嚇し、アル・ゴア副大統領はわざわざ南アフリカを訪問してムベキ大統領に警告を発した。南アフリカ政府は製薬企業側からの裁判は受けて立ちながらも、改正薬事法については施行を延期する以外に選択肢のないところに追い込まれた。

市民社会の抵抗は、ここにおいて組織された。ACTUPはまず、1999年6月に開始されたアル・ゴアの選挙キャンペーンに対する直接行動を大々的に展開した8)。6月17日、アル・ゴアの選挙キャンペーンは、「ゴアはアフリカ人たちを殺している」という活動家たちのシュプレヒコールと、「エイズ治療薬をアフリカへ」というプラカードとともに始まった。南アフリカ政府に圧力をかけるクリントン政権に対する市民的抵抗はこの後、1999年12月のシアトルWTO会議に向けて展開されることになる。

一方、南アフリカでは、日和見感染症9)の治療薬の廉価なジェネリック版をタイから輸入するなどの果敢な取組みを行っていた先述のTACが、この裁判に関して南アフリカ政府を支援する態度を明確にし、米国大使館などへの抗議行動を行う一方、政府に対して数多くの文書や証拠資料を提供、さらに政府の「法廷の友」（amicus curiae）として裁判所に陳述書を提出した。裁判はいったん休廷したが、2001年、再開されるや南アフリカ政府への国際的な支援が相次いだ。先進国からもACTUPなどに加えて「国境なき医師団」や「オックスファム」などの国際NGOが南アフリカ政府を支援し、製薬企業に対して提訴を取り下げるよう求める署名活動を世界規模で展開した。結果として、2001年4月、途上国におけるエイズ治療へのアクセスを求める世界の市民社会の圧力のなかで、製薬企業各社はこの提訴を取り下げるに至ったのである。

この裁判は、途上国のPLWHAの治療薬へのアクセスを阻んでいる要因としての「知的財産権」の問題を世界の人々の前に暴露し、これを焦点化することに大きく寄与した。この裁判が最終的に南アフリカ政府の勝利によって終わったことは、世界の市民社会に、世界規模で「動く」ことの可能性を示すものともなった。この流れが、2001年11月のWTOドーハ閣僚会議で採択された歴史的な「ドーハ特別宣言」（TRIPS協定と公衆の健康維持に関

---

6) 米国憲法「われらアメリカ合衆国の人民は……」を引いて「合衆国」が正しいという主張もあるが、筆者はUnited Statesを翻訳した「合州国」を使用している。
7) 米国包括通商競争力法の条文で、米国製品の輸出拡大を目的とし、他国の「不公正貿易慣行」や「知的財産保護」について二国間交渉を行い、合意に達しなければ一方的に報復措置を発動するというもの。
8) 具体的には、ACTUP New Yorkのウェブサイト（http://www.actupny.org/actions/gorezaps.html）参照（visited 10 February, 2004）。
9) HIVの増殖と免疫の破壊が進行した結果、人はさまざまな感染症を発症するようになる。それらを総称して日和見感染症という。

する宣言)へとつながっていくのである。

(3)実際にARVの価格低下を実現した「力学」——ジェネリック薬との価格競争

南アフリカ「薬事法裁判」は、「知的財産権保護」を掲げる多国籍製薬企業とその利益を擁護するアメリカ合州国が、廉価な治療薬へのアクセスを求める国際的な市民社会の前に振り上げた拳を下ろした、という事件であった。「知的財産権保護」が絶対ではないという認識を国際的に確立したこの事件と並行して、途上国でのエイズ治療へのアクセスをめぐる大きな変化が、もう1つ進んでいた。治療薬の価格をめぐるせめぎ合いである。

先に述べたように、多国籍製薬企業が製造・販売するARVで多剤併用療法を行えば、1人当たりの価格は年間200〜300万円かかる。しかしサハラ以南アフリカなど一部の途上国では、2001年以降の数年間で一部のARVの価格が劇的に下落し、2〜3万円の価格で最も基本的な多剤併用療法を受けられるようになってきたのである。

断っておかなければならないのは、途上国で安価に入手できる治療薬は全体のごく一部だということである。96年に開発された最初のNNRTIであるネビラピンと最初のPIであるインディナビルは、特定の体質の人に極端な副作用が生じる、服薬の継続が困難であるといった問題を抱えていた。その後、多国籍製薬企業各社は、効果が高く、副作用や服薬困難を軽減した、より質の高いNNRTIやPIを数多く開発・販売している。しかし、これらの薬は製造工程が複雑で、ジェネリック薬の製造にもコストがかかり、廉価販売が難しいなどの問題があり、途上国では、多くの人に入手可能な価格での流通はなされていない。途上国で廉価に流通しているのは、2003年末現在では、もっぱら、80年代末〜90年代前半に開発されたAZTほか数種類のNRTI、そしてネビラピンに限られる。途上国で一般的な多剤併用療法は、2種類のNRTIとネビラピンの3剤の組合せであり、耐性ウイルスの発生に対しては、NRTIの種類を組み替えて対処するしかない。途上国の多剤併用療法は、先進国と比較した場合、薬の選択の幅が格段に狭いのである。

しかし、そうであるにせよ、数年前には、途上国の一部の特権階級以外には100%不可能であったエイズ治療へのアクセスの可能性が、一部のARVの価格の劇的な下落によって一般の人々にも広がった現状は、飛躍的な前進であると評価することができる。

この変化は、たとえば南アフリカ薬事法裁判によって喚起された、エイズ治療と知的財産権の問題に関する国際的な市民社会の声を追い風にしたものである。しかし、国際世論だけでは、圧倒的な価格下落を引き出すことはできない。では、この事態を作り出した原動力とはいったい何だったのか。

その要因を、ブラジルとタイ、インドという3つの途上国に求めることができる。

(a)多剤併用療法の無料提供政策によりエイズの管理に成功したブラジル

80年代の軍政の崩壊と民主化のなかで、エイズをめぐる運動は、ブラジルの市民社会において大きな位置づけを獲得した。人民の健康維持の責任が国家にあることを明記した憲法の下で、96年の多剤併用療法の開発はブラジルを大きく揺さぶった。この憲法体制下においては、ブラジルに在住するPLWHAに対して多剤併用療法を保障するのは国家の責任だ……訴訟が起こされ、短期間の間に決着がついた。ブラジルの司法府は、ブラジルに在住する人民への多剤併用療法の無償提供を政府に義務づけた。壮大な実験は、「ねばならぬ」という定言命法から始まったのである。

ブラジルのPLWHAのうち、ARV治療が必要なのは11～12万人。ブラジルの人口・国家規模からみて、それほど多くはない。しかし、それでも多国籍製薬企業の言い値でARVを購入すれば、保健財政がパンクすることは目に見えていた。そこでブラジルは、TRIPS協定にあわせて変更した自国の知的財産権保護制度に抵触せずに製造できる7種類のARV(5種類のNRTIとネビラピン、インディナビル)の自国内製造に踏み切るとともに、治療薬の選択の幅をより大きく確保するために、他のNNRTIおよびPIについて、多国籍製薬企業各社に対して、強制実施権の発動による製造をちらつかせながら強力な価格交渉を開始、5～6割の価格低下を実現させた。

こうしたブラジルの独自の動きに対して、アメリカ合州国は危機感を募らせ、ブラジルをWTOに提訴した。しかし、ブラジルは意に介さず、多剤併用療法の無償提供政策を継続した。これがもたらした成果は想像以上であった。治療が受けられることで、エイズという病に対する社会認識は、より率直なものになる。差別・偏見が軽減され、より多くの人々がHIV検査に足を運ぶようになる。ケア・サポートと治療が導入されることによって、さまざまなエイズ対策が有機的に結びつき、包括的・完結的な形で循環を作り出すことができるようになる。ブラジルは世界銀行予測の半分にまで新規感染者数を減少させ、また、多剤併用療法を導入しなかった場合に推測される医療費の総額に比して、11億ドル(1997～2001年の4年間で)を削減することに成功した[10]。ここにブラジルのエイズ政策は「ブラジル・モデル」として賞賛

---

[10] ブラジルのエイズ政策については、たとえば、「公衆の健康——ブラジルにおける抗エイズ薬治療」(http://www.ajf.gr.jp/hiv_aids/resource/public_health.html)を参照(visited 10 February, 2004)。また、2002年度保健分野NGO研究会報告書所収「世界のモデル・ブラジルのエイズ政策」等を参照。同報告書については、外務省ホームページ(http://www.mofa.go.jp/mofaj/gaiko/oda/seisaku/seisaku_4/shien/02_hoken/chp_3_2.html)よりアクセスできる。

されるに及び、アメリカ合州国は2001年、WTOへの提訴を取り下げたのである。

(b)アジアのエイズ対策のパイオニアとなったタイ

ブラジルと同様、ARVの自国内製造に踏み切った途上国がタイである。80〜90年代初頭に、アジアで最大の感染拡大を経験したタイは、90年代前半の予防啓発政策の徹底に続けて90年代後半には「Living with AIDS」のスローガンのもとにPLWHAのケア・サポートに力を入れる政策をとり、包括的なエイズ対策を実現させて感染率・新規感染者数を共に減少させることに成功した11)。アジアにおけるエイズ対策のパイオニアとしてのタイの地位を確立したのが、ARVの自国内生産だった。タイ政府保健省の機関であるタイ政府製薬機構（Government Pharmaceutical Organization）は、自国の知的財産権保護制度の枠内で製造できるARV（数種類のNRTIとネビラピン）製造に踏み切り、ARVを自国の公的医療保険制度での給付対象に導入しつつある。また、タイはエイズ問題に苦しむ他の東南アジア・アフリカ諸国に対して、ARVの製造技術の移転を図った。タイの協力によって、インドネシアでは国営製薬企業キミア・ファルマ社が2003年8月から数種のARV製造に踏み切っている。

(c)ARV価格の劇的な低下の導火線となったインド

しかし、ARVの途上国全体における劇的な価格低下の最大の導火線となったのは、インドのジェネリック薬製造企業であった。

10億の人口を抱えるインドは、そもそも大国である。独立後のインドは、50〜60年代に始まる内向的な輸入代替工業化戦略のなかで、現代生活に必要な大方の製品を自国内生産できる国内基盤を形成し、現在の「技術大国」への基礎を作った。インドのジェネリック製薬産業はこの時期から形成され、現在では、世界最大のジェネリック医薬品産業を誇るに至っている。

一方、インドはWTO加盟国ではあるものの、TRIPS協定の履行に関しては、低所得国であり、かつWTO加盟以前に医薬品への物質特許の設定を禁止する特許法を有していたことにより、国内特許法とTRIPS協定の調和化を2004年末まで猶予された。他国では知的財産権によりジェネリック薬の製造すらできない医薬品が、インドでは平然と製造・輸出に回されているのは、インドのこうした特異な位置を背景とするものである。

先にみたブラジルやタイのケースは、主に自国内におけるARVの無料化や社会保障制度への導入、および成果が出るには時間がかかる技術移転に

---

11)タイのエイズ政策については、たとえば、2002年度保健分野NGO研究会報告書所収「エイズと共に生きることを選んだ人々」などを参照。外務省ホームページよりアクセスできる。アクセス方法は注10)に同じ。

限られ、国際的な治療薬価格の低下には直接は結びつかなかった。しかし、インドは違った。途上国におけるARVの劇的な価格低下は、知的財産権に関して恵まれた位置にあるインドを発火点とし、途上国全体へと広がっていくのである。

導火線に火をつけたのは、インドのジェネリック薬産業第3位の規模を持つ医薬品メーカー、シプラ社（Cipla）と、「国境なき医師団」（Médicins Sans Frontières、以下MSF）であった。長らく途上国の貧困層に向けて医療活動を展開するなかで、MSFは90年代以降、エイズの問題にぶちあたった。日和見感染症への対処療法ではいたちごっこだ……しかし、多国籍製薬企業によるブランド薬の購入は、信じがたいほど巨額の財政負担を強いる。こうしたなかで、MSFは途上国におけるARV導入の可能性を見出そうとさまざまな努力を重ねた。そこに登場したのが、シプラ社のユースフ・ハミード代表（Dr. Yusuf K. Hamied）だった。ハミードは2001年、シプラ社はARVを年間1人当たり350ドルでMSFに、途上国政府には600ドルで供与すると発表した[12]。

シプラ社のこの発表は、インドのジェネリック薬産業に連鎖反応をもたらした。最大手のランバクシー社（Ranbaxy）をはじめ、ヘテロ社（Hetero）、アウロビンド社（Aurobindo）といったインドの主要なジェネリック薬企業が、ARVの輸出に踏み切ったのである。

MSFはインド産の安価なジェネリック薬を得ることにより、途上国での自分のプロジェクトにARVを大量に導入する道筋を得た。MSFにとっての課題は、医療インフラの乏しい途上国においても、適切な方法でARVを活用すれば大きな成果を生み出すことができることを証明することだった。MSFは、南アフリカのケープタウン郊外の旧黒人居住区カイェリチャ（Khayelitsha）で、TACと連携してエイズ治療のパイロット・プロジェクトを開始。さらにアフリカではケニア、マラウイなど数カ国で、またアジアではタイ、カンボジアなどで、パイロット・プロジェクトを開始し、この実績を2002年6月にバルセロナで開催された国際エイズ会議でヘルス・ギャップ連合と共催したサテライト・シンポジウムで公表した。

時代は、大きく回転し始めた。

安価に入手できるARVが存在する。

医療インフラの乏しい途上国でも、適切な方法で治療薬を供給することにより、治療を実現し、エイズを管理下におくことは可能だ。

この前提の下で、ARVを製造できるほど高い製薬能力のない多くのアフリカ諸国でも、エイズ治療の試みが開始された。ナイジェリア、カメルーンでは、

---

[12] シプラ社の対エイズ姿勢については、"Indian Drugs Boss Hails AIDS Deal"（http://www.cipla.com/whatsnew/ciplanews.htm）、また、「HIV Generics: Ready for Revolution?」（http://www.amfar.org/cgi-bin/iowa/td/feature/record.html?record=103）などを参照（visited 10 February, 2004）。

政府が運営する国家エイズ治療計画の下に、2002年に発足した世界エイズ・結核・マラリア対策基金の資金とインドのジェネリック薬を導入して、月8ドルの患者負担で多剤併用療法を導入する試みが始まった。ケニアでも、2003年10月から、同様の方式による公的なARV導入が開始されている。途上国でのエイズ治療へのアクセスの拡大……その道を切り開く導火線の役を果たしたのは、実はインドの一私企業なのであった。

(4)価格低下の「次」を探るせめぎ合いに向けて

　途上国における「持たざる者」たちの大量死を平然と放置しつつ、利潤追求というインセンティブを企業活動の唯一の原理に置き、「知的財産権保護」へのあらゆる異分子の侵入を排除していく……21世紀の3年間で、かつてのこんな殺伐とした状況は一変した。

　2001年11月に採択された、WTOドーハ特別宣言（TRIPS協定と公衆の健康に関する宣言）は、「知的財産権保護」という価値観の相対化を如実に示した。「TRIPS協定は、加盟国が公衆の健康を保護するための措置をとることを妨げるべきではない」とされたうえ、加盟国が（治療薬の自国内製造や輸入を行うための）強制実施権の発動を自由に決定できる権利があることが明記されたのである。現在までのところ、ドーハ特別宣言を援用する形で強制実施権を発動し、医薬品の製造に踏み切った国は1つもないが、この宣言は、世界の感染症の脅威を前にして、知的財産権保護は絶対ではなく、公衆の健康の保護をはじめとした多様な利益との調和が図られなければならないものであるということを明確に規定した。

　ドーハ宣言以降、途上国におけるARVをめぐる動きは大きく進展した。MSFは、多くの人々に薬へのアクセスが保障される公正価格の実現への最大の戦略として「ジェネリック薬の導入による価格競争」を挙げているが、この数年間に生じたのは、まさにこの「競争」と、途上国におけるエイズ危機の克服という道義を前面に打ち出した公的な資金拠出が相まった、治療薬の価格低下、治療薬アクセスの普遍化であった。途上国の国家エイズ治療計画におけるARVの入手経路も、現在では、すでにインドのジェネリック薬に限定されない状況が生じてきている。世界で最もHIV感染率が高いボツワナでは、政府と米国疾病対策センター（Centers for Disease Control and Prevention）、ゲイツ財団（Bill and Melinda Gates Foundation）、米国の多国籍製薬企業大手メルク社との連携のもとに、ARVの無料配布政策が始まった。南アフリカでは、ARVの導入にきわめて消極的だったムベキ政権に対して、2003年3月、TACによる市民的不服従キャンペーンが展開され、その半年後、国際的な市民社会の圧力の下でムベキ政権はついに

ARVの公的医療への導入を決定した。ARV製造を担うのは、南アフリカ最大のジェネリック薬企業、アスペン・ファーマケア社であるが、このアスペン社は、グラクソ・スミス・クライン社等3つの多国籍製薬企業から一部のARV製造のライセンスを無償で供与された。さらに、クリントン財団は、今後5年間にアフリカ・カリブ海地域で200万人にエイズ治療を提供することを目標に、アスペン社およびインドのシプラ、ランバクシー、マトリックス各社と協定を結び、大量買付けによって年間1人当たり140ドルという価格でARVの供給を実現することを発表した。ARV入手の選択肢は、途上国においても、着実に広がってきている。

世界のエイズ危機、それを克服するための人間のさまざまな営み……そのなかで製薬企業をはじめとする企業の活動は、ARVの開発とその流通をめぐってきわめて大きな力を生み出してきた。また、ARVの価格低下という状況を踏まえての多国籍製薬企業の近年の積極的な動きは、途上国のエイズ危機とPLWHAの体を張った運動、それに呼応した先進国の市民社会の動きに影響されたものであることも、また事実である。そうならば、先進国の市民社会と企業が、お互いの立場を見据えて、せめぎ合いながらも手を携えてエイズ危機に立ち向かうことのできる可能性はある。次では、その可能性を見出しうる、治療薬以外の分野における企業と市民社会の連携の例を概観する。

3.企業とエイズをめぐる新たな試み

エイズ問題と企業の関係は、ARVの開発にとどまらない。ここでは、エイズと企業をめぐる新しい関係のあり方を示唆する3つの事例を紹介したい。

⑴エイズ・ワクチン開発＝企業・市民・公的機関の新たな連携の取組み

歴史上、ワクチンは、感染症を予防し根絶するうえで大きな役割を果たしてきた。しかし、医薬品と違って、国家や国際機関などの公的機関による公衆衛生上の公共政策にその財源を依存するため、疾病の治療に用いられる治療薬に比して、研究開発への民間ベースの投資は格段に少ないのが通常であった。エイズ・ワクチンもその例外ではない。エイズは現在、治療法のない感染症として最大のものであるにもかかわらず、エイズ・ワクチン研究に投資されている資金は、世界の医薬品に関する研究開発費総額の2％に満たないのである。

こうした状況を改善し、エイズ・ワクチンの研究開発の促進に向けて企業・市民・公的機関のネットワーク化を進めるために1996年に創設された組織が、「国際エイズ・ワクチン推進構想」（International AIDS Vaccines Initiative、以下IAVI）である[13]）。

IAVIは、アメリカ国際開発庁やゲイ

ツ財団をはじめ、世界各国の公共・民間の援助機関・財団等から資金拠出を受けている。IAVIは現在、「ワクチン開発パートナーシップ」（Vaccine Development Partnership、以下VDP）として、米、英およびケニア、ウガンダ、南アフリカ、インドの6カ所に公共機関や民間の企業、研究所とのパートナーシップによりワクチン開発のプログラムを実施し、収集した資金や専門家などをこれらのプログラムに投入してワクチン開発を促進している。また、各国政府機関や議員などへのアドボカシー活動などを通じてエイズ・ワクチン開発への世論喚起を行うとともに、世界の民間企業に対してエイズ・ワクチンへの投資拡大に向けた働きかけを行っている。

　もう1つ重要な点がある。エイズ・ワクチンが開発された場合、その普及を阻む要因は2つある。ワクチンを開発した企業が「知的財産権保護」によりワクチンを高価格に設定すれば、本来ワクチンが最も必要な途上国での普及が不可能になってしまう。もう1つは、ワクチンを摂取する側の理解の度合いである。人々がワクチンの摂取について理解していなければ、ワクチンの普及は不可能である。

　IAVIは、ワクチンが発明された段階で、最も必要な人々のところにワクチンを届けることができるように、知的財産権問題に関してワクチン開発のパートナーとなる民間企業や研究所との間で途上国に安価にワクチンを供給するための協定を取り結ぶなどの環境整備を行っている。また、途上国の各コミュニティにおけるワクチンへの理解を促すワークショップの開催や、HIV/AIDSに関わる国際的な市民社会の組織などに対して、ワクチン開発への理解を促す活動を展開している。

　エイズ・ワクチンの開発に最大限の投資を呼び込むとともに、ワクチンへの準備度（preparedness）を高め、開発がなされた際には最も有効に普及が進むような環境づくりを果たしていく……こうした役割を担う企業・公共機関・市民社会の連携ネットワークは、これまで存在しなかった新しい試みである。このIAVIにならって、現在、結核やマラリア、その他「無視された病気」の新薬開発のために、類似した連携ネットワークの設立が現実になりつつある。

(2)企業が従業員の医療や予防啓発のための場に──南部アフリカの鉱山における取組み

　世界の中で、HIV/AIDSの感染が最も拡大したのは南部アフリカである。南アフリカでは成人人口（15〜49歳）の20％、ボツワナでは38％が感染している。これだけ感染が進むと、社会におけるあらゆる生産活動が、人的資源の消耗によって恒常的にダメージを受

---

13) IAVIのコンセプトについては、http://www.iavi.org/を参照(visited 10 February. 2004)。

けるようになる。このダメージが直撃したのが、南アフリカやボツワナの鉱山だった。

　南アフリカやボツワナでこれだけHIV感染が広がったのは、移動人口の鉱山労働への集中によるところが大きい。南部アフリカのHIV感染拡大の構造は、多くの男性が単身で出稼ぎに来て鉱山労働に従事し、鉱山近くの売春施設で性感染し、故郷に戻って感染を拡大する、というものである。そもそも人口が少なく、人々が数少ない都市や集落などに集住している南部アフリカでは、こうした感染メカニズムは、たちどころに急激な感染拡大の状況をつくり出してしまったのである。

　熟練労働者がエイズによって働けなくなり、鉱物の採掘量が減少してくる。このダメージのなかで、鉱山を経営する企業は大きな決断をせざるをえなかった。全従業員へのエイズ治療の無償提供、先述のVCCT体制の整備、コンドームの無償配布である。南アフリカのアングロ・アメリカン社（Anglo American）、デ・ビアス社（Debeers）が、いち早くこのプログラムの実行に踏み切った。ボツワナのダイヤモンド鉱山で操業するボツワナ政府とデ・ビアス社の合弁企業、デブツワナ社（Debswana）も、国のARV無償配布政策の導入に先駆けて、同様のエイズ・プログラムを企業全体に導入した。

　こうした動きは、アフリカで操業する多くの企業に広がっている。エイズ対策に取り組む企業の国際ネットワークとして、「HIV/AIDS地球規模ビジネス連合」（Global Business Coalition on HIV/AIDS）が1997年、UNAIDSなどのイニシアティブによってすでに設立されている14)が、そのなかで、アフリカで操業し、すでに上記のようなプログラムを実施に移している企業の存在価値は大きい。

　企業を現場とするエイズ・プログラムの重要性は、その企業にとって重要であるだけにとどまらない。これはアフリカにかぎらず全世界的な傾向であるが、一般的にエイズに関わる活動は女性の間で多く展開されている一方、男性においては、ゲイ・コミュニティを除いては予防啓発もケア・サポートも一般的に弱体であり、また、差別やスティグマ、エイズに関わる迷信なども男性において強いのが普通である。鉱山労働や長距離輸送などは男性が主役であり、こうした男性に対するHIV/AIDSの活動を展開していくためには、企業が最も有効な足場となるのである。

(3)PLWHAの組織化への支援——民間財団の助成活動

　途上国でHIV/AIDSに取り組むNGOやPLWHAの組織の活動対象はもっぱら貧困層であり、自主財源を確保するのは難しい。これらの組織に財源を提供しているのが、自国・援助国

---

14)各企業のHIV/AIDS対策については、「HIV/AIDS地球規模ビジネス連合」のウェブサイト（http://www.businessfightsaids.org/）に詳しい（visited 10 February, 2004）。

の政府・援助機関、国際機関、そして、民間企業の設立した財団である。

多くの財団が、HIV/AIDSに関わるNGO活動への支援に乗り出している。先述のゲイツ財団、「社会正義の実現」(Social Justice)をスローガンに途上国から先進国までさまざまなNGOの活動をサポートしているリーバイ・ストラウス財団(Levi Strauss Foundation)、そして「セクシュアリティとリプロダクティブ・ヘルス」を助成の1つのテーマに掲げ、途上国の多くのPLWHAの組織にかなりの規模の助成を提供しているフォード財団(Ford Foundation)である。

民間財団の助成がなければ、NGOやPLWHAの組織の活動は立ちゆかなくなる。これら民間企業の財団が、自己の企業利益と離れたところで、貧困の削減や公正な社会の実現といった価値観の下にこれらのNGOや組織の活動を評価し、財政支援を展開していることが要因となって、こうした市民社会組織が途上国で活動を展開し、世界のHIV/AIDS対策において存在感を発揮することが可能となっている。

4. HIV/AIDSをめぐる政治の中での企業の進路選択と市民社会の役割

現代世界のHIV/AIDSをめぐる動きのなかで、企業が果たしてきた役割について概観してきた。

HIV/AIDSをめぐる動きにおいて企業は、市民社会や国家・国際機関などの公的セクターと並ぶ主要なセクターの1つであり、他のセクターを巻き込み、時には連携、時には対立しながら、この問題への取組みに大きな影響を与えてきた。

企業を動かす最大のインセンティブは、利潤である。しかし、「利潤」というときに、単にこれを目先の「収入－支出」の差額としか捉えないのであれば、道を誤ることにつながる。どこに利潤を見出しうるかは、その企業の置かれたポジションによって異なるし、いつ、どのような形で利潤を創出していくかは、その企業の持つ戦略によって変化する。そこに政治が発生する。

HIV/AIDSは、現代世界の複雑さを象徴する課題である。この問題にかかわって、何が企業にとっての利潤となるかを把握し、戦略を立てていくのは、試行錯誤を要する困難な課題である。一例を挙げれば、「知的財産権保護」に固執し強硬路線をとった90年代末の多国籍製薬企業の戦略は、市民社会から反発を受け、また、途上国における自国内生産のインセンティブを加速させたことにより、失敗した。また、この戦略は、知的財産権保護というコンセプトに対する市民社会の信頼を失わせることにつながった。

「企業の社会的責任」という視座は、企業が持っている有形の資産に加え、「利潤」という観点からだけでは見落とされがちな、市民社会からの信頼や

評価などの無形の資産について企業が適切に把握し、企業が恒常的・持続的にこれらの資産を増大させながら安定的に存立していくうえで有用なコンセプトであるといえる。たとえば、先進国の企業がエイズ・ワクチン開発に投資することは、目先の利潤には結びつかないが、感染症の克服のために先進国が果たすべき責務に参画するという意味があり、市民社会からの信頼や評価の確保につながる。また、助成財団を設立し、途上国のPLWHAの組織に助成することは、市民社会の強化による多元的な社会の存立を担保し、長期的かつ安定的な企業活動を保障する一助となる。こうした点で、これらの投資は、企業が持つ社会的な力を増大させ、長期的には安定的な利潤の創出に帰結してくるのである。

逆に、市民社会についていえば、企業がHIV/AIDSに関連してこれだけ巨大な影響力を持つ以上、市民社会の企業への働きかけは、たとえば目の前に現れた企業の問題行動を追及するといったものにとどまるべきではない。それは以下のようなものとなるべきであろう。

◎利潤の追求というインセンティブを介してHIV/AIDSの問題に関わる企業に対して、市民社会は、HIV/AIDSに関わる問題の克服という、より直接的な目的に基づいてこの問題に関わっている。この立場から、市民社会はHIV/AIDSと関わる企業に対して、自らのHIV/AIDSに関わる視座と戦略を示していくことが必要である。
◎市民社会は、企業が本体事業や「企業の社会的責任」に関わる活動のなかで市民社会の活動と接点が持てるようなきっかけづくりを企業に提供する必要がある。また、市民社会の活動と連携することで、企業の持つ社会的な力を増大できるということを示して、HIV/AIDSに関する企業活動の選択肢を広げていくべきである。

最後に、このようにHIV/AIDSに関する企業の活動が世界規模に広がっているなかで、日本企業のプレゼンスが必ずしも強くないことは懸念される。日本はODAにおいても、HIV/AIDSに関する草の根の支援が、人材不足などがネックとなって充分に展開できていない。もし、途上国のPLWHAの組織や予防、ケア・サポート、治療等を担うNGOを支援する民間の財団が1つでも存在すれば、HIV/AIDS問題への日本の貢献に対する世界の評価は大きく高まることであろう。日本の経済界の奮起を期待するものである。

● **具体的な取組み**

Corporate Social Responsibility, and Rights of Indigenous and Local Communities: From the Issues Concerning the Use of Genetic Resources and the Protection of Traditional Knowledge

企業の社会的責任と先住民・地域社会の権利
遺伝資源の利用と伝統的知識の保護をめぐる問題から

薗 巳晴 ●SONO Miharu

1. はじめに

　本稿では、「企業の社会的責任（CSR）」[1]に関する問題のうち、「企業と先住民・地域社会の権利」について、①とくにバイオ産業に関わる遺伝資源の利用と伝統的知識の保護の問題概要を紹介し、②その問題について、CSRの観点から若干の展望を行い、③それを通じて、CSRとは何かということを考えるための手がかりを探ることにしたい。

　ここで紹介する問題は、具体的には、薬効を期待される動植物、シャーマンや民間医が用いてきた伝統薬など[2]をもとに、先進国企業などが医薬品や化粧品などを開発、販売するような活動に関して、資源保有国や先住民・地域社会が、遺伝資源や知識に対する権利の侵害を主張し、利益の配分を求めて国際的議論が高まっているものである。

　これは、大規模開発や工場からの有害物質の排出などによる地域社会の環境破壊、ダム建設や鉱山開発に伴う立ち退き、雇用時における先住民の差別というような目に見えやすい形での物理的収奪や権利侵害だけではなく、文化や知識といった目に見えない精神的事物の喪失感に関わる問題を多分に含んでいる。したがって、限定的な分野での問題紹介ではあるが、経営活動の中に人権擁護や環境配慮、地域貢献を含む広範な領域への対応を位置づけ、市場や社会のさまざまなステー

---

1) Corporate Social Responsibilityの略。
2) その他、民族調のファッション、美術品、手工芸品、絵画、音楽などのフォークロアも問題になりうる。本稿では紙面の都合上、遺伝資源問題のみを取り上げることにするが、伝統的知識の保護に関しては、これらのフォークロアを含めて、WIPO（世界知的所有権機関）、FAO（国連食糧農業機関）、UNESCO、WHOなどさまざまな国際的フォーラムで議論されている。

クホルダーとの良好な関係を築くことが求められてきている近時のCSRの文脈の中で、きわめて示唆的な問題構造を示していると思われる。

2. 生物多様性条約と遺伝資源の利用[3]

遺伝資源の利用と伝統的知識の保護について、重要な国際的議論の場を形作っているのが1992年にリオデジャネイロの地球サミットで採択された生物多様性条約（CBD）[4]である。一般的にリオ宣言や気候変動枠組条約の蔭に隠れがちだが、CBDは、単なる自然保護条約ではなく、分野的広がりとしては、経済問題、貿易問題、食糧問題、社会問題などと密接に関わっている。遺伝資源の利用と伝統的知識の保護の問題もその1つである。

CBDの目的は、①生物多様性[5]の保全、②生物多様性の構成要素の持続可能な利用、③遺伝資源の利用から生ずる利益の公正かつ衡平な配分の3点で、これをとくに、遺伝資源アクセス、技術移転、資金供与を通じて実現しようとするものである（CBD1条）。

ここで注意を要するのは、実現手段とともに目的の中に利益配分が掲げられていることである。もともと、CBDの起草段階では、生物多様性の保全にインセンティブを付加するため経済的メカニズムを採用するという経済的誘導に基づく環境保護条約をめざしていた。それが、国を主体とする条約交渉の中で、遺伝資源を持つ国と技術を持つ国の利害交渉へと問題が整序され、利益配分という手段が目的化して前面に押し出され、遺伝資源確保による利益配分条約の性質を有するようになったものである。つまり、CBDは環境保護の促進をめざしながら、逆にそれゆえに経済問題を顕在化した諸刃の条約であり、現在も基本的にCBD体制下における国際的議論はこの延長上にある。

国際交渉の文脈において遺伝資源の提供国と利用国を大雑把に分けると、熱帯林地帯に多く遺伝資源が豊富な途上国が提供国となり、遺伝資源から有効成分等を開発する技術を持つ先進国が利用国となる。単純化すれば、先進国側は、資源に自由にアクセスし、技術アクセスは制限したいという基

---

3) 生物多様性条約における遺伝資源アクセスと利益配分の国際交渉の状況については、条約事務局ホームページのアクセスと利益配分作業グループのサイト（http://www.biodiv.org/programmes/socio-eco/benefit/）から決議等の関連文書をダウンロードできる。遺伝資源アクセス問題の概説は、Kate, Kerry ten & Laird, Sarah A., 2002, *The Commercial Use of Biodiversity*, Earthscan Publications Ltd.,Londonの1～2章に整理されている。また、日本では㈶バイオインダストリー協会が情報を収集しており、協会監修『生物資源アクセス』（東洋経済新報社、2002年）が出版されている。
4) 1993年効力発生。締約国数188カ国（2003年12月現在）。日本は、1992年署名、1993年批准、公布。なお、アメリカ合衆国は当初署名拒否、現在は署名しているが未批准の状態。Convention on Biological Diversityの略。
5) 生物多様性は、CBDにおいて、「すべての生物の間の変異性」をいい、「種内の多様性、種間の多様性および生態系の多様性」を含むと定義される（CBD2条）。

本的なニーズがあり、途上国側は、資源アクセスを制限し、技術に自由にアクセスしたいという基本的なニーズがあるといえる。

そして、CBDではそれぞれの主張を取り込んだ妥協的規定となっている。遺伝資源アクセス・利用については、「自国資源に対する主権的権利（3条、15条1項）」「事前の情報に基づく資源提供国の同意（15条5項）」「資源提供国との利益の公正かつ衡平な配分（15条7項）」が規定されており、技術移転と知的財産権については、「技術移転の円滑化（16条1項）」、移転の際の「知的財産権の保護（16条3項）」が規定され、遺伝資源アクセスや利益配分の条件については、「相互に合意する条件」で行うこととされている。

つまり、途上国側にとっては、主権的権利によって資源を囲い込み、アクセス時の同意等の手続に従って技術移転を含む利益配分を要求できる一方、先進国側にとっては、それらの遺伝資源アクセスと利益配分の条件が相互の合意という柔軟な形で保たれ、知的財産権の保護も確保されるという構造になっている。したがって、具体的にはその後の国際交渉と国家実行、民間実践によって定まることになり、今日に至るまで交渉が継続されている状況にある。

3. 遺伝資源アクセス問題と伝統的知識の保護[6]

先住民・地域社会にとっての遺伝資源や伝統的知識は、リオ宣言22原則で先住民・地域社会が「環境管理と開発において重要な役割を有する」と規定され、CBD前文では先住民・地域社会と生物資源の緊密性を確認しているように、本来、先住民・地域社会の権利と環境問題のリンクとして扱われており、CBDで生息域内保全について伝統的知識の保護を規定する8条(j)も権利保護の観点から書かれているといえる。

8条(j)：自国の国内法令に従い、生物の多様性の保全および持続可能な利用に関連する伝統的な生活様式を有する先住民の社会および地域社会の知識、工夫および慣行を尊重し、保存しおよび維持すること、そのような知識、工夫および慣行を有する者の承認および参加を得てそれらの一層広い適用を促進することならびにそれらの利用がもたらす利益の衡平な配分を奨励すること[7]。

つまり、生物多様性の保全や持続可能な利用のためには、まさに土地や資源と一体となって暮らしていた先住民や地域社会の参加と保全慣行の適用促進が必要であり、そしてその権利

---

6) CBDにおける伝統的知識の保護の国際交渉の状況については、CBD事務局ホームページの8条(j)作業グループのサイト（http://www.biodiv.org/programmes/socio-eco/traditional/）から決議等の関連文書をダウンロードできる。
7) 生物多様性の構成要素の持続可能な利用を規定する10条のうち(c)においても、伝統的な生物資源利用慣行の保護、奨励が定められている。

保護とさらなる保全慣行の促進のために、先住民・地域社会に対して、利益還元をしていかなければならないという観点に立っている。現在もCBD体制下において、その理念的なところは失われていないが、遺伝資源アクセス問題が前面に出てきたことで、性質上、8条(j)の伝統的知識の保護も遺伝資源アクセスに際しての要件へとニュアンスが変化してしまった面がある。

8条(j)は、先住民社会の権利保護と保全慣行の促進のために経済的インセンティブを高めようという文脈であったのが、途上国側による遺伝資源アクセスの規制の一環としての伝統的知識の法的な保護制度という文脈に置き換わり、アクセス前の先住民・地域社会の同意、先住民・地域社会の知的財産権の特別の保護制度（sui generis system）8)による「利益配分の媒介」「遺伝資源存在の明確化」「遺伝資源への知識という価値付加」の意味合いになっている。そして、先住民・地域社会の参加による伝統的知識の適用促進についても、そのような意味での国際的な制度枠組み作りへの先住民や地域社会の参加というニュアンスが強くなっているのである。

4.遺伝資源アクセスと利益配分に関するボン・ガイドライン

環境保護をめざしながら経済問題を顕在化させてしまったCBDの諸刃的な状況下で、資源提供国である途上国を中心に、遺伝資源アクセスの規制と伝統的知識の保護を一体化し、利益配分を担保する形態の国内立法が行われてきている9)。一方で、先進国は基本的には一般的な契約メカニズムの中に、事前情報に基づく先住民・地域社会と提供国の同意や利益配分などを組み込む慣行を形成しようとしている。

このようななか、2002年4月の第6回締約国会議で「遺伝資源アクセス及び遺伝資源の利用から生ずる利益の公正かつ衡平な配分に関するボン・ガイドライン」10)が採択された11)。これは、法的拘束力のないもので、各国の国内措置（法律上、行政上または政策上の）、遺伝資源や伝統的知識にアクセスする際の提供国・利用国間の協定や、企業の契約などを策定する際の提供者と利用者双方への任意的な指針

---

8)途上国にとっての「知的所有権の貿易関連の側面に関する協定（TRIPS）」との整合性担保の要請からの解釈である（TRIPS27条3項(b)）。
9)フィリピンの執行令247号生物・遺伝資源アクセス規制、共和国法8371号先住民権利法、共和国法8423号伝統的・代替的医薬法、共和国法9147号野生生物資源・生息地保護法、コスタリカの法令7788号生物多様性法、インドの生物多様性法など。国際地域的にはアンデス共同体の決議391号遺伝資源アクセス共通制度、アフリカ統一機構のモデル法、ASEANの枠組協定案などがある。
10)http://www.biodiv.org/decisions/default.aspx?m=cop-06&d=24
11)ガイドラインの構成は、I.一般条項、II.生物多様性条約第15条に基づくアクセスと利益配分における役割および責任、III.利害関係者の参加、IV.アクセスと利益配分プロセスのステップ、V.その他の規定、附属書I.素材移転協定の例示要素、附属書II.金銭的および非金銭的利益、である。

の提供を目的とするものである。

　ガイドライン採択は、先進国と途上国の妥協の産物で、立法による規制措置を採用することもできる一方、自由な契約による慣行形成にも道を開いているものである。途上国側からは、企業の自主規制も許容しうるガイドラインでは不十分で利用国側の義務12)とすることを求める議論もあるが、ここでは、ボン・ガイドラインにおいて、遺伝資源アクセスに際して利用者(企業など)が指針とするべきとされていることを、とくに先住民・地域社会との関係に注目して紹介する13)。

　遺伝資源アクセスと利益配分に関して、ボン・ガイドラインは、相互に合意する条件の実施における利用者(企業など)の責任として、次の9項目を挙げている(Ⅱ.C.16.(b)ⅰ～ⅸ)。

① 遺伝資源アクセスに際して、事前の情報に基づく同意(PIC)を求めること(CBD15条5項に従う)
② 先住民・地域社会の慣習、伝統、価値観および慣行を尊重すること
③ 先住民・地域社会からの情報の求めに回答すること
④ 取得した条件に合致する目的でのみ遺伝資源利用を行うこと
⑤ 取得した目的以外での遺伝資源利用について、新たな事前情報に基づく同意と相互に合意する条件を得た後にのみ行うことを保証すること
⑥ 遺伝資源に関するすべての関連データ、とくに、事前情報に基づく同意の証拠文書、遺伝資源の出所に関する情報、遺伝資源の利用とその利用から生じた利益に関する情報を保管すること
⑦ 可能なかぎり、提供国内で、かつ提供国の参加による遺伝資源利用を行うよう努めること
⑧ 遺伝資源の第三者提供時に取得素材に関するあらゆる条件を充足すること。当該第三者に対して取得に関する適切なデータ(事前情報に基づく同意、および利用条件を含む)を提供すること。当該第三者提供を記録し保管すること。非商業目的の分類学的研究を促進するため、相互に合意する条件による特別の条件を設けること
⑨ 先住民・地域社会または利害関係者と設けた相互に合意する条件に従って、遺伝資源の商業的利用その他の利用から生ずる利益の公正かつ衡平な配分(提供国に対する技術移転を含む)を確保すること(CBD16条に従う)

　事前の情報に基づく同意の基本原則に含まれるものとして、提供国の当

---

12) 遺伝資源アクセスにおいて、利用者側(利用国、利用企業等)が採用する措置については、利用国による利用企業等の規制立法や、一定の基準達成に対する認証制度の採用、自主的ガイドラインなどがありうる。利用者側措置の選択肢の議論については、UNU/IAS Report, 2003, *User Measures; Options for Developing Measures in User Countries to Implement the Access and Benefit-Sharing Provisions of the Convention on Biological Diversity*, UNU/IAS。

13) ただし、本文にも示したように、ボン・ガイドラインには利用者にかぎらず規制当局などの指針も含まれており、利用者にとっての指針も他の主体によって参照しうるものである。

局の同意だけではなく、状況と国内法によって「先住民・地域社会等の利害関係者の同意」を得ること（IV.C.1.26.(d)）が示されており、アクセスされる遺伝資源や関連の伝統的知識に関係する先住民・地域社会の既存の法的権利を尊重し、先住民・地域社会の事前情報に基づく同意と伝統的知識・工夫・慣行を有する者の承認・参加を、先住民・地域社会の伝統的慣行、国のアクセス政策、国内法に従って得ることが挙げられている（IV.C.2.31.）。

また、契約において、考慮しうる要素（IV.D.43.(a)～(d)）としては、①特定の締約国および利害関係者、とくに関係先住民・地域社会の倫理的関心を考慮するための資源利用の規制、②遺伝資源と関連知識の継続的な利用慣行を確保する規定の作成、③共同研究、取得した発明に対する権利の実施義務、実施許諾を与える義務を含む知的財産権の利用規定、④貢献の程度に応じた知的財産権の共同所有の可能性、を列挙している。

利益配分には、アクセス料、ロイヤリティー支払い、合弁事業などの「金銭的利益」のほか、研究開発成果のシェア、研究開発プログラム・教育訓練の共同・協力・貢献、技術移転のための能力強化、原産提供国内での技術開発の能力強化、先住民・地域社会による遺伝資源の保全と持続可能な利用の能力強化、地域経済への貢献、食糧・生活安全保障上の利益などの「非金銭的利益」を含めることができるとされている（附属書II）。

さらに、アクセスと利益配分の適切な実施のために、「利害関係者の関与」が不可欠なもの（III.17.）と位置づけ、アクセスの決定、相互に合意する条件の交渉と実施、利益配分、アクセスと利益配分の制度策定を含むプロセスの各段階において、利害関係者と協議して、その意見を考慮するべき（III.18.(a)(b)）としている。

以上のように、ボン・ガイドラインでは、企業を含む遺伝資源の利用者は、先住民・地域社会の法的権利、慣習を尊重することが求められており、提供国当局だけでなく当該先住民・地域社会からも事前情報に基づく同意を得たうえで、遺伝資源や伝統的知識へのアクセスと利用を行い、かつ遺伝資源の出所情報等を保管し、金銭的利益のほか、能力構築や地域貢献などの非金銭的利益を含む利益配分を実施することが指針として示されている。

5.遺伝資源の利用と企業の社会的責任（CSR）

今後、遺伝資源アクセスと伝統的知識の保護の国際的な枠組みがどうなるかについては、2002年のヨハネスブルグ・サミットで、ボン・ガイドラインをもとにしながら、CBD体制内で遺伝資源利用から生じる利益の公正かつ衡平な配分を促進する国際レジームを交渉する（実施計画42(n)）ことが採択されており、2004年2月の第7回締約国会

議[14]）以降のCBD体制下での動向やWIPOなどの関連分野の国際機関での議論と交渉を見守る必要がある。しかし、遺伝資源を利用しようとする企業にとっては、任意の指針とはいえ、すでにボン・ガイドラインを無視できない状況にあるといえる。

遺伝資源へアクセスし、利用しようとする企業は、実際には、ボン・ガイドラインだけでなく、提供国においてアクセス規制や伝統的知識の保護の制度があれば、それに従う必要があるが、すでに行われている締約国の規制立法でも制度の骨格となる要素はボン・ガイドラインと類似の内容となっている。ここでは、遺伝資源の利用に関して、企業の社会的責任（CSR）[15]の観点から若干の展望を行っておきたい。

CSRの観点から遺伝資源の利用を考えると、一義的には、資源提供国の関連法令に従って、また、ボン・ガイドラインを参照して、遺伝資源アクセス・利用の際に、事前情報に基づく同意を得るとともに伝統的知識の保護や利益配分を行うことによって、責任ある行動をとることであるといえる。しかし、企業の社会性を重視し、市場や社会のさまざまなステークホルダーとの良好な関係構築による企業の持続可能性を強調する近時のCSRの文脈においては、この説明だけでは不充分である。

第1に、提供国のアクセス規制法もボン・ガイドラインも、遺伝資源アクセスに際しての要件や手続、考慮要素は提示しているが、ステークホルダー（提供国、先住民・地域社会、投資家、NGO・NPO、一般市民等）との良好な関係構築の方法を規定しているわけではない。言い換えると、良好な関係や状態の構築は、企業と先住民・地域社会との間などのアクター間で、コミュニケーションのプロセスを通じて生成するもので、基本的に法令や指針などで指し示しようがないものである。

たとえば、グローバル企業が、途上国や先住民・地域社会の遺伝資源や伝統的知識を持ち出して技術開発を行い、特許化・商業化する活動を「Biopiracy（バイオ海賊行為）」と呼んで批判しているNGOの活動が示唆的である[16]。グローバル企業活動や遺伝資源利用に伴う問題に取り組む地域的NGOや先住民団体と国際NGOが連携して、先住民・地域社会における監視活動や、国内的・国際的な政策提言活動が行われているが、NGOがBiopiracyに該当すると評価する事例について、企業名、遺伝資源の名称、関連する伝統的知識の背景、特許化の状況などが、インターネット等を通じ

---

[14] 本稿は、第7回締約国会議の前に執筆した。
[15] CSRの一般的状況に関しては、高巖ほか『企業の社会的責任――求められる新たな経営観』（日本規格協会、2003年）、谷本寛治編著『SRI社会的責任投資入門』（日本経済新聞社、2003年）、谷本寛治『企業社会のリコンストラクション』（千倉書房、2002年）などを参照。
[16] ETC Group (http://www.etcgroup.org/)、GRAIN (http://www.grain.org/)、SEARICE (http://www.searice.org.ph/index.htm)、IPCB (http://www.ipcb.org/index.htm)など。なお、フィリピンでは遺伝資源アクセス規制にNGOの関与が法的に正式に位置づけられており、現在はSEARICEがその任にある。

て報告書やPR的なコンテンツとして発信され、瞬時にその情報が世界中を駆けめぐるようになっている。

ここでのBiopiracy概念は、必ずしも法的な概念処理における要件不適合と一致するものとは限らず、グローバルな企業活動に伴う権力性や技術開発への違和感、倫理的関心、文化などの精神的事物の喪失感といった目に見えない領域を包含しているものである。したがって、法的な要件や指針の充足のみによって良好な関係を構築できるものではない。

第2に、先住民・地域社会への権利配慮や、伝統的知識の保護の性質が、すでに述べたように、国を主体とするCBDの利害交渉の過程を経て、基本的には遺伝資源アクセスと利益配分へ向けて方向づけられていることである。遺伝資源アクセスにおける先住民・地域社会の権利配慮や伝統的知識の保護は、いわばアクセス要件でもあり、先住民・地域社会そのものとの良好な関係や状態の構築のために整備されているわけではない。

たとえば、伝統的知識の「法的」保護の問題における困難が示唆的である。伝統的知識について、CBD事務局は、次のような説明をしている。「地域の文化、環境に密着して、長い年月を経て集積した経験から発達した知識」、「代々、口頭で伝えられることが多い」、「集団的に担われている」、「物語、歌、民間伝承、諺、文化的価値、信仰、儀式、共同体の法、地域言語、動植物種の開発を含む農業慣行といった存在形態をとる」、「農業、林業、漁業、園芸、健康に有益な知識が多い」[17]。

近代法上の知的財産権との整合性を考えると、地域の文化、環境と密着して伝統的に集積した知識が、有用性（産業上の利用可能性）、新規性、進歩性を要件とする特許権や、思想または感情の「創作」的表現を保護する著作権や、企業秘密保護を念頭に置いて秘密管理性、有用性、非公知性を要件とする営業秘密の保護とはにわかに合致しないことがわかる。また、利益配分の主体の特定を考えても、ときに一定の知識を集中的に継承するシャーマンがいるなどさまざまな存在態様の先住民・地域社会があり、あるいは、複数の先住民・地域社会において類似の遺伝資源と伝統的知識が存在する可能性もあるなど、権利主体を観念することも困難であることがわかる。

つまり、地域の文化、環境と密着して、知識や慣行を伝統的に「体現」していた、ある先住民・地域社会は、遺伝資源アクセスと利益配分の制度設計に関係づけられることで、不可避的に、遺伝資源や伝統的知識を対象物として持ち、それについての権利を有する主体として構成される。もとの複雑な社会や事物の状況は、その制度目的や近代法に整合的になるように固定化さ

---

17) http://www.biodiv.org/programmes/socio-eco/traditional/

れ、多面的・無形的・無文字的・状態的に体現されていた何ごとかが、個的・有形的・文字的・制度的な権利として対象化されるのである。

言い換えれば、遺伝資源アクセス制度構築などの目的への関連づけや近代法ベースの制度設計においては、不可避的に、実際の先住民・地域社会そのものとの不整合性、あるいは、先住民・地域社会が持つ複雑な要素の捨象が発生し、その面における先住民・地域社会の主体性との乖離が起きる。したがって、遺伝資源アクセス時の権利配慮や伝統的知識の保護が誤りなのではないが、その法制度やボン・ガイドラインの遵守や参照のみで先住民・地域社会との良好な関係や状態の構築が達成されるわけではない。

以上のように、遺伝資源アクセスに際して、先住民・地域社会などのステークホルダーと実際に良好な関係や状態を構築するには、単に、遺伝資源アクセス関連の法令やボン・ガイドラインに従えば達成できるものではない。つまり、法令やボン・ガイドラインに準拠していても、良好な関係を構築できる場合もできない場合もあり、その可否は、法令に従い、ボン・ガイドラインを参照したうえで、具体的にどのようなプロセスを経て、先住民・地域社会などの各ステークホルダーとどのように関わっていくかに依存している。

したがって、CSRの観点から遺伝資源利用を考えると、遺伝資源アクセス・利用に際して社会的責任を果たすために、事前情報に基づく同意や利益配分、伝統的知識の保護などの考慮すべき指針や遵守すべき規範の項目があると捉えるのではなく、それらの項目を参照しながら、より積極的にステークホルダーと良好な関係や状態を確保、または創造していくものとして認識する必要がある。言い換えれば、遺伝資源アクセス問題というより、遺伝資源アクセスを伴う活動を通じて、各ステークホルダーとともに一体何をやっていこうとするのかという問題なのである。

CSRの文脈において、ボン・ガイドラインは、アクセスの条件というよりも、アクセスして何をするかの道しるべなのであり、「守る」というより、むしろ「創る」問題であるといえる。ボン・ガイドラインにおいて、利益配分に含めうるものとして例示されている研究開発成果の共有、教育、能力構築、地域経済貢献、食糧・生活安全保障などは、CSRとして取り組むべきとされている環境、労働衛生、製品の安全、女性・マイノリティなどの人権、地域などへの配慮などの分野と照らし合わせたときに、さまざまな組合せや枠組み、具体的取組み内容を考えることができると思われる。つまり、企業にとって、ステークホルダーとの良好な関係作りの多様な選択肢に開かれているといえるのである。

また、付言すれば、遺伝資源を利用しようとする企業が、CSRの観点から自らこれに取り組んでいくことは、CBD体制下の国際レジーム構築の文脈においても、基本的に資源提供国のニー

ズと合致する。このことは、ミニマムスタンダードとしての遺伝資源アクセス法制度を明確なものへと収束させ、遺伝資源アクセス・利用にとっても良好な状況を創出する意味でも、まだ議論途上にある遺伝資源アクセスと伝統的知識の保護制度の交渉に対してもたらす意味は大きいといえる。

6. 企業の社会的責任としての先住民・地域社会の権利配慮

遺伝資源利用と伝統的知識の保護について、CSRの観点から、主に企業にとっての意味合いについて述べたが、最後に、より一般的に、「CSR」[18]とは何か、CSRとしての先住民・地域社会の権利への配慮とは何か、ということを考えるための手がかりを探っておきたい。企業の社会性を強調し、経営活動の中に人権擁護や環境配慮、地域貢献などへの対応を位置づけることでステークホルダーとの良好な関係を築くことが要求されている近時の「CSR」の意味合いを法的含意、経済的含意、社会的含意に分けて整理すると次のように捉えることができると思われる[19]。

「CSR」の法的含意は、第1に、「法令・規範遵守の一歩前へ」という、いわば社会的な要請を見出していることである。第2に、このことは一方で、秩序の複合化[20]によるハードな法規範の規範性の動揺をもたらし、状態としてあることと、規範としてなすべきことが干渉することを意味している。

経済的含意は、第1に、「CSR」が、企業にとって利潤追求だけでなく、環境問題や人権保護に取り組んで社会的責任を果たす必要が出てきたという面もあるものの、実は、新しい状況の発生というよりもむしろ、差異化によって利益を生み、差異を買って消費する市場経済の延長上にあることである。つまり、企業にとっても消費者にとっても、利便性や品質の競争、価格競争の末にたどりついた差異づけの（残り少ない）バリエーションが、「CSR」というタームで括られる環境配慮や人権擁護、地域社会配慮などであるともいえることである。第2に、しかしながら、経済活動における行為主体認識において、単純な合理的経済人としての理解から、主体間の関係性への力点の転換、あるいは主体間の調整的・調節的な認識が含まれていることである。

社会的含意は、経済的含意における主体間の関係性重視と関連することであるが、企業と他者（ステークホル

---

18) ここで、「CSR」と括弧で括っているのは、単に企業の社会的責任という意味ではなく、社会現象、社会状況としてのCSRを意味している。
19) 「CSR」の持つ意味合いを評価するにあたっては、注15)の各書、CSR Archives (http://www.csrjapan.jp/)、麗澤大学企業倫理研究センターホームページ (http://www.r-bec.org/)、企業の社会的責任と新たな資金の流れに関する研究会ホームページ (http://www.rieti.go.jp/users/uesugi-iichiro/financial-flow/) などを参照 (Visited 4, Feblualy, 2004.)。
20) 秩序は本来複合的なものであるが、それを顕著に認識する意味での秩序の複合化。

ダー）の共存、共生、または共創といった同時存立可能性の模索を意味していることである。

　以上の「CSR」の含意の整理から2つのことを見出すことができる。第1に、法令・規範遵守の一歩前へという法的含意、主体間の関係性認識の重視という経済的含意、企業と他者の同時存立可能性の模索という社会的含意から、「CSR」とは何か、ということを考える手がかりを見出せる。つまり、「CSR」とは、企業（ヒトとしての法人）が、「私は一体何者としてふるまうか」を考えることであると言い換えることができる。そこでは、企業（ヒトとしての法人）自らが他者（ステークホルダー）による規定を伴って存立していると認識して、規範を「守る」のではなく、規範を乗り越えて他者とともに「創る」ことが問題となる。

　第2に、この積極的な意味の一方で、秩序の複合化、規範性の動揺、規範と状態の干渉という法的含意、市場経済における差異づけのバリエーションという経済的含意からは、「CSR」という社会状況の諸刃性、危うさを見出せる。つまり、環境配慮、人権擁護、地域貢献などといった個々の重要な問題についての個々の企業の社会的責任（CSR）が、「CSR」に包摂されて曖昧になり、あるいは、市場経済の中での差異化へ方向づけられた枠組みへ還元されてしまうことによって、単に「CSR」気分に包まれてしまう危険性と裏腹にあることである。

　これまで、「CSR」は、企業にとっての視点から、もはや「守る」問題ではないと強調してきたが、それでもなお、個々の環境配慮や人権擁護などの政策上の視点からは、法的義務や規範の遵守確保としての文脈を置き去りにできない。「CSR」に関する指針や、環境、人権などの分野で増えている法的拘束力のないソフトな規範には、2つの文脈の問題が含まれている。

　1つは、環境や人権に関するグローバルな取組みの要請とは裏腹に、その実施が、各国の合意とそれによる各々の国内措置に依存するという限界の延長上に、いわばやむをえざる形態としてソフトな規範群が成立しているという法的義務の遵守確保上の文脈である。もう1つは、企業が、市場経済の中での差異化や顧客・NGOなどの監視対応のために、市場や社会の規律を可視化するための指標として、ソフトな規範群が成立しているという市場状況の表れとしての文脈である。「CSR」に関する指針やソフトな規範の規範的性質は、この両者の文脈の交差点にあって不安定に揺れ動いており、「CSR」という社会状況もまた、企業に対して環境配慮や人権擁護への取組みを促す力と、単なる「CSR」の気分をもたらす力との間に置かれているといえる。

　遵守確保の観点においては、「CSR」という社会状況を過大評価することには慎重になる必要がある。環境法などの政策的ニュアンスの強い法分野においては、すでに、単なる「法的義務内

容の確定と遵守確保」という明瞭な問題枠組は失効しており、狭義に法的な局面では、実体的な規範論ではなくプロセス論になりがちである。しかしながら、物事の相互連関的認識を維持しつつも、法規範の限定的だが特別の役割を特定して、ミニマムなものを「守る」ことと、それを越えて「創る」ことを、いかに整理して有機的に結合するかが課題であるといえる。「CSR」の指針において、プロセス論が「守る」べき「規範」と化し、それだけで「CSR」気分に包まれることが企業にとってもあらゆるステークホルダーにとっても危険である。

結局シンプルな結論になるが、企業の社会的責任（CSR）としての先住民・地域社会の権利配慮とは、ある先住民・地域社会との対面的な関係性の中での1つ1つの責任として、ともに何をやっていくかを企業自らが考え、それを企業と先住民・地域社会がともに創っていくことでしかない。今後の課題としては、企業とステークホルダーとの良好な関係や状態の確保へ向けて、政策的に、あるいは企業自らがそれを可能にするような市場を見出すために、企業の選択可能性とそのための選択能力をどのように築くかを問題化していくことである。

これを守っておけばよいという規範が失われているなかで、企業はいかにして「社会的責任を果たす」ことが可能なのか？　企業（ヒトとしての法人）は、自分に向き合っている他者（ステークホルダー）にもたらされるであろう経験を、その他者が理解するように自ら思い描くことができるだろうか。それを不断に問い続けることなのである。

《主要参考文献》
・蘭巳晴「マルチグローカルな状況下における環境法の思考可能性：生物多様性条約8条(j)実施問題から」第5章『アジア法の諸相』文部科学省科学研究費補助金特定領域研究「アジア法整備支援――体制移行国に対する法整備支援のパラダイム構築」アジア法研究会、名古屋大学法政国際教育協力研究センター（CALE）、2003年
・蘭巳晴「生物多様性条約における伝統的知識の保護：環境の法的及び人類学的認識の複合観点から」2002年度修士論文（慶應義塾大学大学院法学研究科）、2003年
・高巌ほか『企業の社会的責任――求められる新たな経営観』日本規格協会、2003年
・谷本寛治編著『SRI社会的責任投資入門』日本経済新聞社、2003年
・谷本寛治『企業社会のリコンストラクション』千倉書房、2002年
・(財)バイオインダストリー協会監修『生物資源アクセス』東洋経済新報社、2002年
・バンダナ・シバ／松本丈二訳『バイオパイラシー：グローバル化による生命と文化の略奪』緑風出版、2002年 (Shiva, Vandana, 1997, Biopiracy; The Plunder of Nature and Knowledge)
・Kate, Kerry ten & Laird, Sarah A., 2002, The Commercial Use of Biodiversity, Earthscan Publications Ltd., London
・UNU/IAS Report, 2003, User Measures; Options for Developing Measures in User Countries to Implement the Access and Benefit-Sharing Provisions of the Convention on Biological Diversity, UNU/IAS

《主要参考ウェブサイト》
・生物多様性条約事務局ホームページ (http://www.biodiv.org/)

●具体的な取組み

The Engagement of Cities and Its Potential in the Global Compact: The Policies of the City of Melbourne to Ensure the Implementation of International Norms by Companies

グローバル・コンパクトへのシティの参加とその可能性
企業の国際的行動規範履行確保への
メルボルンの施策を例として

菅原絵美 ●SUGAWARA Emi

1. はじめに

　国際社会で人権保障・人権侵害を含む人権問題が語られるとき、その主役は国家であった。国家が個人の人権を侵害すると同時に、立法・司法・行政の制度の中で、国際人権基準を実施することにより個人の人権を保障する。よって国際社会は、国家に対し非難・勧告を行ってきた。しかし、実際の現場の市民生活では、国家だけが人権問題の主役ではない。国際社会で国家を代表する中央政府だけではなく、個人、NGO・NPO、企業、大学、病院、地方自治政府[1]等が主役となり、それぞれの場面で人権問題に関わってきた。

　個人・企業が国境を越えて活動を展開する状況、つまりグローバル化と呼ばれる社会において、企業の経済力が一国家を上回り国家が企業を統治しきれない場合や、人権問題が国境を越え拡大し一国家だけでは対処しきれない場合が生じてきている。国際レベルでは国家に焦点が当てられ、国内の侵害主体もしくは保護主体に関しては、国家の実施に任せる従来の対応では、人権問題に対処しきれなくなった。その結果、国際社会が企業を直接、規範の対象またはパートナーシップの対象とする取組みが展開されている。その1つが国連グローバル・コンパクトである。

---

[1] 本稿で「地方自治政府」とは、国際法主体である主権国家を代表する中央政府に対する、中央政府以外の政府を指すものとする。連邦制を採用する米国の州政府や中央集権国家である日本の自治体などがこれに含まれる。また、本稿で「政府」という場合には、中央政府と地方自治政府の双方を含むものとする。「地方自治政府」という用語に関しては、村上正直「人権条約の国内的実施」畑博行・水上千之編『国際人権法概論〔第3版〕』（有信堂、2002年）271〜272頁参照。

国連の目的は国際の平和・安全の維持であり、世界人権宣言前文でもあるように、人権保障を平和の基礎としている。人権保障のための国連システムは、1つの体系化されたプログラムとなることを意図して制度構築されてきたわけではなく、実際にはその時々の必要に応じて作られ、さらには諸国の妥協可能な範囲内で設けられた、現実主義の産物である2)とされる。現実として存在する人権問題への対応として、国連は企業を人権保障活動の対象とした。グローバル・コンパクトとは、国連・国連諸機関・企業・NGO・大学等が中心となり、企業行動に関する人権・労働基準・環境の分野からなる9原則の実現を図る、緩やかで開かれた枠組みである。

　企業を巻き込むことに注目したのは国連だけではない。近年、グローバル・コンパクトにシティ3)が参加し始めた。都市部への人口集中に伴って、シティは経済・社会・環境の要素が複雑に絡み合い深刻化する問題を抱えている。人権問題もその1つである。これら諸問題の解決は、多方面からのアプローチが必要となり、地方自治政府によるトップダウンの政策実施だけでは対処しきれない。問題を解決し、持続可能な発展をシティにもたらすには、シティ内の行為主体が相互の連帯を築くことや、自主的に行動を抑制し、各々が有するさまざまな資源を投入して解決を図ることが必要である。経済力や影響力という点で企業は重要な行為主体であり、企業との連帯関係を築くことによってより実効的な問題解決を図る試みは、国際社会のみならず、シティも注目する点であった。問題解決に関して、多様な行為主体・資源の集合体であるというシティの特徴を生かし、グローバル・コンパクトのメカニズムとは別の、シティ独自のメカニズムを発展させつつある。

　本稿の目的は、国際社会で設定された規範の企業に対する履行確保に際し、シティが有する意義・可能性を検討することにある。本稿で取り上げるグローバル・コンパクトは、国際レベルで国家以外の行為主体が企業行動を問題とする画期的枠組みである。しかし、その9原則をめぐる履行確保メカニズムは、法的規制に基づくものではなく、後述するような批判を受ける、経験・意見・情報の共有といった学習に基づくものであり、企業の自発的行動4)に大きく依存している。しかし、近年、シティを中心としたローカル・レベルで、企

---

2) 今井直「人権分野の国連の活動と改革の動き」日本国際連合学会編『国連研究第1号 21世紀における国連システムの役割と展望』(国際書院、2000年)41頁。
3) 本稿において、Cityは「シティ」と表記する。Cityの定義・内容は各国のとる制度等により異なり、日本の「市」では合致しない部分が生ずるためである。後述するように、現在グローバル・コンパクトには4つのシティ、メルボルン(豪)・ニュルンベルク(独)・サンフランシスコ(米)・バス(英)・ポルトアレグレ(ブラジル)が参加しているが、それぞれ国家体制・地方自治制度等多くの点で異なっているものの、同じ"City"とされる。グローバル・コンパクトにおいて、"City"という言葉は、地方自治政府を指すことはもちろんであるが、地方自治政府だけではなく市民社会・企業を含む全体を意味するものとして柔軟に用いられている。本稿でもシティを同様の意味で用いる。

業を巻き込んだ取組みとしてグローバル・コンパクトが活用されつつある。さらに、シティ独自の履行確保メカニズムは、企業の規範に基づく行動をより実効的なものとする点で、新たな可能性を示している。

本稿の構成は次のとおりである。1.で述べた問題意識を受け、2.ではまず国連によるグローバル・コンパクトについて、企業の国際的行動規範である9原則および原則の履行確保メカニズムを述べる。3.では、シティによる実際の行動規範履行確保メカニズムとして、メルボルンの施策を取り上げる。4.では前章までを受けて、企業の履行確保に関するシティの可能性について検討する。

2. 企業による国際的行動規範の履行を確保する枠組みとしてのグローバル・コンパクト

(1) グローバル・コンパクトの概要

グローバル・コンパクトは、1999年の世界経済フォーラム（ダボス会議）でアナン国連事務総長によって提唱され、2000年7月にニューヨークの国連本部で正式に発足した。発足の背景として、グローバル化による地球規模の経済的不均衡[5]と国際的問題に対する国家中心的な解決の限界[6]を挙げることができる。国連がビジネスリーダーに自覚と協力を強く求めたのである。

グローバル・コンパクトの核となり運営にあたるのは、国連事務総長に

---

[4]「社会的責任」の点からステークホルダーへのアピールになるとして、企業は自発的にグローバル・コンパクトへ参加し、9原則を履行してきた。この企業の自発性がグローバル・コンパクトの実効性を支えている。これまでは経済的価値中心で企業価値が測られてきたが、「企業の社会的責任」への関心に表れているように、ステークホルダーは社会的価値を重視するようになってきている。企業は、グローバル・コンパクトを通じて、対外的な価値（消費者・投資家の企業イメージ向上等）や対内的な価値（社員の意識・職場環境の向上や、企業のネットワークの拡大等）を得ることができる。これらは、今後企業が存続し、また持続的に発展していくために必要なものである。グローバル・コンパクトへ参加し、企業活動において人権・労働基準・環境の3つの価値観に配慮した企業活動をアピールすることは、企業の社会的価値を高める重要な経営戦略なのである。以上は、筆者が2003年12月に参加した、フィランソロピー・リンクアップ・フォーラム（関西で活動する企業の社会貢献担当者等で構成されるフォーラム）の10周年記念オープンフォーラム「企業の社会的責任から企業の社会的価値の創造へ——企業市民活動の戦略的展開を考える」での議論や各種資料を参考としたものである。

[5] アナン国連事務総長はダボス会議において次のように述べた。「我々は短期的な利益の計算しか考えないグローバル市場と、『人間の顔を持った』グローバル市場と、どちらかを選ばなくてはならない。人類の4分の1が飢えと貧困にさらされている世界と、あらゆる人にすくなくとも繁栄のチャンスを与える世界と、どちらかを選ばなくてはならない。自己中心的な勝者が競争の敗れた者の運命を無視する未来と、強力で成功した者たちが自らの責任を受け入れ、グローバルな展望と指導力を発揮していく未来と、どちらかを選ばなくてはならない」。Press Release SG/SM/6881 of 1 February 1999 (Secretary-General Proposes Global Compact on Human Rights, Labour, Environment, In Address to World Economic Forum in Davos). 日本語訳は、人権フォーラム21ホームページ (http://www.mars.sphere.ne.jp/jhrf21/DoukouOTp20010502B.html, viewed, Dec.17, 2003) 参照。

[6] 国際的問題の1つである人権問題に対し、ロビンソン元国連人権高等弁務官は、人権問題の解決は政府の意思だけでは不十分であり、政府、民間企業、非政府組織（NGO）、国際機関を含めた関係者がパートナーシップを組み、すべての人々の基本的人権が守られるように取り組んでいかないかぎり、長続きする結果は得られないと述べている。Statement by Mary Robinson, United Nations High Commissioner for Human Rights at Business for Social Responsibility Conference on Profitable Partnerships, "Building Relationships That Make a Difference" (Global Compact Home Page: http://www.unglobalcompact.org/Portal/Default.asp, viewed, Jan.14, 2004).

属するニューヨーク事務所と、5つの国連機関（OHCHR・ILO・UNEP・UNDP・UNIDO）と諮問委員会7)である。グローバル・コンパクトの参加主体は、企業とステークホルダー（労働者団体・NGO・学術団体・シティ等）である。直接的には参加していないが、ネットワークに関与している組織・団体も多い。政府もその1つである。政府はグローバル・コンパクトの原則の基礎となる条約の締結や、民間部門とのパートナーシップに関する国連総会決議の採択8)、運営費の拠出、国内企業の参加の促進、プロジェクトや国際会議への参加など、グローバル・コンパクトの支援者として関わっている9)。

グローバル・コンパクト参加の方法は、まず国連事務総長宛に企業の最高経営責任者（CEO）による、グローバル・コンパクトへの支持とコンパクトに基づく具体的行動を約束する書簡10)を送付することである。参加に伴い約束する行動には2つのものがある。

1つは、グローバル・コンパクトとその9原則の支持を公に表明することによる、周囲への広報である。具体的には、社員・株主・顧客・仕入れ先等ステークホルダーへの周知や、自社の人材養成・研修プログラム・経営方針への取り入れ、年次報告書等の文書へのグローバル・コンパクト公約の盛り込み、公約公表のための報道機関等への情報提供がある。もう1つは、企業の年次報告書あるいはその他の主要な公開報告書（サスティナビリティ報告書等）を用いて、取組中の活動を公表する11)ことである。

日本では、2001年のキッコーマン株式会社の参加を皮切りに、株式会社リコーやアミタ株式会社、アサヒビール株式会社、株式会社ジャパンエナジー、屋久島電工株式会社、富士ゼロックス株式会社、国土環境株式会社、王子製紙株式会社、株式会社アルファE.C.、坂口電熱株式会社、株式会社朝日新聞社、株式会社東芝、日産自

---

7) 諮問委員会は2002年1月に設立された。グローバル・コンパクトの優れた価値を守り、有効性を高めるための参加基準・今後の戦略や方針について国連事務総長やグローバル・コンパクト事務所への助言を行うことを目的とする。

8) United Nations General Assembly Resolution 55/215 of 6 March 2001 (Towards Global Partnerships), United Nations General Assembly Resolution 56/76 of 24 January 2002 (Towards Global Partnerships).

9) 三浦聡「国連グローバル・コンパクト――グローバル・ガバナンスの新たなモデル」ジュリスト1254号（2003年）108頁脚注6。Georg Kell, "Background: Governments and the Global Compact" (http://www.unglobalcompact.org/irj/servlet/prt/portal/prtroot/com.sapportals.km.docs/ungc_html_content/NewsDocs/gc_governments.pdf, viewed Feb.5,2004).

10) グローバル・コンパクトホームページ（http://www.unglobalcompact.org/Portal/Default.asp）や国際連合広報センターのホームページ（http://www.unic.or.jp）に書簡の例文が示されている。日本企業の場合、書簡の送付にあたっては、国際連合広報センターを通して送る旨が記載されている。

11) 2003年1月に開催された諮問委員会において、従来の、年に1回、9原則実施に関する自社の成果と教訓の具体例を記載した独立の報告書を国連グローバル・コンパクト事務所に提出する方法が廃止された。これに対し、アムネスティ・インターナショナルは、独立の報告書作成は企業の9原則実施例提出義務の代わりであったが、新しい要件が求めるのは単に従来企業で作成されてきた年次報告書等の中でコンパクトに従う努力を主張することだけである、と批判する。Amnesty International (http://web.amnesty.org/web/web.nsf/print/ec-gcletter070403-eng, viewed, Jan. 10, 2004).

動車株式会社の現在14社がグローバル・コンパクトに参加している。

(2)グローバル・コンパクト9原則

グローバル・コンパクトにおいて、企業をはじめとする参加主体が履行すると約束し、企業活動の規範となる9原則12)は以下のとおりである。9原則は、人権・労働基準・環境の3分野13)からなる。

◎人権
第1原則　企業は、その影響の及ぶ範囲内で国際的に宣言されている人権の擁護を支持し、尊重する。
第2原則　人権侵害に荷担しない。
◎労働基準
第3原則　組合形成の自由と団体交渉の権利を実効あるものにする。
第4原則　あらゆる形態の強制労働を排除する。
第5原則　児童労働を実効的に廃止する。
第6原則　雇用と職業に関する差別を撤廃する。
◎環境
第7原則　環境問題の予防的なアプローチを支持する。
第8原則　環境に対して一層の責任を担うためのイニシアチブをとる。
第9原則　環境にやさしい技術の開発と普及を促進する。

以上の原則が企業に求める具体的行動を、人権に関する第1原則・第2原則14)について見てみる。人権に関する2つの原則が求める行動は2つに分けられる。1つは、9原則を遵守し企業方針・企業活動へ具体的に反映させることを求める対内的なものである。具体的には、人権保護の企業方針・戦略の策定、従業員への人権教育の実施、企業活動に対する人権アセスメントの実施、安全で健康的な職場環境の提供、結社の自由の保障、私人間における差別の禁止、間接的または直接的な強制労働・児童労働の禁止、強制移住の禁止等が含まれる。

もう1つは、企業が活動を展開する地域社会に広がる、人権に関わる諸問題解決への行動を求める対外的なものである。取り扱う問題とは、地域に根ざしたものから、グローバルな問題へと拡大したものまでさまざまである。具体的には、問題に関する公開討議での貢献、人権機関との対話への積極的参加等が行われる。他の原則に関しても、同

---

12) グローバル・コンパクト9原則の訳は、国際連合広報センターのホームページ（注10）参照）から引用。
13) なぜこの3分野なのかという点に関しては、「これこそがビジネスリーダーが実践できる分野であり、しかも、世界人権宣言、ILO基本宣言、1992年の地球サミットのリオ宣言という国際的に認められた原則がすでに存在しているからだ。この3分野こそ、開かれたグローバル・マーケットと世界貿易のシステムを維持していくうえで様々な深刻な問題を生む可能性が大きいからだ」とアナン事務総長は語っている。Press Release SG/SM/6881, supra n.5. 日本語訳は、高島肇久「グローバル・コンパクトと日本」部落解放研究147号（2002年）46頁参照。
14) http://www.unglobalcompact.org/Contnt/AboutTheGC/TheNinePrinciples/prin1.htm, http://www.unglobalcompact.org/Contnt/AboutTheGC/TheNinePrinciples/prin2.htm （viewed, Dec.17,2003) 参照。

様の内外的な行動を求めている。

(3)エンゲージメント・メカニズム

　グローバル・コンパクトにおいて、企業に9原則の実践を促すメカニズムはエンゲージメント・メカニズムと呼ばれる。エンゲージメント・メカニズム15)において、国連と参加主体は協調的な関係にあり、企業による9原則の履行は、規制によって導かれるのではなく、経験・意見・情報の共有といった学習によって図られる。エンゲージメント・メカニズムは以下の4つの要素からなる。

　①リーダーシップ——リーダーシップの目的は、グローバル・コンパクトの対象となるような問題に対し、積極的な姿勢を示す企業リーダーを見出すことである。企業が実質的な変化を遂げるには、企業のトップ、とくにCEOが率先してリーダーシップを発揮することが不可欠である。リーダーシップのメカニズムの具体的例として、CEOからの参加表明の書簡という参加要件がある。これに関しては、リーダーシップを企業全体や、企業の統治構造にまで拡大する要素として、CEOからの書簡は企業の取締役会の賛意を前提とすることとなった。このようにリーダーシップの要素は、グローバル・コンパクトへの参加時や9原則を履行していくなかで見られる。

　②学習——学習の目的は、企業や他のステークホルダーが有する、グローバル・コンパクト9原則の実践経験と視点を共有することで、企業行動における社会的責任の概念を発展させ、かつ強化することである。活動に関する知識の格差を明らかにし、その解消に努め、よい企業慣行を共有することで、参加企業がグローバル・コンパクト9原則を実際の行動に反映することを助ける。学習のメカニズムで、経験と視点の共有の場・ツールとなる主たるものが、年に1度開催される学習フォーラムである。2003年12月9日から3日間、第3回目となるグローバル・コンパクト学習フォーラム16)がブラジルで開かれた。また、グローバル・コンパクトのホームページ上で実践例17)が公開されている。

　③対話——対話の目的は、参加主体の協力が緊急に必要となるグローバルな問題をテーマ別に討議し、企業・労働団体・市民社会組織・政府・国連機関・学術団体といった多様な参加主体間の連携を築き、集団で対応・解決することである。年に1度開かれる政策対話は、これまで「紛争地域におけ

---

15) エンゲージメント・メカニズムに関しては以下を参照。Georg Kell, "The Global Compact Origins, operations, Progress, Challenges", *Journal of Corporate Citizenship*, issue 11, pp35-49, Autumn 2003.
16) グローバル・コンパクト学習フォーラムのホームページ（http://www.fdc.org.br/learningforum/）参照。
17) 参加企業から提供される9原則の実践は、内部の取組みに関しては、①年次報告書の中で示されるような日常活動の中での9原則実践の事例、②日常活動とは離れ特別に計画された取組みのケーススタディ、③外部での問題に対し企業とそれ以外の行為主体（政府やNGO等）と協働するパートナーシップ・プロジェクトの3つがある。

る民間部門の役割」や「ビジネスと持続可能な開発」「HIV／エイズ」「サプライ・チェーン・マネージメント／パートナーシップ」等をテーマとして行われている。

④グローバル・コンパクト・アウトリーチ／ネットワーク——アウトリーチ／ネットワークは世界50以上の国々のなかで、地理別（国・地域）、または部門別（製薬・第一次産業・エンジニアリング等）に、参加企業、労働団体、学術団体、政府、そして人権・環境・開発NGO等により形成されている。これらローカル・レベルからのグローバル・レベルへの直接参加により革新的な解決を引き出し、その反復と拡大を図る一方で、グローバルな問題を実施のレベルにまで引き下げるという、国連と参加主体をつなぐ役割を果たす。ネットワーク活動の維持・調整にはグローバル・コンパクト事務所をはじめ、グローバル・コンパクトの中核機関である国連機関（UNDP・ILO・UNEP・OHCHR・UNIDO）がその役割を担っている。また国連広報センター（UNIC）と国連協会も大きく貢献している。

(4) グローバル・コンパクトの限界

グローバル・コンパクトでは、国家を介することなく、直接企業に対し9原則の履行を国際レベルから求めることができる。さらに、経験・意見・情報を参加主体間で交換するという手法と開かれた枠組みにより、ローカル・レベルから国際レベルまで多様な行為体を巻き込んだものとなっている。この点でグローバル・コンパクトは画期的取組みであるとして一定の評価を受けている。

しかし、エンゲージメント・メカニズムによる履行確保の実効性を疑問視する意見は多い。国際的な人権NGOヒューマン・ライツ・ウォッチやアムネスティ・インターナショナルは、グローバル・コンパクトの実効性の障害として、法的な強制的基準の欠如やモニタリング・実施メカニズムの欠如等を指摘し、国連の普遍的人権の保護者としてのイメージを低下させるもの[18]であると主張する。また、規制的アプローチをとらない、企業の自己規制に依存する枠組みでは、完全には多国籍企業の誤った行動を抑止することはできないとする批判もある[19]。

国際社会において、規制アプローチの核となる法的規則を決定する権限は、国家にある。確かに実効性という点で規制的アプローチは有用であるが、その前提となる国家間の合意

---

[18] グローバル・コンパクトは企業の「ただ乗り」を許し、売名行為——国連の青い旗で企業の各自を覆い隠す「ブルーウォッシュ（blue-wash）」——に荷担しているにすぎないとか、企業とのパートナーシップは国連の商業化につながり、国連の正統性を低下させるといった批判がある。前掲三浦・注9)論文110頁。

[19] Mahmood Monshipouri & Claude E. Welch, Jr. & Evan T. Kennedy, "Multinational Corporations and the Ethics of Global Responsibility: Problems and Possibilities", *Human Rights Quarterly*, vol.25, pp.965-989, 2003. William H. Meyer & Boyka Stefanova, "Human Rights, the UN Global Compact, and Global Governance", *Cornell Int'l L.J.*, vol.34, pp.501-521, 2001.

が成立していない。そのため、企業行動を直接規制する明確で法的な国際的基準は現在のところ設定されておらず[20]、企業に国際的な法的義務は存在していない。同様に、国家間のコンセンサスなしに企業に法的規則を強制する能力やマンデートを国連が有することはできない[21]。グローバル・コンパクトの意図しているところは規則の補足[22]であり、規則にとって代わることではない。グローバル・コンパクトが規制的アプローチを採用していないことは、国際レベルで国家以外の行為主体が主導となる枠組みであることの特徴であると同時に、限界でもある。

近年、国家以外の行為主体として、シティが新たに登場した。次章では、企業の国際的行動規範の実効性を確保していくうえでの、シティ参加による新たな可能性について検討する。

3. グローバル・コンパクトとシティ──メルボルンを事例として

(1)グローバル・コンパクトへのシティの参加

世界は、2010年までに人口の50％以上が都市部に集中するであろうという、急激な都市化に直面している。シティでも同様に都市部へ人口が集中し、貧困や安全保障、教育格差、麻薬、環境汚染といった都市問題が深刻化している。これら都市問題の影響はシティ自体の地理的範囲を超えて拡大しており、放置されれば問題はますます手に負えないものとなる。この経済・社会・環境の要素の入り交じった問題は地方自治政府だけで解決することが難しく、シティ内にあるさまざまな行為主体・資源を結合させ、具体的解決策をとる必要があった。そこで注目されたのがグローバル・コンパクトである。

2001年7月のメルボルン[23]を皮切りに、2003年2月にニュールンベルク（独）、同年5月にサンフランシスコ（米）、同年11月にバス（英）、2004年2月にポルトアレグレ（ブラジル）がグローバル・コンパクトへ参加した。

シティが参加する場合も企業と同様の参加手続をとる。たとえばメルボルンの場合、メルボルンの主席行政職員や上席職員の署名付き[24]のグローバル・コンパクト9原則支持の書簡を、メルボルン議会の承認を受け、国連事務総長宛てに送付した。また、その他の条件

---

[20] 国連で進められている企業の行動基準として、本レビューでも取り上げられている、2003年国連人権促進保護小委員会で採択された"Norms on the Responsibilities of Transnational Corporations and Other Business Enterprises with regard to Human Rights"がある（本書119頁）。
[21] 前掲三浦・注9論文110頁参照。
[22] 2003年8月13日付のグローバル・コンパクト事務所所長ギオルク・ケルのコメント「GC、人権促進保護小委員会採択の規範との関係を明確にする」(http://www.unic.or.jp/globalcomp/news/030920.htm, viewed, Dec. 22, 2003)参照。
[23] メルボルン・モデルに関する情報源としては以下を参照。David Teller, "United Nations Global Compact Cities Programme. The Melbourne Model: Solving Hard Urban Issues Together", *Journal of Corporate Citizenship*, issue 11, pp.133-142, Autumn 2003.

も同じである。9原則の履行の中身が、シティ自身による9原則の遵守だけでなく、シティ内企業の規範の遵守やグローバル・コンパクトへの参加をも目標として求められる点が異なる。また集団的問題解決への貢献もそのまま含まれる。

グローバル・コンパクトの中で、地方自治政府の登場はこれまでにも見られた。パートナーシップ・プロジェクトへの協力や、政策対話への参加、学習フォーラムの開催・ネットワーク管理のサポート等に関わってきた。しかしこれらの活動はあくまで支援的行動であった。シティとして主体的にグローバル・コンパクトに参加することによって、さまざまな行為主体を包括的に取り込むことができる。これにより協調的かつ継続的に9原則の実践が展開され、ゆえに実効的に企業行動規範の履行を確保することが可能となる。

以下、グローバル・コンパクトにおいて積極的に活動を展開しているメルボルンの事例を取り上げ、検討していくことにする。

(2) メルボルン参加の背景

メルボルンがグローバル・コンパクトに参加した背景には、メルボルン委員会[25]の存在が大きい。メルボルン委員会とは民間の非営利ネットワークで、メルボルンのビジネス・科学・学術・地域社会部門のCEOまたは議長レベルの代表者から構成される。委員会は、メルボルンの商業面・科学技術面・学術面・文化面でのさらなる発展のための触媒として活動することを目的としている。

メルボルンの参加に際し、メルボルン委員会には、グローバル・コンパクトがメルボルンの発展につながるとする考えがあった。メルボルンの市民性・文化性・協力性の明確な対内的・対外的主張となること、グローバル・コンパクト9原則の3要素の実践は、企業のみならず[26]、地方自治政府や市民社会にとっても持続可能な発展という面で有用であることがその理由として挙

---

[24] 書簡は、シティの主席行政職員（Chief Executive Officer）または上席職員（Senior Officer）によるもの。オーストラリアの自治体において、上席職員とは、主席行政職員および議会の定める組織機構図に上席職員として規定された職にある自治体の幹部職員であり、Directorの名称で呼ばれることが多い。上席職員は通常、一般職員と異なる雇用契約（期限付きの個別の雇用契約）に基づいて任用される。主席行政職員とは、議会の決定に基づき、非常勤の市長に代わって日常的な意思決定と執行に責任を持ってあたる職員のことで、この職は州によっては、General Manager、City Managerなどと呼ばれる。財団法人自治体国際化協会（シドニー事務所）「オーストラリア自治体の公務員制度」(http://www.clair.or.jp/j/forum/c_report/pdf/235-1.pdf, viewed, Jan. 14, 2004) 参照。日本のシティがグローバル・コンパクトに参加する際も、他のシティと同様の手続が必要となる。日本からの参加は、UNICを通じて行われている。手続に関しては、まずUNICへ問合せしていただきたい。

[25] 1980年代半ばの経済低迷によるメルボルンのイメージ低下を受け、メルボルンの経済を積極的・戦略的・協議的方法により好転させる推進力と専門性を有する機関の創設が求められ、1985年、メルボルン委員会が設立された。メルボルン委員会ホームページ (http://www.melbourne.org.au/) 参照。

[26] メルボルンはグローバル・コンパクトの企業への有用性として、次の点をシティのホームページの中で示している。①責任ある市民という点でのリーダーシップ、②経験の共有と同志企業・団体との学習、③他企業・政府機関・労働組合・NGO・国際的な団体との関係構築、④国連諸機関とのパートナーシップ、⑤社会的側面への視野の拡大、⑥責任ある経営戦略・実践によるビジネスチャンスの最大化、⑦世界が直面する主要問題に関するグローバル・コンパクト政策対話。

げられる。さらにメルボルンでは、都市化によりさまざまな問題が生じており、シティ内行為主体の連帯による解決を図るためにもグローバル・コンパクトは意義のあるものであった。

⑶エンゲージメント・メカニズムにおけるメルボルンの実行

メルボルン委員会の協力、メルボルン議会の支持を受け、2001年7月、メルボルンは世界最初のグローバル・コンパクト・シティとなった。9原則支持の書簡を出す際、メルボルンとメルボルン委員会はともにホームページ上でグローバル・コンパクトへの参加、またはグローバル・コンパクト支持に関する情報を公開している。その中で、メルボルンは目標・手段を次のように提示している。

① 2010年までに、メルボルンで活動する企業のグローバル・コンパクトへの参加を達成する。
② 市議会、市議会議員とのCEOレベルでの定期的対話を実現する。
③ 計画と問題に関する合意や、資源提供の面でステークホルダーと協働する。
④ トリプル・ボトムライン27)方針を実施する。

以下、メルボルンがとった具体的施策について見ていくことにする。

⑷ シティ自身の取組み

トリプル・ボトムライン方針——メルボルンは、自身に社会的責任・環境的責任・経済的責任を含むトリプル・ボトムラインに則ったサービス・行動を行うよう方針づけている。社会的責任とは、物資面・文化面・金融面に関して、よりアクセスのしやすい、より公平なサービス提供を可能とする決定を行うこと、環境的責任とは、サービスの提供に必要以上の資源を使わないこと、経済的責任とは持続可能な手法によるシティの経済発展を維持促進することを指す。

⑸ 企業に9原則の遵守を求める取組み

トリプル・ボトムライン賞——オーストラリア国連協会が主催する世界環境デー賞プログラムの中に、2002年度より新たにトリプル・ボトムライン賞が加えられた。これは企業へのグローバル・コンパクト9原則推進のために、メルボルンがスポンサーとなって作られたものである。

グローバル・コンパクトの市政への反映——メルボルンが立てた市政計画の中で、よき市民としての企業行動促進を政策目標の1つとし、その手段としてグローバル・コンパクトの活用を挙げ

---

27) トリプルボトムラインとは、企業活動の環境的側面・経済的側面・社会的側面を意味する概念としてJohn Elkington氏により考案された。持続可能性報告で用いられる国際的基準としてGRIでも活用されている。政府のために特別に作られたトリプルボトムラインに関する基準というものは現在のところ存在していないが、メルボルンでは報告の透明性等の点で有用であるとして活用している。

ている。また政府調達の基準としてトリプル・ボトムラインを採用している28)。

(c)グローバル・コンパクトのネットワーク

　メルボルンとメルボルン委員会の代表者で構成される委員会が、オーストラリアにおけるグローバル・コンパクトのネットワークを管理・維持している。

⑷**グローバル・コンパクト・シティ・プログラム──メルボルン・モデル**

　グローバル・コンパクト参加と同時に、メルボルンはシティ独自の枠組みを提案した。シティは社会・経済・環境に関する困難な問題を解決するにあたり、具体的かつ持続的な解決を早期に導くために必要なすべての要素を有している。それら諸要素を活用し、少ない資源でより効果的な問題解決を導く方法として考えられたのがメルボルン・モデルであり、2003年4月最終的に確立した。

　メルボルン・モデルは、集団的問題解決を主に考えられたメカニズムである。シティにおける、企業・地方自治政府・市民社会の協働を中心としたメカニズムは、プログラムを行うシティ内の問題解決のみならず、他のシティの問題解決をも導きうる仕組みとなっている。シティの有する問題には共通性があり、1つのシティの解決策が他のシティでも利用可能な場合があるからである。

(a)持続可能なシティのためのメルボルン原則

　2002年4月3日から5日にかけて、UNEP-ITEC（UNEP国際環境技術センター）とビクトリア州環境保全局によりワークショップがメルボルンで開催された。その際、世界中から40名を超える専門家が集まり、「持続可能なシティのためのメルボルン原則（メルボルン原則）」が作られた。メルボルンはこのワークショップの主たるスポンサーであった。2002年5月、議会は正式にメルボルンを持続可能なシティへと導く枠組みとしてメルボルン原則29)を採択した。

　メルボルン原則は単なる概念ではなく、提案されたプロジェクトが望ましい結果を実現するものであるかを計る基準となるものである。次の10原則30)からなる。

第1原則　持続可能性、世代間、社会的、経済的政治的平等性そして個別性に基礎をおいた

---

28) メルボルンがグローバル・コンパクトに参加する際、グローバル・コンパクト9原則が政府調達へ与える影響に関してメルボルン議会が明言していた。Andrea Carson and Paul Robinson, "Melbourne First City to join Global Compact of Responsible Citizens" (http://www.melbourne.org.au/article.asp?type=1&id=94, viewed, Jan.15, 2004).
29) またこの原則は、同年8月のヨハネスブルグでの世界サミットでメルボルン市長によって報告がなされ、UNEPローカルアクション21に組み込まれた。メルボルン原則とは、そもそも一般的な原則として作られたものを、メルボルンがシティの原則として採用したものである。
30) 原則の原文はhttp://www.unep.or.jp/ietc/focus/MelbournePrinciples/English.pdfを参照。日本語訳はhttp://www.unep.or.jp/ietc/focus/MelbournePrinciples/Japanese.pdfを参照し、作成した。

第2原則　長期ヴィジョンを提供する。
第2原則　長期的な経済社会的安定を実現する。
第3原則　生物多様性と自然生態系の本質的価値の保護と再生の必要を認識する。
第4原則　シティの生態的負荷を最小限とする。
第5原則　地域のエコシステムの文脈の中にシティを構築し、健康で持続可能な開発と育成を行う。
第6原則　人間的で文化的な価値や、歴史、自然システムを含んだシティの特性を踏まえてシティをつくる。
第7原則　市民をエンパワーメントし、市民参加を育成する。
第8原則　共通の持続可能な未来の構築に向けて、市民の協力的なネットワークを作り可能性を拡げる。
第9原則　環境にやさしい技術の利用と効果的な需要管理とを通じて持続可能な生産と消費を促進する。
第10原則　アカウンタビリティや、透明性、グッド・ガバナンスに基礎を置き継続的な向上を可能とする。

(b)実施方法

　メルボルン・モデルはグローバル・コンパクトへの参加や、メルボルン原則への参加、プロジェクト決定、プロジェクト評価、プロジェクト承認、プロジェクト実施、プロジェクト報告、以上7つの段階を踏むことを参加主体に要請している。そして、プロジェクト参加主体間の調整役や、ニューヨークのグローバル・コンパクト事務所との正式な窓口役を、シティに設けられたグローバル・コンパクト事務局(以下、シティ事務局)が担う。

　シティ・プログラムに参加を希望する企業、政府、NGO等は、まずグローバル・コンパクト、メルボルン原則への参加を求められる。

　プロジェクト決定には2通りの方法がある。一方はグローバル・コンパクトのデータベースから既存のプロジェクトを採用する方法、他方は新規のプロジェクトを展開する方法である。新規プロジェクトの場合は次の要件を満たしていることが求められる。扱う問題が企業・政府・市民社会の三者すべてに直接影響を与えるものであることや、三者の協働なくしては充分にかつ効果的に解決されないものであること、プロジェクトの本質・分析・結果が評価可能であること(たとえば、プロジェクトの目的の持続可能性・評価可能性・達成可能性・現実性・時事性)、同様の問題を抱える他のシティに直接的に適用でき、かつ即効性を持つものであること、以上4点である。

　プロジェクト評価では、社会・経済・環境的指標が考慮されている。参加主体やシティ事務局が評価に満足したところで、実施へと移る。

　最終的にプロジェクトに関して、シ

ティ内で詳細に論じられ、報告書が作成される。成果をあげ、完成したプロジェクトのみがグローバル・コンパクト事務所のデータベースに既存のプロジェクトとして位置づけられる。

(c) 具体的事例――Debt Spiral Prevention Project

2003年度、メルボルン・モデル・メカニズムのもと、3つのプロジェクトが進められた。その中の1つで、社会経済問題を取り扱ったDebt Spiral Prevention Project[31]（以下、DSPプロジェクト）を見てみる[32]。

メルボルンでは、毎月消費者のほぼ15％が公共料金の支払不能、または支払い困難な状況にある。その大半は、年金受給者、母子・父子家庭、または失業中の若者というように社会の弱者層に属する人々である。この公共料金不払いが、「借金の渦（debt spirals）」や「貧困の罠（poverty trap）」への始まりとなる場合が多く、当該個人や家族はもちろん、彼らを取り巻く公益企業・政府・NGOに影響[33]を及ぼす。公益企業の場合、公共料金不払いの消費者に対して、不払料金の帳消し、法的措置、カウンセリング、トレーニング、連絡等でさまざまな資源を浪費してきた。メルボルン・モデル・プロジェクトの要素である企業・政府・市民社会の三者に直接影響がある問題であると同時に、問題解決には企業・政府・市民社会の三者による直接の行動が必要であることから、2002年、シティ事務局を務めるメルボルン委員会によりDSPプロジェクトとして考案された。

DSPプロジェクトは現在進行中である。以下に記述するメルボルン・モデルに従ったDSPプロジェクトの過程は、2003年5月に提出された報告書に基づくものである。

最初の段階として、DSPプロジェクトに関係する公益企業やNGO、大学、政府関係者等に、DSPプロジェクトの重要性・緊急性・有用性・妥当性に関する助言を求め、同時にDSPプロジェクト受入れの打診を行う。2003年6月にこの段階は完了する。2003年5月現在の関係者（以下、ステークホルダーとする）から全面的な支持を受け、その半数近くを企業が占めている。

2003年7月末、メルボルン委員会が調整役となってステークホルダーによる円卓会議を結成する。円卓会議は3つの段階（円卓会議Ⅰ・円卓会議Ⅱ・円卓会議Ⅲ）から構成される。円卓会議Ⅰでは、DSPプロジェクトの正式な受諾の確認、DSPプロジェクトの目的の

---

[31] Debt Spiral Prevention Projectに関しては、メルボルン委員会の委員で、メルボルンのグローバル・コンパクト活動の中心人物であるDavid Teller氏（注23）の筆者論文より直接いただいた資料に基づく。
[32] 残り2つのプロジェクトは環境・経済に関するもので、省エネ問題を取り扱ったZero Net Emissions by 2020 Project、水の効果的利用・水のリサイクルを取り扱ったWater Campaign Projectである。
[33] 政府に対する影響としては、金銭的・人的資源の浪費、市民社会に対する影響としては、NGO活動の多くが金銭的に困難に陥った人々に対する支援の面で直接的・間接的に関わっていることが挙げられる。

合意、具体的解決策に関する提案と各自の割当の提案がなされる。円卓会議IIでは、結果と反応の点から提案の検討を行い、解決策の最終案が全ステークホルダーからの合意のもと案出される。DSPプロジェクトに先駆け、試験的プロジェクトを計画し着手する。円卓会議IIIでは、試験的プロジェクトの結果の評価を行い、DSP本プロジェクト実施へ向けて調整を行う。

最終段階として、プロジェクトの定式化を行う。DSPプロジェクトの結論や勧告をまとめ、グローバル・コンパクト事務所に提出する。他のシティが利用できるよう、学習フォーラムで、DSPプロジェクトの報告がなされる予定である。

メルボルンはエンゲージメント・メカニズム、メルボルン・モデルの2つを通じて、シティとして9原則を実現している。企業による対内的行動確保の側面からは、9原則の実践を行った企業にトリプル・ボトムライン賞を授与したり、またトリプル・ボトムラインを政府調達の基準としたりするといった施策を展開している。シティがその施策の中で対象とする企業には、グローバル・コンパクト参加企業、未参加企業がともに含まれることとなる。施策にトリプル・ボトムラインを用いていることで、参加企業には9原則実践の促進を、未参加企業にも同等の行動を求めることができる。また、企業の対外的行動確保の側面からは、メルボルン・モデルはまさに9原則が求める集団的問題解決のための施策である。ほぼすべてのプロジェクト過程に企業が参加し、市民社会・政府と協働しながら具体的行動をとることが予定されている。

4. 国際的行動規範に対する企業の履行を確保するシティの可能性

人権に関する企業の国際的行動規範に関して、国家間の合意が成立しておらず、今のところ、直接企業に法的義務を課したものはない。さらに、企業に対して履行を確保させるためのモニタリング等のメカニズムも不充分である。このように、企業の国際的行動規範の実効性が問題となっている。本稿の関心は、国際的行動規範の実効性確保の点で、シティがどのような可能性を有するかであった。その検討として、グローバル・コンパクトを取り上げ、新たに登場したシティ、とくにメルボルンの施策を中心に検討してきた。

シティには、個人・NGO・企業・大学・政府等が、文化や経済、経験、地理的特徴などを共有しながら生活していくなかで築かれてきた、既存のネットワークが存在する[34]。シティが抱える問題の多くは、なんらかの形でこのネットワーク内ですでに指摘されており、シティが媒介となって問題を設定

---

34) Teller, *op. cit.* p134.

し、具体的行動を決定する場や他の行為主体との協働の機会を提供することで、単独で行動する場合と比べ、少ない資源で効果的な行動をとることができ、企業は関与しやすくなる。さらに、シティが政策やイベントを通じてシティ内に企業行動への意識を生じさせることで、企業の自発性に委ねていた規範の履行をネットワークから誘発することができる。たとえば、企業と地方自治政府の間では、物品・サービスの調達から公共建造物の工事までさまざまな契約が交わされている。その公共契約において、シティの価値判断基準として国際的規範が採用された場合、企業への影響は大きく、企業行動履行確保において効果的であると考えられる。シティは、市民生活に密着して張りめぐらされてきたネットワークに協調と協働のメカニズムを組み込むことで、国際的行動規範に基づく企業行動を抑制または促進させる可能性を有している。また、シティの抱える問題には他のシティにも共通する部分があり、シティ間で情報を共有し合うメカニズムを構築することで、企業に対する国際的行動規範の実効性確保をグローバルに展開することもできる。

2003年12月にブラジルで開催された学習フォーラム[35]で、グローバル・コンパクトにおける、9原則とパートナーシップを促進させるシティの媒介的役割が議論された。国際社会も、ローカル・レベルでの実効性をグローバル・レベルなものへとつなげていく、シティの可能性に注目し始めている。

5.おわりに

企業が国境を越えて活動を展開することに伴い、企業活動の中で人権侵害を阻止し、または人権保障を促進していくことの効果も、国境を越えて広がっていくことになる。企業に関する国際的行動規範の実効性確保の必要性はこの点からも確認でき、今後、法的拘束力あるものとなるよう発展が望まれる。しかし、デメロ前国連人権高等弁務官が2003年の論文[36]で述べているように、法的拘束力のある基準は最小限度の規範実施という面で重要であるが、法的拘束力を有することと企業行動に変化をもたらすこととは別である、という点に留意しなければならない。重要なのは、国際的行動規範に方向づけられた行動を企業に根づかせることである。

その点で、シティの協調・協働のネットワークは有用である。多様な行為主体とともに企業を組み込み、プロジェクトを継続的に実施していくことにより、それに関わる企業の行動も継続的な

---

[35] 注16)参照。司会としてメルボルン委員会が、報告者としてメルボルン(ともにTeller氏が代表者)が参加している。
[36] Sergio Vieira de Mello, United Nations High Commissioner for Human Rights, "'Leader to leader'commentary to Special Edition on Business and Human Rights", *New Academy Review*, 5th Edition, 2003.

ものにすることができる。市民生活の現場であるシティでの人権保障システムの中で、人権を尊重し確保する企業行動が根づき、国際的人権保障へとつながっていく。

　シティは、企業の国際的行動規範履行を確保するうえで、さらには国内的・国際的人権保障を図っていくうえでも重要な役割を担っている。グローバル・コンパクトの主要国連機関であるUNDP・UNEPの携わる開発・環境分野では、これまでもローカルアジェンダ21やローカルアクション21のように、ローカル・レベルを重視し、国連と地方自治政府が協力して活動を行ってきた。国際的な人権問題においても、グローバル・レベルとローカル・レベルが協力することで、よりよい保障が図れるのではないだろうか。

　メルボルンや他のシティによる取組みはまさに今始まったばかりである。シティの可能性がいかに現実で生かされていくかは、今後の実行にかかっている。より多くの企業と、より多くのシティがグローバル・コンパクトへ積極的に参加していくことを期待する。

●**具体的な取組み**

Child Labor and Corporate Social Responsibility

児童労働と企業の社会的責任

岩附由香 ●IWATSUKI Yuka　　白木朋子 ●SHIRAKI Tomoko

1. はじめに

　2002年に世界最大のスポーツ・イベント、サッカー・ワールドカップが日本と韓国で開催され、サッカー王者の座をかけた激しい戦いに多くの人が熱狂したのは記憶に新しい。世界中の目がフィールドを駆けめぐる一流サッカー選手のプレーに注がれているその一方で、一体どれだけの観客が選手たちが操る「ボール」に目を留めただろうか。

　私たちはワールドカップの期間中とその前後の17カ月間、世界のNGOと連携し「ワールドカップ・キャンペーン2002――世界から児童労働をキックアウト！」[1]を行った。今でも世界中に流通するサッカーボールのなかにインドやパキスタンの子どもたちによって作られているものがある。ワールドカップを機会にこの現実にスポットライトを当て、市民の意識向上を通じて、スポーツで求められるフェアプレーの精神を国際社会にも求めていこうというのが目的である。

　「今でも」といったのにはわけがある。実はこのサッカーボールと児童労働の関係が取り上げられたのはこのときが初めてではなかった。1998年フランス大会のとき、またそれ以前にも、ちょうど同じようなニュースが欧米のメディアを駆けめぐった。世界中のサッカー少年が夢見る晴れ舞台が、作ったボールで遊ぶこともできない途上国の子どもたちの労働のうえに成り立っているという事実は市民に衝撃を与え、ブランド名が汚されることを恐れた企業はさまざまな対策を迫られた。この間、国際舞台で使用されるボールの製造に携わる各企業はさまざまな取組みを行ってきた。そのおかげで改善が見られる一方で、今でも子どもの搾取は続いている。

---

1) 2001年から2002年にかけて、日本、韓国、インド、イタリアなどを中心に行った国際キャンペーン。詳細については、キャンペーンを呼びかけたグローバルマーチのキャンペーン専用ウェブサイト（http://www.globalmarch.org/world-cup-campaign/）およびACEのウェブサイト（http://www.jca.ax.apc.org/ACE/wcc/index.htm）を参照。

本稿では、児童労働と企業行動に関する歴史を振り返るとともに、サッカーボール産業による児童労働防止の取組みに関する具体的事例を検討することを通じて、児童労働の防止・廃絶に企業が果たすべき責任・役割について考えてみたい。

2. 企業と児童労働

(1) 児童労働の定義

児童労働と企業の関係の歴史について振り返る前に、まずは児童労働の定義について明確にしておきたい。国際的に「児童」とは、1989年の国連子どもの権利条約により「18歳未満のすべてのものをいう」[2]が、児童労働を考える際には、国際労働機関（以下、ILO）[3]が定める最低年齢条約（138号）と最悪の形態の児童労働条約（182号）を基準として考えることができる。

最低年齢条約では、「児童労働の廃止と若年労働者の労働条件の向上を目的に、就業の最低年齢を義務教育終了年齢と定め、いかなる場合も15歳を下回ってはならないものとする」（2条）とされている。しかし例外として、開発途上国の場合は14歳でも認められることになっている。実際には、条約には国内的効力がないため、条約を批准した各国が国内の労働法において就業最低年齢を定め、それを遵守していくことになる。たとえば日本では、労働基準法において「満15歳に達した日以後の最初の3月31日までは、児童を労働者として使用することは禁止」（56条1項）[4]されている。つまりここでは、義務教育である中学教育を終了する年齢が就労最低年齢となっている。

もう1つの、最悪の形態の児童労働条約では、最悪の形態とされる労働[5]については、就労最低年齢を超えていても18歳未満の児童がその労働に従事することを禁止している（2、3条）。これは、子どもの権利条約の「児童の経済的搾取からの保護」（32条）にも合致しており、この問題に取り組むNGOや国際機関等においては、児童労働とは「児童の教育を妨げ、または児童の健康もしくは身体的、精神的、道徳的、社会的発達に有害となる恐れのある労働」というのが共通理解となっている。本稿でも児童労働という際はこの定義を用いることにする。

---

2) 子どもの権利条約第1部1条。
3) International Labour Organization、略してILO。1919年創設の最も古い国連機関。国際的な労働基準であるILO条約を総会で三者構成（各国の政府、労働者、使用者）で審議し採択する。
4) 例外として、新聞配達などの非工業的事業における軽易な作業で所轄の労働基準監督署長の許可がある場合は満13歳以上、さらに、映画製作・演劇の事業では、健康・福祉に有害でない軽易な作業で所轄の労働基準監督署長の許可がある場合は、満13歳未満の児童でも、就学時間以外であれば就労が認められるとする（56条2項）。
5) (a)児童の人身売買、武力紛争への強制徴集、債務奴隷を含むあらゆる形態の奴隷労働またはそれに類似した行為、(b)売春、ポルノ製造、わいせつな演技のための児童の使用、(c)薬物の生産、取引など、不正な活動に児童を使用、斡旋または提供すること、(d)児童の健康、安全、道徳を害するおそれのある労働。

(2)企業活動と児童労働との関わりとその歴史

　企業の社会的責任（CSR）が問われ、さまざまな国際的イニシアティブがとられるようになったのには、多国籍企業と途上国における児童労働の問題が大きな影響を与えてきた。1990年代後半から提唱されてきた、グローバル・コンパクト、OECD多国籍企業ガイドライン、SA8000、GRIガイドラインなどのCSRに関する国際指針、および各業界・企業が定める企業行動規範にも、児童労働の禁止、廃絶に関する記述が明記されており、とくに多国籍企業の進出先国における児童労働への配慮の重要性は周知されている。欧米を中心に、1980年代後半から90年代にかけて、衣料、カーペット、玩具、サッカーボールを含むスポーツ用品等の産業で、主にアジア諸国における強制労働や児童労働などの実態が明らかになり、消費者による不買運動やキャンペーンが盛んに行われるようになった。企業戦略の重点を広報やマーケティングに移し、労働コストを抑えるために生産拠点を欧米からアジアを中心とした開発途上国に移した有名ブランドメーカーのほとんどは、それら抗議行動の標的となった。リーバイス、ナイキ、リーボック、ギャップなど、消費者による抗議行動を受けた企業は多数に上る[6]。

　一般に児童労働が好まれるのは、子どもは手先が器用で、従順で、組合を作ることもないので使いやすいためといわれている。なによりも賃金が安く抑えられることが雇う側にとって最大の魅力であることはいうまでもない。企業にとっては、経済活動によって利益を最大限確保することが目的であるとすれば、コストを最低限に抑えることは当然のことである。しかし、消費者がこれら多国籍企業に対して激しい怒りをぶつけたのは、企業が途上国で搾取を行っていたというだけでなく、不当な価格設定により消費者自身を欺いた結果であったといえる。

　とくに、米国のスポーツ用品メーカー、ナイキのケースは大きな波紋を呼んだ。ナイキの契約工場における劣悪な労働環境が問題として最初に取り上げられたのは、1988年のことであった。はじめに、契約工場における低賃金など搾取が問題となっていたインドネシア国内およびイギリスやアメリカを中心に新聞やテレビを通じてこのスキャンダルが報じられた。90年代前半にはインドネシア各地で工場労働者によるストライキが相次ぐ一方で、欧米では反ナイキキャンペーンが過熱した。それはインターネットを通じて国際的な規模に膨れ上がった。その後1997年を頂点[7]に反ナイキ運動は現在でも続いている。

　ナイキに対する抗議行動がこれだけ

---

[6] ナオミ・クライン（松島聖子訳）『ブランドなんか、いらない──搾取で巨大化する大企業の非情』（はまの出版、2001年）。
[7] 1997年10月18日には、13カ国85都市で大規模な反ナイキ・イベントが行われた（同上書336頁）。

大規模かつ長期間にわたり行われたのには理由がある。これらスキャンダルに対する当初のナイキの対応は、責任逃れ、正当化、ジャーナリスト攻撃、下請け非難などで、消費者に対する誠実さに欠けていた。世界の有名スポーツプレーヤーを宣伝に使い、若者から絶大な支持を受けていた大企業がとった態度に消費者は呆れ、怒りをあらわにした。度重なる抗議行動に対しナイキは徐々に態度を改め、1992年には行動規範を制定したほか、第三者による委託工場の監査、製造過程および工場の労働環境に関する情報公開等に努めてきた。また「企業責任担当副社長」という新たなポストを作り、継続する抗議や企業の社会的責任について対応している。契約工場のあるベトナム、インドネシアなどでは工場職員への教育やスモール・ビジネス・ローンを提供するプログラムを実施している。ギャップなどとの共同出資でNGOを設立し、途上国の工場の労働問題にも取り組み始めた[8]。

(3)児童労働に対する方策と過去の経験

　ナイキのケースは、多国籍企業の進出先国における労働問題に対する消費者による厳しい監視と不買運動などの抗議行動が、企業の社会的責任を追及した典型的な事例である。同様に、児童労働問題の解決のためにさまざまなステークホルダーが協力して作り上げてきた国際的なイニシアティブがいくつかある。インド、ネパールのカーペット産業におけるソーシャル・ラベリング、業界団体と労働組合、NGOが協力して基金を作り児童労働廃絶のために労働基準の遵守をめざすココア産業、メーカーと業界団体が共同出資して製造工程の監視システムを確立・運営しているサッカーボール産業の例である。サッカーボール産業の事例は次項で詳しく取り上げるので、以下ではカーペット産業とカカオ産業の取組みについて簡単に説明しておきたい。

(4)ソーシャル・ラベリング──ラグマークの事例

　一般に商品につけられるラベルとは、商品のサイズ、原料、製造者名、生産国、商品の取扱い方法などについて表示するものである。一方、ソーシャル・ラベリングとは、製品が作られた社会的背景を伝えるラベルを製品に貼りつけることで、製品が正当・公正な労働・環境のもとで生産されたものであることを消費者に保証するラベルの使用を指す。その1つにラグマークがある。これは、製造工程において児童労働が使用されていないことを保証するラベルで、インドやネパールで製造される輸出用カーペットに使用されている。先のナイキの例と同じように、南アジアにおける欧米向けの輸出用カー

---

8)ナイキの社会的責任に関する情報（日本語ページ）http://www.nike.jp/nikebiz/global/

ペットの製造での児童労働問題に関する報道と、それに伴う消費者によるボイコット・不買運動の結果、カーペット業界がNGOなどと協力して1994年に確立した民間の製品認証システムである。検査を通じて、特定の条件を満たした製造業者によって作られたカーペットに限りラベルがつけられる仕組みとなっている。ラグマークは95年と96年に続けてドイツとアメリカで国際商標として認証されている。システムの運営には、カーペット業界とNGOが協力して設立したラグマーク財団があたっており、ライセンスの提供、モニタリング、児童労働者のリハビリプログラムを行っている。財団の本部はインドにあり、ネパール、ドイツ、アメリカに支部を持つ。ライセンス取得の流れを簡単に説明すると、以下のとおりである。

製造業者がラグマーク財団にライセンスの申請をする。財団の検査員が工場を予告なしで検査し、2度の検査を通過すると、ラグマーク使用のライセンスが下りる。この間に児童労働が発見されると、申請は却下される。ライセンスを取得したら、業者は工場に関する詳細な情報、カーペットの原料、過去2年間の販売実績などを財団に申告する。ライセンス取得後は、財団による工場の抜き打ち検査が行われ、児童労働が発見された場合、警告に応じて必要な処置を行わない場合はライセンスが剥奪されることもある。財団の資金は、ライセンス取得業者のラグマーク使用料と輸出入業者からの出資金、国内外からの助成金・寄付などによる。ラベリング・システムへの加入はあくまでも事業者の自主性に基づくものであるため、システムの導入によって産業に関わる児童労働のすべてをなくすことには必ずしもつながらないが、ラベルにより児童労働が使われていないことを証明することにより、商品に対する付加価値をつけ、消費者の信頼の確保が可能となる。また、徴収されるライセンス使用料を子どもの教育、福祉などにあてることにより、児童労働防止のための資金の循環が可能となっている。しかし、検査やモニタリングの公正性など、ラベルそのものの信頼性については問題も指摘されている。ラグマーク以外にも、Kaleen, Care & Fair, STEPなど複数のカーペット認証システムがあるが、これら異なる認証システムの横の連携も検討が必要とされている。

(5)国際ココア・イニシアティブ[9]

「国際ココア・イニシアティブ——ココア生育における責任ある労働基準に向けた協働」は、2002年7月に世界のチョコレート、ビスケット、製菓産業の代表が労働組合やNGOなどとの協力により設立した、ココア産業における児童労働および強制労働撲滅を目的とした基金である。ココアの生産・

---

9) http://www.eurococoa.com/publications/press/20020701.pdf

加工過程において公正な労働基準を設け、遵守していくために、各地のプロジェクトの財政・運営支援、ココア産業における児童労働撲滅の実践事例に関する情報収集・提供、児童労働および強制労働をなくすための国際労働基準の施行に向けた共同プログラムの開発や、労働基準の遵守に向けた適切かつ実践的なモニタリングや情報公開への支援を行う。基金の設立には、チョコレート製造業者協会（CMA）や世界カカオ基金（WCF）を含む業界関連8団体と、児童労働撲滅に取り組むNGOや国際食品関連産業労働組合連合会（IUF）、全米消費者連盟を含む5団体が参加し、顧問としてILOも協力している。基金はジュネーブに設置され、業界と業界以外からの同数の代表で構成される理事会が基金の活動を監督する。このイニシアティブでは、ココア生産を行う地域をターゲットとし、児童労働をなくすための労働基準を遵守することを通じて、生産地そのものを児童労働のない地域として確立・認証することで、原料としてのココアおよびココア製品の信頼性の向上をめざしているといえる。

3. 企業による児童労働防止の取組み──サッカーボール産業の事例

サッカーボール産業は児童労働防止への取組みが見られる産業の1つである。ここでは、この産業における児童労働の実態、企業の取組みが始まった背景、スポーツ産業関連団体の取組みと、企業が出資、運営しているボール製造における児童労働防止プロジェクトについて述べる。

(1) サッカーボール製造における児童労働の実態

他の産業同様、途上国におけるスポーツ用品産業の操業において子どもが働いている事実がある。手縫いのサッカーボール生産量でそれぞれ世界第1位、2位（1999年）を占めるパキスタン、インドでは、地元の革産業に目をつけたイギリスが植民地時代にその製造技術を移転して以来、サッカーボールだけでなくバレーボール、ラグビー、クリケットなどの各種スポーツ用品の生産を行ってきた。そのなかでもサッカーボールはパキスタンの主要輸出品の1つになり、国の経済と世界のサッカーボール市場を支えている。そこで働く子どもたちはパキスタンでは約1万5000人（ILO推計）、インドでは約1万人（パンジャブ州のみ：NLI[10]推計）といわれている。

このような労働を問題としている根拠は、子どもが働くことによって基本的人権である教育を受ける権利が侵害されることが挙げられる。また、低賃金と長時間労働による健康障害が挙げ

---

[10] V.V.Giri National Labour Instituteの略。ジャランダールで1998年に児童労働実態調査を行った。

図●ボールの生産から輸出までの工程

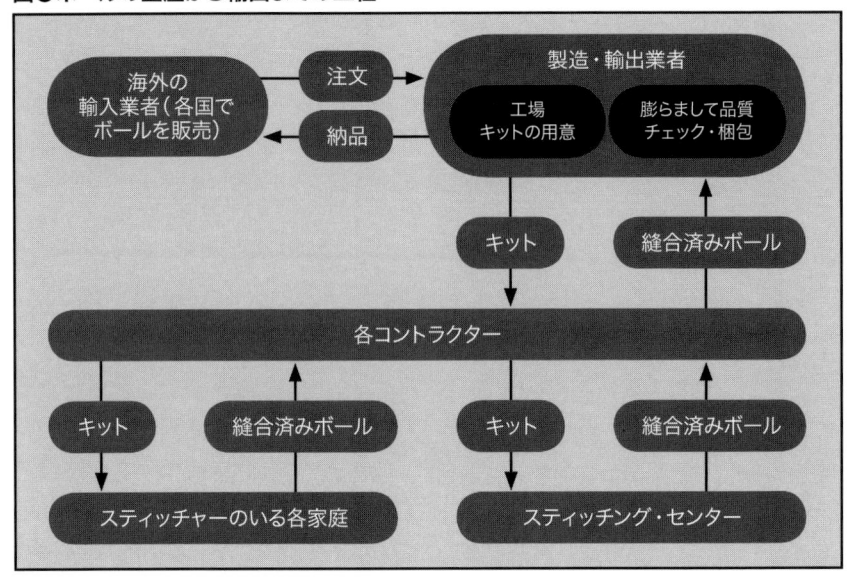

```
海外の輸入業者（各国でボールを販売）  --注文-->  製造・輸出業者
                                              ├─ 工場キットの用意
                          <--納品--            └─ 膨らまして品質チェック・梱包

                          キット ↓        ↑ 縫合済みボール
                              各コントラクター
          キット ↓   ↑ 縫合済みボール     キット ↓   ↑ 縫合済みボール
       スティッチャーのいる各家庭         スティッチング・センター
```

要因のひとつには、サッカーボールの分業による製造工程が挙げられる。通常、サッカーボールは上の図のような工程を経て製造され、主なアクター（関係者）とそれぞれの役割は以下のようになっている。

(2)主なアクター

◎海外の輸入業者——ボールの種類・数・納期やデザインを指定し、製造・輸出業者に発注する。有名ブランド・スポーツ用品企業がここにあたる。

◎製造・輸出業者——輸入業者からのオーダーを受注し、ボールを生産・輸出する。

◎工場労働者——製造・輸出業者の工場で、パネル（ボールを縫い合わせる前の1つ1つの皮の部品）とシルクスクリーン用のシートを用意し、パネルに

られる。たとえばインドでは、サッカーボール1個を縫って得られる賃金は5〜10ルピー（約15〜30円）。1日に作ることができるボールの数はおとなでも2〜3個程度で、これは法律で定められている1日の最低賃金である63ルピー（約189円）を下回る水準となっている。子どもたちに見られる主な身体上の影響は視力の低下、背中・首の痛み、指の奇形などであり、適切な治療が受けられないため一生問題を抱えることにもなる。ボールを縫うという仕事自体がたいへん力のいる仕事で、長時間同じ姿勢で暗い場所で縫い続けるという労働形態と環境は、成長過程にある子どもたちの健康に悪影響を及ぼしている。

サッカーボール産業における低賃金、児童労働などの労働問題が起こる

ロゴなどを印刷する。また、できあがってきたボールを膨らませて、最終的な品質管理と梱包を行う。

◎コントラクター(仲介業者)——工場から印刷済みパネル、ワックス済みの糸、ボールの中に縫いこむ空気入れの3点セットをスティッチャー(縫い子)のいる場所へ届ける。そこで縫い合わされたボールを回収し、工場に届け、報酬を受け取り、スティッチャーに支払いをする。また、スティッチング・センター(縫製所)の監督を行う場合もある。

◎スティッチング・センター労働者——スティッチング・センターと呼ばれる作業場でボールの縫製作業を行う人たち。各家庭から労働者が集まって共同で作業を行う。社会的配慮から、女性のみのスティッチング・センターもある。工場が任命した現場監督のもと、ボールの生産があるときだけ開く。注文が少ないときは、スティッチング・センターでは生産されない。

◎各家庭のスティッチャー(home-based stitcher)——コントラクターが持ってきたセットを縫う。ボール1個を縫い合わせた報酬はボールの種類や品質によって異なる。

この生産過程はサッカーボールのみならず、ラグビーボール、バレーボールなど空気入れ式ボールすべてにあてはまる。ここで注目したいのは、ボールの縫製は販売を行う企業が直接労働者を雇って行っているわけではなく、下請けおよび孫請けへと委託契約を通じて行われているということである。しかもボール産業に特徴的なのは、伝統的に家内工業により製造されてきたことで、現在でも多くのボール縫製が家庭内で行われている。つまり、ボールの製造を発注し販売する企業側は、最終的に誰がボールを縫っているのかまで通常は把握していない。この製造形態をとることにより、企業は工場などにかかる生産コストを抑えられるだけでなく、労働力へのコストも最小限に抑えることができる。一方、家庭でボール製造に携わる労働者側は、収入が不安定であるためできるだけ多くのボールを縫って稼ぎを増やそうとする。そこで幼い子どもも作業に加わることになる。この場合、学校に通いながら労働する場合もあれば、学校に行かずに働く場合もあるが、ある程度の年齢になれば一人前の労働者として扱われることになる[11]。

(3)企業が児童労働問題に取り組む背景

以上のような工程を経て、長年サッカーボールは製造されてきたわけだが、サッカーボール産業における児童労働の問題が指摘されるようになったのは1990年代に入ってからであった。

---

11)2001年にキャンペーンのために来日したソニアさん(当時15歳)は、5歳からボール縫いを始め、NGOの助けにより仕事をやめて学校に通いはじめる11歳になるまで、病気の母を看病する父親の代わりに一家の家計を支えていたという(2001年5月31日、ワールドカップキャンペーン開始記者会見での発言より)。

1995年に初めてサッカーボール製造における児童労働の実態がメディアで告発されると12)、アメリカでは政府や消費者による批判が企業に向けられた。また、FIFA（国際サッカー連盟）13)に対応を求める声も強まった。1996年のヨーロッパ・サッカー選手権開催時には欧州のNGOがボール製造における搾取的労働に焦点を当ててキャンペーンを展開し、欧州においても企業への圧力を強めた。このような世界的な報道、キャンペーンにより、当初児童労働の存在そのものを否定していた企業側も、児童労働を認知するように態度を変え、国際機関やNGOと協力して取組みを開始した。

FIFAは1996年に公認ボールやその他の公認のスポーツ用品を製造するすべての企業に対し、雇用する労働者の差別や製造工程における強制労働、児童労働を禁止する労働基準規則14)を定め、労働者の公正な賃金や快適な労働環境の保障を企業側に義務づけた。また、世界スポーツ用品産業連盟（WFSGI）15)は、児童労働の使用禁止を含む行動規範16)を定めた。

世界第一のサッカーボール生産国としてとくに注目を集めていたパキスタンでは、97年に生産の中心地であるシアルコットで、ILOとユニセフ、地元の商工会議所が協力して、サッカーボール産業における児童労働をなくすことを約束し（アトランタ協定）、教育および児童労働の予防・監視プログラムを開始した。これに続いてインドでも、サッカーボールの製造・輸出企業が財団を作り、FIFAやWFSGIの協力のもと、児童労働防止のためのモニタリング・プログラムと社会保護プログラムを始めた。

⑷SGFIの発足と取組み

一方、インドのサッカーボール産業の児童労働については、インドのNGOが企業側へプレッシャーをかけていたこともあり、NGOが主導して取組みを始めようとしていた。デリーに本部を置くSACCS（南アジア子ども奴隷解放連盟）17)は20年以上児童労働に取り組むNGOで、サッカーボール製造における児童労働を摘発しアドボカシー活動を活発に行っていた。1997年4月にはSACCSが中心となって、企業関連団体（WFSGI等）、ユニセフ、労働組合を集めた会合を開催し、児童労働に取り組むための委員会の設置に合意した。しかしその後、SACCSはクリスチャ

12) アメリカCBS Newsの番組 *Eye to Eye with Connie Chung*（1995年4月6日）、*The Atlantic Monthly*（1996年2月）、*Life Magazine*（1996年6月）など。
13) 1904年設立の民間国際団体で、4年に1度のワールドカップの開催、共通ルールの制定等を通じ世界にサッカーを広めている。加盟協会数204。
14) 英語ではCode of Labour Practiceという。
15) World Federation of Sports Goods Industryの略。1978年創設されたスポーツ用品関連企業や団体が加盟する非営利団体。国際オリンピック委員会における業界の代表団体でもある。目的はスポーツ振興と公正な取引の促進である。WFSGI発行Year Book 2002に記載されている維持会員と准会員は28カ国138の有名企業や各国の業界団体である。
16) 英語ではCode of Conduct。WFSGIが1997年に作成、2000年8月に改定。
17) http://bbasaccs.org/

ン・エイド（イギリスのNGO）が発表したサッカーボール産業の児童労働に関するレポート[18]を何の前触れもなく出版する。これに対し、企業側がSACCSに対する不信感を募らせ、SACCSが中心となる委員会の設置計画は破綻してしまった。

　この一件はSACCSとジャランダール県のサッカーボール製造企業との間に確執を残してしまったが、よい副産物もあった。先のレポートの内容を受けて独立した研究機関NLIが中心となり、ILO-IPEC[19]、ユニセフ、その他NGOが指導委員会を作ってジャランダール県の児童労働についての調査を実施することになったのである。1998年に発表された調査結果によると、この地域でボールを縫っている子どもの数は約1万人で、そのうち1,350人がフルタイムの児童労働者であった[20]。

　このような調査結果を受け、またパキスタンですでに始まっていたWFSGIに加盟する企業が中心となる児童労働への取組みの流れを受けて、WFSGI、国際NGOやILO-IPEC、ユニセフとの協議の結果、企業側の児童労働問題解決のためにSGFI（Sports Goods Foundation of India：インド・スポーツ用品財団）が1999年に設立された。ジャランダール県で操業するスポーツ用品製造・輸出企業が製造・輸出する空気入れ式ボールの売上の0.25％を毎月自発的に出資し、財団の運営を財政的に支えている。設立当初25社だった加盟企業は、2001年2月の時点で30社になり、この30社で1999〜2000年のインドの輸出用サッカーボールの92％を製造している[21]。この財団は筆者が訪問した2001年9月には、フルタイム職員1名、アルバイト1名、家事使用人1名の3名が事務所に常駐していた。プログラムおよび組織運営に関わる意思決定は、出資元である各企業の重役が集まる理事会で行われる。2001年9月の時点で加盟企業が32社に増えている。

　SGFIの目的は、①ジャランダール県のサッカーボール製造における児童労働を防止し、段階的になくしていく、②ボール縫いをして働いている14歳以下の子どもを特定し、労働から解放して教育の機会を与える、③地域社会や家族の児童労働に対する認識や態度を変化させることである。

　この目的のもとに実施されている児童労働防止プログラムは、モニタリング（監視）と社会保護プログラムの2つ

---

18) Christian Aid (1997) Sporting Chance.
19) ILOの機関、児童労働撲滅国際計画（International Programme on the Elimination of Child Labour）。90カ国以上の国が受益国（プロジェクト実施国）あるいは拠出国（ドナー、日本は1998年より）として関わっている。
20) この調査結果に対し、企業側は反論している。企業側の主張は、ジャランダール県のスポーツ用品生産量のうち60％が空気入れ式ボールの生産であり、この産業全体で働いている人数が3万人であることから、そのうち1万人がボールを縫っていたとしても、1万人もの子どもがボールを縫っているということはありえないというものであった。
21) Sports Goods Foundation of India, News Letter, Feb. 2001.

の柱を持つ。モニタリングは、内部と外部の2段階で実施している。また、社会保護プログラムでは、児童労働についての意識啓発と、教育が受けられない子どもたちのための学校運営を行っている。以下、詳しくそれぞれのプログラムの内容を紹介していく。

⑸ モニタリング・システム

　児童労働の予防において、モニタリングは最も重要な機能を果たす。SGFIはメンバー企業が行う内部モニタリングと、第三者機関が行う外部モニタリングを併用している。このモニタリングの基礎となるのが、縫合を実際にする労働者（スティッチャー）と、その場所（スティッチング・ロケーション）を登録するデータベースである。前述のように、サッカーボールを実際に誰が縫っているのかは、その産業の構造上、製造・輸出業者が把握することが難しい。しかし、ボールが縫われている場所と子どもたちがいるかどうかを把握しないかぎり、その対策もとることができない。その問題を解決するために考案されたのがこのデータベースである。加盟企業は、このデータベース作成にあたって、スティッチャーとスティッチング・ロケーションのリストをSGFIに提出することが義務づけられる。各ロケーションに、何人のスティッチャーがいるのか、それぞれの性別、年齢、学歴、経験年数などが記録され、登録が行われた場所には、赤いSGFIのプレートがつけられる。これにより、村の多くの家や作業場がサッカーボール縫製に携わるなかで、登録済みのところと未登録のところが一目瞭然となる。

　登録を開始した2000年1〜6月の第1段階では、スティッチング・ロケーションの25％をリスト化し登録することを目標とした。以後、2000年12月までの第2段階では50％、第3段階（2001年1〜6月）では75％、第4段階（2001年7〜12月）で100％をめざした。2001年9月の時点で、このデータベースに登録済みのところは約2,200カ所であった。1カ所にスティッチャーが7人以下の場合はスティッチング・ユニット（通常は各家庭）、8人以上の場合はスティッチング・センターと呼ばれ、2,200カ所のうちスティッチング・センターは約70〜80であった。発足当初から参加している企業に関するデータの登録はかなり進んでいるが、加盟企業が25から32に増え、また輸出用のボール製造を行っている企業だけでなく、国内消費用のボールを取り扱う企業も登録の対象になっていることから、データベースによる登録・管理はまだ完全とはいえない。ちなみに、各企業から提出されたリストはSGFIでデータ入力され、それをもとに民間の監査会社SGS Indiaがデータベースを作成している。

　この登録されたスティッチング・ロケーションが、内部モニタリングと外部モニタリングの対象となる。内部モニタリングでは、各企業の担当者が下請け

として登録されているロケーションをまわる。外部モニタリング業務は、データベースの作成と同様、SGS Indiaに委託されている。SGSはジャランダール県の中心部に事務所を設け、フィールドワーカーを雇い、現地の視察や外部モニタリングを行っている。このSGSによって行われるモニタリングの費用については、FIFAが負担している。

外部モニタリングは、6週間に1回、データベースからランダムに出発直前に抽出されたロケーションへ抜き打ちで調査に出向くという手法をとっている。出発直前にロケーションを抽出する理由は、外部に調査の対象となるロケーションが漏れないようにとの配慮からである。このモニタリング・システムの信頼性が高いとする根拠は、このようなデータベース管理と抜き打ち調査にある。この抜き打ち調査により、2000年1月から12月の間に70人の子どもが働いているのが発見され、2001年1月から9月まででは125人発見された。発見された子どもたちは、教育を受けられるようフィールドワーカーが対応をしていく。また内部モニタリングで同様に児童労働が発見された場合も、SGFIに連絡が行き、対応することになっている。

こうしたボールを縫う人と場所を対象としたモニタリングの精度は、ボールに工夫を施すことでさらに高められている。スティッチング・ロケーションに運ばれるボールの革片(パネル)には製造者のIDナンバーが印字されている。このIDナンバーのついているボールが、もしSGFI登録のプレートがない家で発見された場合は、企業側が登録をしていない下請けに出しているということになる。これはすべての下請けの登録を義務としているSGFI加盟規則の違反となるため、発見された場合は直ちにSGFIに連絡が入ることになっている。このような方法で、下請けに出したボール自体がどの企業のものか追跡できるようにしている。

(6) 社会保護プログラム

プログラムの第1段階としてSGFIが行ったのは、地域社会の意識啓発プログラムである。パンジャブ州のNGOに依頼し、ジャランダール県の中で児童労働が比較的多かった10地域で実施した。このNGOは、マジック・ショー(サッカーボールが鉛筆に変わるマジック)や絵のコンテストなどを通じて、教育を受けることの大切さや、児童労働の問題についての意識を高め、プロジェクトの存在をアピールした。第2段階として、ボールを縫っている子どものプロファイリングがSGSによって行われた。

SGFIは、社会保護プログラムの一環として学校の運営も行っている。学校といっても、地域の公立学校に行けない貧しい家庭の子どもたちを対象にした非正規の学校で、公立学校への編入を助けることを目的としている。公立学校の放課後の校舎と庭を借りて行われる授業には、1校あたり約100

人の子どもたちが週5日、1日に2時間通っている。試験を受けてうまくいけば、子どもたちは10年生から公立の学校へ編入できるようになる。SGFIはこのような学校を24校運営しており、子どもには制服、ノート、教科書を提供するほか、親には毎月100ルピーを支給する。さらに、子どもたちにはバナナなどのおやつを支給し、栄養面においてもサポートしている。地元のロータリー・クラブなどの協力のもと健康診断なども行われている。

(7) 地元の人の反応

このような取組みは現地の人にどのように受け取られているのであろうか。実際に村へ出向き、スティッチング・ユニットとして登録されている場所でボールを縫っている村人にインタビューしたところ、「とくに何も変わらない」という反応が一般的であった。そのほか、「ケガをしたときのための治療セットをもらった」（登録された場所には絆創膏、消毒液などが入った救急セットが提供される）等の声があるだけで、「児童労働が減った」というような答えは聞くことができなかった。しかし、子どもの教育という意味ではある程度の効果が出ているようである。今まで学校に行く機会のなかった子どもたちが学校へ行くようになり、その一部は公立学校への進学も果たしている。公立学校の学費については、SGFI加盟企業の1つが奨学金を用意するなどして、引き続き支援を行っているということだ。資金の継続性の問題はあるにせよ、このプロジェクトが子どもたちにボールを縫う以外の選択肢を提供していることは事実である。

一方、問題点もいくつか指摘される。たとえば、スティッチャーに支払われる賃金の問題である。賃金について質問すると、スティッチャーと仲介業者とでは答える金額が異なる場合があり中間搾取が行われている可能性が考えられる[22]。仕事に関してスティッチャーが接触するのは仲介業者だけというのが通常なので、仲介業者がボール縫合に対する支払いをごまかしていても、誰もそれを捕捉することができないのが現状である。仲介業者の行動や責任をモニターするシステム、またはスティッチャーによる申立制度などが必要かもしれない。また、モニタリングの透明性について疑問視する声もあり、全般的にモニタリングの精度の向上も必要といえよう。

以上、サッカーボール産業における児童労働防止の取組みについてその経緯と内容について説明した。このような取組みは企業がNGOなどと協力して独自で行っているプログラムとして先進的なものであり、児童労働が懸念される他の産業にとって参考となるよい事例であるといえる。しかし、地元の

---

22) ワールドカップキャンペーンPR用ビデオ（Global March Against Child Labour作成、2002年、英語）。

反応にも表れているとおり、児童労働の防止・撲滅という意味ではこれらの取組みは未だ完全とはいいにくいのが現状である。

以下では、サッカーボール産業における取組みからの教訓を整理し、他の産業への適用可能性など、企業による児童労働への取組みの課題について考えてみたい。

4.今後の課題

まずは、サッカーボール産業による取組みから学べることを整理する。サッカーボール産業の事例における第1のよい点は、児童労働を防止するシステムを構築する過程に、関連する団体や多様なステークホルダーを巻き込んでいることである。産業に関連する企業や業界団体にとどまらず、地元住民や児童労働に取り組む国際機関、NGOなどと協議する場を設け、指導を受けている。とくに現地NGOとの協力は重要である。これらのNGOは活動の経験から地元の社会経済状況、とくに児童労働の背景となる問題について精通しており、問題やニーズに応じた対策を提案することができる。しかし、SGFIとSACCSのケースのように、企業のなかにはNGOそのものに否定的なイメージを持っていたり、時に企業に対し攻撃的な態度をとるNGOに不信感を抱いている企業も少なくない。そのため、ステークホルダー間の対話や協議の場を通じて、互いの信頼関係を築くことも大変重要である。

第2は、実態調査やモニタリングを第三者機関が行った点である。第三者機関が入ることにより、企業の利益に偏ることなく、公正な調査結果を内外に示すことができる。とくにモニタリングについては、モニタリングの方法など詳細を公開していくことで、消費者に対し高い信頼性を示すことができる。

第3に、期限を区切り、具体的目標を設定してプロジェクトを実施していることである。これにより、プロジェクトの進捗状況を確認し、成果を振り返ることができる。予定どおりにプロジェクトが進んでいない場合は、状況に応じてプロジェクトの方針を修正することも可能となる。

第4に、産業には直接関係のない教育や保健などのプログラムを組み合わせていることである。児童労働の問題は、単に「児童を雇用しないこと」だけでは解決できないことは、過去のバングラデシュの衣服産業の経験などから明らかとなっている[23]。子どもを吸収する場所や機会（学校や職業訓練など）を提供することによってはじめて、完全に児童労働を防止する体制ができるといえる。また、サッカーボール産業の場合は、FIFAが公認ライセンスを

---

[23] 1993年にアメリカで上院議員が児童労働を使用した製品の輸入を禁止する法案を提出したことがきっかけで、バングラデシュの衣料品工場で働いていた子どもたちの75%が急に解雇された。突然職を失った子どもたちの多くは、ストリートで非行や売春に身を投じてしまったという。

提供する企業に対し労働基準規則の制定と遵守を義務づけたことも、産業側の児童労働に対する意識を高め、取組みを推進する圧力として有効に働いた。

次に、サッカーボール産業での経験を他の産業に適用することを視野に入れ、課題を整理する。FIFAによる労働基準規則の制定と遵守の義務づけによる圧力は、大手多国籍企業には効果的に働いたが、実はFIFAのライセンスを必要としない小規模な企業・業者には通用しない。インドのサッカーボール産業では、輸出用のボールより質が低く安価な国内流通用のボールを製造する業者が多数存在する。これら小規模な業者は、ブランドを持たずFIFAのライセンスも必要としない。より安い労働力でより安い製品を流通させることで利益を得るために、子どもを雇用するケースも多く見られる。サッカーボール産業から完全に児童労働をなくすためには、SGFIがめざしているように、小規模の業者を含むすべての業者を登録し、モニターすることが必要である。

次の課題はモニタリングである。第三者機関による抜き打ち検査が、必ずしも児童労働を防止し、摘発できるともかぎらない。シアルコットでの経験によると、プログラムが実施され特定の地域内での規制や監視が強化された結果、業者がプログラム地域の外に移動して操業し始めるケースが見られたという。また、サッカーボール産業における児童労働を防止できるようになった一方で、同じ子どもたちが次に別の産業で労働に従事することになれば、問題が解決されたことにはならない。最悪の場合には、もともと従事していた仕事より劣悪な環境に追いやられる結果を招くことも現実にはある。これは、モニタリング・システムを導入しているカーペットなど他の産業にも共通する課題といえる。

これらの課題を克服し、より効果的な児童労働防止の対策を考える鍵をCSRの概念は示している。児童労働の禁止は、CSRに関わるいくつかの国際指針の中でも労働に関する原則に該当するが、他の労働基準や地域貢献の原則などと関連づけることにより、より包括的な対策を考えることが可能となる。CSRの根本原則である「持続可能な発展への貢献」と結びつけて考えることも有効である。

先述のとおり、児童労働問題の解決には「子どもを雇用しないようにする」だけでは十分でないため、企業は児童労働を生み出す根本的な要因に踏み込んで取り組むことが求められる。児童労働の根本原因としては、不安定な家計収入が挙げられるが、その背景には成人労働者の失業や低賃金、不安定な雇用といった問題がある。サッカーボール産業の事例でも、ボール縫製に対する1日あたりの報酬は法定最低賃金を下回る水準となっていることから、労働者の家計の不安定要因を生み出している。地域に雇用機会の選択肢がないことも労働者には不利な要

素となる。賃金水準など一般の労働基準が守られ、家族が暮らしていけるだけの安定した収入を得るためには、雇用の創出や安定が必要であり、そのためには産業や地域全体の開発が必要となる。

よって企業は、自社が直接関係する製造から流通・販売に至るプロセスの中で児童労働を禁止するだけではなく、業界全体や異業種間で連携・協力し、労働基準の遵守を徹底すると同時に、地域の開発を含めた包括的な対策を導入する必要がある。現在すでに取組みを行っている企業や産業に必要とされることは、第1に自分たちの経験を他の業界と広く共有すること、次に、まだ取組みを行っていない企業や産業に取組みの必要性を積極的に呼びかけ、アドバイスすること、さらには、連携へのイニシアティブをとることである。大手スポーツ用品メーカーのなかには、アジア諸国など進出先国での地域開発にすでに取り組んでいる企業もあり、同様の取組みは他の産業や日本の企業にも大いに求められることである。何度も述べてきたように、欧米では度重なる消費者の抗議行動や、企業と国際機関、NGOなどとの連携をきっかけに企業が成長してきた。一方、欧米に比べれば日本では消費者による企業の監視もそれほど厳しくない。企業が責任ある行動をとっているかどうかを監視する市民の意識を根づかせていくことも、今の日本には必要なことかもしれない。なによりも、児童労働問題の解決のためには、企業、市民、NGOなどのステークホルダーがそれぞれの責任と役割を十分に果たし、積極的に連携していくことが重要であると考えている。

《参考文献》
・ACE『ボールの向こうに見えるもの(ワールドカップキャンペーンブックレット)』(ACE、2002年)。
・海外事業活動関連協議会「『企業の社会的責任(CSR)に関する国際基準・規格等』比較表」、『多国籍企業に求められる社会的責任に関する研究会報告書』(2003年) (http://www.keidanren.or.jp/CBCC/japanese/report/20030114hikaku.pdf)。
・ナオミ・クライン(松島聖子訳)『ブランドなんか、いらない──搾取で巨大化する大企業の非情』(はまの出版、2001年)。
・深澤宏「サッカーボールは誰が作るのか──搾取されるアジアの子どもたち」平井肇編『スポーツで読むアジア』(世界思想社、1999年)。
・みずほ総合研究所「CSR(企業の社会的責任)概念の展開みずほ総研論集創刊号(2003年) (http://www.mizuho-ri.co.jp/research/economics/pdf/argument/mron1-4.pdf)。
・India Committee of Netherlands, *The Dark Side of Football*, 2000.
・Hilowits, J., *Labelling Child Labour Products*, Geneva, ILO, 1997.
・Sharma, A.N. et al., *The Impact of Social Labelling on Child Labour in India's Carpet Industry*, 2000.
・Global March against Child Lobor, ワールドカップ・キャンペーン専用ウェブサイト(http://www.worldcup.globalmarch.org/world-cup-campaign/)2002年1月21日掲載分。

● **具体的な取組み**

Towards More Comprehensive Business Ethics: Corporate Social Responsibility for Human Rights and Environment

より包括的な企業倫理に向けて
人権と環境への企業の社会的責任

岩谷暢子 ●IWATANI Nobuko

1. はじめに

　今日、企業は、経済組織において非常に重要な役割を果たす主体となっているばかりでなく、市民個々人の生活に大きな影響を与えうる社会的な主体としての性格を帯びつつある。これに伴い、企業には、利益をあげることに限定されない、その影響力に見合うだけのより広い社会的責任が求められるようになっている。前収の岩附・白木論文「児童労働と企業の社会的責任」は、まさにそのような要請の一例を示すものである。

　企業の社会的責任への関心は近年ますます高まっており、各種の規格やガイドラインが設定され、また、企業が社会的責任を果たしているかどうかが投資判断材料のひとつとされるようになってきている。ここでは、現在、企業の社会的責任として求められる内容のうち、環境保全および人権の保護と尊重を取り上げ、いかにして企業がこのような責任を履行する環境を確保することができるかにつき検討する。

2. 日本における企業の社会的責任の認識

　企業の社会的責任の意義および内容は、社会における企業の位置の変化に伴い変化してきている。従来は、「企業の社会的責任は利益をあげることにつきる」[1]との考えが非常に重要なものとされていた。しかし、企業活動の拡大と社会における企業の影響力の増大に伴い、企業にはそれに見合うだけのより広い責任が求められるようになっている。

　日本では、1971年前後の大企業に

---

[1] M. Friedman, "The Social Responsibility of Business is to make Profit", *ISSUES IN BUSINESS AND SOCIETY*, 168-174 (2d ed., 1977).

よる土地投機、買い占め、売り惜しみ等の行為に対する批判を受け、1974年から1981年の商法改正の時期において、企業の社会的責任についての議論が高まった[2]。この頃の議論において、田中誠二は、企業の社会的責任とは「会社の社会一般に対する法的責任」であり、具体的には「慈善事業や失業者保護施設への寄付、学術研究・文化進展のための寄付等の行動、環境改善や地域社会改良のための行動をなすべき責任」、「一口でいえば、社会的、経済的、または環境的条件の改善のための寄付や出捐をなす責任」であるとする積極説を述べた[3]。また、松田二郎元最高裁判事は、「今や巨大の株式会社が単に一時的の株主の私有物ではなく、将来の株主・従業員・会社債権者に対して利害関係を有し、さらに広く公衆にも重大な影響を及ぼす以上、株式会社は本来私的のものであったとしても、おのずから公的色彩を帯びざるをえない」とし、「会社は企業自体として株主の個人的利益とは異なる独自の利益を有し、しかも会社そのものが社会的存在であるからには、あたかも私権が社会性・公共性を帯有するに似て、会社自体が社会性・公共性を帯有」しているとして、株式会社の利用を大規模・大資本のものに限定し、「株式会社は社会的責任を負う」という規定を、株式会社法の総則の中に設けることを主張した[4]。

これに対し企業側は、「『企業の社会的責任』を企業は社会公共の利益を積極的にはからなければならないという意味に解するならば、それは営利法人たる株式会社の本質との関係上疑問を生ずるのみならず、それに籍口して取締役が株主、会社債権者の利益を害するおそれがありうると考えられる」として、株式会社法にこの趣旨の規定を置くことに反対した[5]。

この時期の議論は、企業が法律的責任を果たしたうえで、それに加えて要求されるのが社会的責任であるが、その概念の多義性および弾力性のゆえに、法的概念にはなりえないとの消極的意見[6]を受けて、商法学者の間では収斂してしまったのであるが、その後も、大企業による不正や非行は後を絶たず、社会的責任が一層求められるようになった。

今日での企業の社会的責任とは、社会における主体として当然に義務づけられるものと、社会における企業の影響力に見合うだけの社会からの期待や要請に応えるためのものがあるといえよ

---

2) 中村美紀子『企業の社会的責任——法律学を中心として』(中央経済社、1999年) 第二章「企業の社会的責任と商法」33頁。
3) 田中誠二「株式会社の社会的責任についての商法上の立法論的考察」商事法研究3巻(1966年) 83頁。
4) 松田二郎「会社の社会的責任について——商法改正を問題として」同『会社の社会的責任』(商事法務研究会、1988年) 3頁。
5) 「『会社法改正に関する問題点』(＊)に対する意見」東京商工会議所、1975年 (＊1975年に法務省民事局参事官室が会社法改正にあたり、企業の社会的責任を含む7つの事項につき各界からの意見を求めたもの)。
6) 竹内昭夫「企業の社会的責任に関する商法の一般規定の是非」同『会社法の理論1』(有斐閣、1984年) 107頁、西野嘉一郎・竹内昭夫・山城章・河本一郎「企業経営と社会的責任」商事法務618号 (1973年) 10頁。

う7)。ここでは、企業の社会的責任は、社会が求める製品およびサービスを適切な価格で販売して適切な利益を得る「経済的責任」、法規を遵守する「法的責任」、法規を超えて社会的規範に則る「倫理的責任」、寄付などのフィランソロピー活動を自発的に行う「裁量的責任」に整理することができる8)。

これまでの日本における企業の社会的責任概念の展開の特徴は、アメリカ等での重点が、社会・公共の利益を積極的に推進する「倫理的責任」「裁量的責任」に置かれてきたのに対し、日本での重点は主に、公益を侵害しない責任としての「法的責任」に置かれてきており、社会からの期待や要請に応えるという意味での責任は、フィランソロピーやメセナ等の文脈でしか捉えられてこなかったことにある。また、企業の社会的責任への要請に応えるものとして、各種規格の取得やガイドラインの導入、自主行動基準の策定などが近年拡大しつつあるが、欧米では、これらの自主的措置において環境や雇用、社会貢献、人権、消費者対応等が取り上げられているのに対し、日本では、自主的措置のほとんどは環境に集中しており、広くとも消費者対応までに限定されていることも特徴的である。この理由を検討するにあたり、まず、環境問題への企業の社会的責任に関する近年の動きにつき概観したい。

3. 環境問題への企業の社会的責任に関する近年の動き

かつての日本では、企業活動に関連する環境問題とは、公害問題であった。1950年代中頃から、高度成長路線の中心となった重化学工業は、工業地帯周辺の環境を破壊した。1960年代には、公害問題が各地で発生し、1970年代になると、水俣病やイタイイタイ病等の公害病による大規模かつ深刻な被害が社会問題化した。それまで環境破壊を放置した政府の責任や企業の社会的責任が問われ、一連の公害訴訟が起こされた。これを機に、かつて環境問題の存在を否定した企業経営者らは、公害の存在を認めるようにはなったが、企業の対応は、局所的、個別・限定的な問題への事後的かつ一時的な対症療法的なものにとどまった。

しかし、1980年代終わり頃から、企業活動は、局所的な公害だけでなく、地球規模の環境破壊や生態系の破壊を引き起こすまでに至っていることを示す科学的研究が次々に公表されるようになり、環境問題は、全地球的な

---

7) 龍田は、社会的責任を法的な規制に求める意味での社会的責任と、企業の営利優先主義に反省を求める意味での社会的責任とがあるとしている。龍田節「企業の社会的責任と法規制」自由と正義43巻1号（1992年）19頁。

8) Caroll, A.B., *BUSINESS AND SOCIETY: ETHICS AND STAKEHOLDER MANAGEMENT*, 3rd ed., South-Western College Publishing, 1996、宮田安彦「経営環境としての企業の社会的責任——社会的責任投資（SRI）の活性化が示唆すること」季刊未来経営4号（2002年）76〜82頁。

生命の生存基盤を脅かす問題となった。ブルントラント委員会（環境と開発に関する世界委員会）報告書（Our Common Future、1987年）[9]やリオ宣言（環境と開発に関するリオ宣言、1992年）を通して、環境問題は人類共通の課題であるという認識が確認され、また、環境保全のためのさまざまな国際条約が作成・締結されてきた[10]。

このようななかで、企業には、局所的、対症療法的対応ではなく、包括的、長期的かつ地球的規模の対応が求められるようになっている。原料採取から生産、消費のすべての段階において「環境にやさしい」ことを消費者が企業に対して求めるようになったのに加え、企業内部においても環境管理制度の運営が必要とされるようになった。国際標準化機構（ISO）は、1996年に世界共通の環境管理制度の1つとしてISO14001を発行し、また、2000年のOECD多国籍企業ガイドラインは、環境管理制度の確立・維持を企業に対し求めている。さらに、投資家の側からは、企業の利益、収益性といった財務的指標に加え、社会的責任の面から企業を評価・選定し投資収益を高めていこうとする社会的責任投資（Socially Responsible Investment: SRI）という投資手法も広がりつつあり、1999年には、エコファンド（環境への配慮を投資銘柄選別の基準に取り入れた投資信託）が日本で初めて発売されている。

このように、今日、環境問題において企業に求められる社会的責任の内容は、環境問題がすなわち公害問題であった頃のそれとは、さまざまな意味で大きく性質を異にするものとなっている。この転換において、消費者の行動の変化は、見落とすことのできない重要な要因であろう。公害病が深刻化するまで環境破壊が容認されたのは、大量生産、大量販売の経営手法が、豊かさの象徴として消費者にも支持されていたからであることは否定できない。これに対し、近年では、消費者は、環境を破壊している企業の製品の不買を行い、また、環境への優れた配慮を行っている企業の製品を多少価格が高くとも優先的に購入するという行動を示すようになってきている。このような動き＝グリーン・コンシューマリズムは、環境問題にとどまらずより広い文脈での企業の社会的責任を要請するものとなっている。

これに対し、企業側も多くの自主行動計画や行動指針の策定や規格の取得などによって、環境への配慮およびその広報に努めている。1990年に経団連が「海外進出に際しての環境配慮

---

9) World Commission of Environment and Development, *OUR COMMON FUTURE*, Oxford University Press, 1987.
10) 絶滅のおそれのある野生動植物の種の国際取引に関する条約（ワシントン条約）（1973年採択、1975年発効）、国連海洋法条約（1982年採択、1994年発効）、オゾン層の保護に関する条約（ウィーン条約）（1985年採択、1988年発効）、生物多様性条約（1992年採択、1993年発効）、気候変動枠組条約（1992年採択、1994年発効）、砂漠化対処条約（1994年採択、1996年発効）等。

事項10項目」、1991年に地球環境憲章を策定したのを受け、住友化学、松下電器、NEC等では環境憲章が策定された。また、日系自動車多国籍企業では、生産、排出ガス対策、代替エネルギー等広範な事項を包括する行動指針が策定されている11)。今や企業は、環境への配慮を行うことなしには、消費者や投資家、そして社会全体からの信頼を得ることができなくなったということさえできよう。

4. 企業倫理と人権

地球規模の問題に対処するための経済界と国連との間の盟約(compact)を、アナン国連事務総長が1999年の世界経済フォーラムで呼びかけたことから始まった国連グローバル・コンパクトは、企業が実践すべき原則として、人権、労働および環境に関する9原則を提示した。失業問題が過去一貫して非常に深刻な問題であった欧州では、雇用および労働者の処遇の問題は、企業の社会的責任と不可分のものであり、EUにおいて企業の社会的責任に関する枠組みを形成する際の議論のたたき台となった「グリーン・ペーパー」12)およびこれを受けた協議に基づき出された通達13)においても、雇用と社会問題が言及されている。米国では、すでに1960年代からSRI行動が始まり、南アフリカのアパルトヘイト問題に際しても企業の南アフリカからの撤退を求める投資家行動がさかんに行われ、また逆に、南アフリカでの活動を継続する企業に対し労働環境改善と人種隔離撤廃を訴えたサリバン原則が広く支持された経緯を有しており、人権問題は、企業の社会的責任の議論において非常に重要な要素として認識されてきた。このような背景および近年、欧米を根拠地とする多国籍企業の途上国における人権侵害事例が激しく批判されたこと14)への反省を受け、欧米の諸企業は、自主行動基準、倫理綱領や宣言において、労働者の諸権利を含む国際的に認められた人権基準の遵守を多く言及するようになってきている15)。

これに対し、日本では、企業が策定した自主行動基準や倫理綱領のほと

---

11) トヨタ地球環境憲章(1992年)、日産環境理念(1993年)、ホンダ環境宣言(1991年)、環境に対する基本理念(三菱、1993年)等。大石芳裕「グリーン・マーケティング」安室憲一編著『地球環境時代の国際経営』(白桃書房、1999年)43〜69頁。同書52〜53頁に詳細比較を掲載。
12) COM (2001) 366, GREEN PAPER Promoting a European framework for Corporate Social Responsibility.
13) COM (2002) 347, COMMUNICATION FROM THE COMMISSION concerning Corporate Social Responsibility : A business contribution to Sustainable Development.
14) そのうち、米国の外国人不法行為法を援用し訴訟に至った例では、John Doe v. Unocal Corp(ミャンマーにおける事件、U.S. Court of Appeals For the Ninth Circuit, Nos. 00-5603, 00-57197 D.C. No. CV-96-06959-RSWL (2002))、Wiwa v. Royal Dutch Petroleum (Shell)(ナイジェリアにおける事件、U.S.Court of Appeals for the Second Circuit, 2000:U.S.Spp. LEXIS 23274)、Bano v. Union Carbide Corp.(インドにおける事件、273 F 3d 120, 2001, U.S.App. LEXIS 2448(2d Cir. N.Y., 2001), 99 Cir.11329 SDNY (2003))、Bowoto v. Chevron Texaco(ナイジェリアにおける事件、No.C99-25060 (N.D.Calif.))等。

んどが、環境への配慮に重点を置いたものであり、雇用や労働条件に触れたものがあるとしても、普遍的な人権基準の遵守についてはほとんど触れられてきていない。しかし、工業生産活動が環境への影響をほぼ不可避的に伴うのと同様、企業の活動は、株主や従業員のほかに消費者や地域の住民、関連業者等多くの主体と関わるものであるかぎり、関連する人々の生活にまったく影響を及ぼさずにいることは不可能である。また、人権は環境問題とも密接に関連する問題である。では、日本の企業の自主行動基準や倫理綱領が、人権の保護と尊重への取組みを包含していないのはなぜであろうか。

この点につき、さまざまな社会的経済的な背景事情を踏まえた十分な説明を行うのは容易ではないであろうが、まずいえるのは、前述のとおり日本における企業の社会的責任の議論が消極的、限定的なものであったという経緯に加え、環境に関しては公害問題が企業の社会的責任の議論の契機の1つとなったのに対し、人権に関してはそのような契機がなかったという違いがあることであろう。公害問題が、市民個々人の生活基盤を直接に脅かす、まさに目の前の問題であったのに対し、労働搾取や強制移住等の事例があったとしても、多国籍企業が低コストを求めて生産拠点を移した途上国におけるものであり、物理的な隔たりにより、企業活動による人権侵害事例は市民の目に触れてこなかったのである。また、公害問題は、あくまで局地的な環境問題、広くとも経営倫理の問題であると認識され、人権問題とは認識されてこなかったことも指摘できよう。

しかし、企業は実際に、さまざまな形で人々の人権の享受の状況を左右しうるのである。多国籍企業の途上国における支社が労働搾取や児童労働を行い集会の権利を否定するとき、これらは単に労使関係上の問題にとどまらず、必要最低限の生活を営む権利を否定する重大な人権侵害となる。住民の抵抗を抑えるために、人権を抑圧する体制や軍・警察と提携することにより、企業が人権侵害の共謀者となることもある[16]。また、特定の企業活動が武力紛争を惹起し、その長期化および深刻化を助長する場合もある。武力紛争における暴力は、多数の無辜の一般市民の生存権を奪う最悪の人権侵害である[17]。企業活動が人権問題と無関係

---

15) たとえば、Trading Charter (The Body Shop)、The Dress Barn Policy and Standards of Engagement、H&M Code of Conduct、Global Sourcing & Operating Guidelines (Levi Strauss & Co.)、Nike Code of Conduct、Reebok Production Standards and Human Rights、Unocal Code of Conduct等。http://www1.umn.edu/humanrts/links/conduct.html (visited: 1/5/2004)がこれら自主行動基準へのリンクを掲載。
16) たとえば、ビルマにおいて石油会社Unocalは、パイプライン建設計画の安全確保のために提携した軍による地域住民に対する強姦、拷問、強制労働、即決処刑、強制移住等の人権侵害を黙認した。
17) 例として、紛争当事者に武器購入のための財源を提供する結果となり紛争の長期化を助長したアンゴラ、シエラレオネ、リベリアにおけるダイヤモンド資源採掘事業や、部族内紛争を引き起こす結果となったスーダンにおける石油の掘削事業が挙げられる。

ではありえないのは明らかである。

また、人権の確保と環境保全は、表裏一体の関係である。すなわち、土壌、大気および水質汚染等の環境破壊は、人間の生存基盤を脅かし、生存権の完全な享受を妨げるものである。同時に、人々の政治的諸権利が否定される国においては、地域住民は、望まぬ工場移転や開発事業に反対の意思を表明することも許されず、その結果の環境汚染、森林伐採、漁業資源その他自然資源の搾取等の被害を受け、正当な補償を求めることすらできない。Bhopal事件のような大規模な事件は、環境への配慮の欠如のみによるものではなく、地域住民の政治的諸権利が否定された結果なのである18)。

このように見ると、人権の保護と尊重は、企業の社会的責任において不可欠の要素であり、また、環境問題とは不可分の問題であることがわかる。そして、環境問題における公害病への対応と同様、かつては、人権を侵害しない、人権侵害に加担しないという消極的な「法的責任」のみがようやく認識されていた。しかし、企業の環境問題への対応が、局所的、対症療法的なものから包括的、長期的かつ地球的規模のものへと転換せざるをえなかったように、企業の人権の保護と尊重への取組みも、個別事例における補償や人権侵害体制との取引の停止という局所的、事後的、個別・限定的な対応を超えて、人権基準の遵守を普遍的に促すものに変化していかなければならない。人権侵害行為をしていないから人権に関する行動基準が不要であるということにはならないのである。人権基準自体は各主権国家が国際的基準として認めたものであるから、ここでの企業の責任の性格は、限りなく法的責任に近い倫理的責任であるといえよう。人権侵害に関与しないという消極的責任に加えて、国際的に宣言された人権の保護を支持し、尊重することを第1の原則として掲げた国連グローバル・コンパクトや、2001年に国連人権促進保護小委員会が公表した企業のための普遍的人権ガイドライン草案19)は、まさにこの点を企業に求めたものである。

5. より包括的な企業倫理に向けて

企業の社会的責任は、人権の保護と尊重への取組みを重要な要素として据えた、より包括的なものとして認識し直されなければならない。現在の日本企業の環境への取組みは、環境問題が人類共通の課題であるとの認識に

---

18) 1984年に大量の死者を出したインドのボパール（Bhopal）近郊でのユニオン・カーバイド殺虫剤工場の有毒ガス漏れ事故の犠牲者とその家族に支給された補償金は、1人当たりわずか500数ドルにすぎないという。Lyuba Zarsky (ed.), *HUMAN RIGHTS AND THE ENVIRONMENT : CONFLICTS AND NORMS IN A GLOBALIZING WORLD* Earthscan Publications Ltd., 2002, p.1.
19) Human Rights Principles and Responsibilities for Transnational Corporations and Other Business Enterprises, UN Doc. E/CN.4/Sub.2/2001/WG.2/WP.1/Add.1 (2001). 本書川本論文参照。

基づき、代替エネルギーや未来構想までを盛り込んでおり、一定の評価を受けている。人権の確保と環境保全は、表裏一体の関係であるという考えに基づくならば、人権の保護と尊重への取組みについても同様に、国際人権基準の普遍的遵守への責任までを盛り込んだ包括的な企業倫理が確立されなければならない。厳しい法的規制を課すことにより、人権の保護と尊重への企業の社会的責任を確保しようとする考えもある。確かに、人権は、本来的に国家と個人との緊張関係に基づく問題であり、それゆえ司法制度という枠組の中で扱われてきた。しかしながら、この構図を企業にもそのまま当てはめ国家の強制力を認めることは、市場原理を歪めるおそれがある。むしろ、自主行動基準や倫理綱領を企業に策定させたうえで、その履行を市場の評価に委ねることがより適当かつより効果的であると考える。

法的規制ではなく、あくまで企業の自主性を基本とする措置に依拠することには、いくつかの利点がある。たとえば、消費者グループや地域社会は、複雑な手続を要する立法府でなく、企業に対し直接、行動綱領や倫理基準の引上げを求めることができる。消費者や地域の声は企業にとって無視できないものとなっており、また他企業との競争原理も働くため、非規制的な自主的措置は、企業に、個別の属性を生かしつつ社会の要求により迅速、柔軟に対応させることを可能にするからである[20]。社会的責任への要請への対応は、企業にとって、もはや裁量ではなく必須となっているのである。

そして、このような市場の枠組みによる企業の社会的責任の評価機能を実現させるにあたっての、市場メカニズムの主体を構成する消費者や投資家、とくに、われわれ消費者の重要性を強調しなければならない。企業に対し、環境問題への対応の転換を方向づけたのが、消費者の強力な要請であったことを想起する必要がある。環境破壊や人権抑圧あるいは人権抑圧への加担を行い、社会的責任を果たしていないと判断される企業は、消費者から糾弾され、製品不買等、あるいは投資家の離反による資金調達の困難という市場的・直接的制裁を受けることとなる。また、近年では、SRIに加えて、消費者に独自の基準での企業の評価を提供し、社会的責任の遂行によい成績を修めている企業の製品購入を奨励する動きも広がりつつあり、市場的・直接的報償による企業の社会的責任遂行へのインセンティブができつつある。消費者であるわれわれは、つねに購入する製品の製造過程に関心を持ち、企業の経営管理体制に敏感に注目し、企業が宣言どおりにその社会的責任を果たしているかを監視しなければならない。また、これらの情報を収集し、開示を

---

20) Zarsky, *supra*, p.47.

求めることを怠ってはならない。自主行動基準やガイドラインが履行措置や透明性に欠けるといった欠点は、消費者や投資家の監視行動により補完されねばならない。われわれが成熟した消費者となることが、市場の枠組みの中で、企業に対し社会が期待し要求する責任の履行を確保させるための鍵なのである。

6.おわりに

本稿では環境と人権のみを取り上げたが、企業には、消費者保護、経営のアカウンタビリティ、知的財産権の保護等、ステークホルダーごとに異なるさまざまな社会的責任が要請される。かつての「企業の社会的責任は利益をあげることにつきる」との考えに基づく利益第一主義の結果の公害問題や企業の不祥事・反倫理的行為への反省のもと、企業は「社会的価値を重視しなければ企業利益も永続できない」[21]ことが認識されるようになった。企業の役割は大きく変容し、現代企業は、「利益創出機能とともに社会的奉仕機能をもつ経済機構」[22]となることが必要とされている。このような変容の中で企業が存続していくためには、社会の信頼と尊敬を得ることが不可欠であり、そのために企業は、社会的責任を、利益の最大化という目的と両立しないものから企業利益を推進しうるものへと認識し直さなければならない。

冒頭に述べたとおり、今日、企業が社会に与える影響は非常に大きくまた多岐にわたるものであり、当然それに伴うさまざまな内容の社会的責任が要請される。一部のステークホルダーに対する責任のみあるいは責任の一分野のみを取り上げるのでは、いかに優れた行動基準を策定したとしても不十分である。企業に求められる社会的責任を包括的に反映した企業倫理が必要である。その中でも、環境保全および人権の保護と尊重は、人間の生存の基盤に関わる重要な問題であり、とくに後者に関する企業の社会的責任の認識の確立とその責任履行のための取組みの展開が、今後日本企業に求められる課題であることはいうまでもない。

《他の参考文献》
・高巌・辻信一・Scott.T.Davis・瀬尾隆史・久保田政一共著『企業の社会的責任――求められる新たな経営観』(日本規格協会、2003年)。
・The Nautilus Institute, Natural Heritage Institute, Human Rights Advocate, *WHOSE BUSINESS? A HANDBOOK ON CORPORATE RESPONSIBILITY FOR HUMAN RIGHTS AND ENVIRONMENT*, Nautilus Institute for Security and Sustainable Development, 2002.
・Stuart Ress & Shelly Wright eds., *HUMAN RIGHTS, CORPORATE RESPONSIBILITY: A DIALOGUE*, Pluto Press, 2000.
・*BUSINESS AND HUMAN RIGHTS : AN INTERDISCIPLINARY DISCUSSION HELD AT HARVARD LAW SCHOOL IN DECEMBER 1997*, Harvard Law School Human Rights Programme, 1999.

---

21) 大石*supra*, p.44, citing Lazer, W., "Marketing's Changing Social Relationships", *JOURNAL OF MARKETING*, Vol. 33, No.1 (1969).
22) 中村*supra*, p.36, citing Dodd, "For Whom are Corporate Managers Trustees?", 45 *HARVARD LAW REVIEW*, 1145, 1148 (1932).

資料1

人権に関する多国籍企業およびその他の企業の責任に関する規範

2003年8月13日国連人権小委員会において採択
UN.Doc.E/CN.4/Sub.2/2003/12/Rev.2

〔前文略〕

A.一般的義務

1．国家は、多国籍企業およびその他の企業が人権を尊重することを確保することを含めて、国際法および国内法において承認された人権を促進し、充足を保障し、尊重し、尊重を確保し、かつ保護するための第一義的な責任を有する。

多国籍企業およびその他の企業は、その各自の活動および影響の範囲内において、先住民族およびその他の社会的弱者の権利および利益を含めて、国際法および国内法において承認された人権を促進し、充足を保障し、尊重し、尊重を確保し、かつ保護するための義務を有する。

B.機会の平等および非差別待遇の権利

2．多国籍企業およびその他の企業は、人種、皮膚の色、性、言語、宗教、政治的意見、民族的もしくは社会的出身、社会的地位、先住民族の地位、障害、年齢——より大きな保護を与えられる子どもをのぞく——または職務の遂行に本来要求されることと関連のない個人の他の地位に基づいた差別を撤廃する目的のために、または特定の集団に対する過去の差別を克服することを意図した特別の措置を履行する目的のために、関連する国際文書および国内法ならびに国際人権法に規定されているような機会と待遇の平等を確保する。

C.身体の安全の権利

3．多国籍企業およびその他の企業は、戦争犯罪、人道に対する罪、ジェノサイド、拷問、強制的失踪、強制労働、人質行為、超法規的、略式または恣意的処刑、その他の人道法違反、ならびに国際法特に人権法および人道法により規定された人間に対するその他の国際犯罪にかかわってはならないし、またそれらから利益を得てはならない。

4．多国籍企業およびその他の企業のためのセキュリティに関する取り決めは、国際人権規範ならびに事業を行う各国の法令および職業上の基準を遵守する。

D.労働者の権利

5．多国籍企業およびその他の企業は、関連する国際文書および国内法ならびに国際人権法および国際人道法により禁止されている強制労働を用いてはならない。

6．多国籍企業およびその他の企業は、関連する国際文書および国内法ならびに国際人権法および国際人道法で禁止されている経済的搾取から保護されるための子どもの権利を尊重する。

7．多国籍企業およびその他の企業は、関連する国際文書および国内法ならびに国際人権法および国際人道法に規定されている安全で健康的な労働環境を提供する。

8．多国籍企業およびその他の企業は、労働者に、自己およびその家族のための相当な生活水準を確保する報酬を支給する。この報酬は、漸進的向上に向けた相当な生活条件に対する労働者のニーズを十分に考慮に入れる。

9．多国籍企業およびその他の企業は、国内法および関連するILO条約に規定された雇用利益の保護および他の団体交渉の目的のため、差別、事前の許可または干渉なしに、労働者が自ら選択する団体を設立しおよび当該団体の規則にのみ従うことを条件としてこれに加入する権利を保護することにより、結社の自由、および団体交渉権の効果的な承認を確保する。

E.国家主権と人権の尊重

10．多国籍企業およびその他の企業は、国際法、国内法および規則の適用可能な規範、ならびに行政慣行、法の支配、公共利益、開発目標、透明性や説明責任や汚職の禁止を含む経済的、社会的および文化的政策を承認し尊重し、かつ、事業を行う国の権限を承認し尊重する。

11．多国籍企業およびその他の企業は、賄賂もしくはその他の不適切な利益を提供し、約束し、付与し、受諾し、容認し、とりわけそこから利益を得、または要求してはならず、また何らかの政府、公務員、選挙で決まる地位への候補者、国軍もしくは治安部隊の構成員または他の個人や組織に、賄賂もしくは他の不適切な利益を付与することを懇請され、または期待されてはならない。多国籍企業およびその他の企業は、国家もしくは他の何らかの団体が人権を侵害するよう援助し、求め、助長するようないかなる活動も慎む。さらに、自らが提供する商品およびサービスが人権を侵害するために用いられないことを確保するよう努める。

12．多国籍企業およびその他の企業は、経済的、社会的および文化的権利ならびに市民的および政治的権利を尊重し、かつ、それらの権利の実現、特に発展の権利、相当な食糧および飲料水に対する権利、到達可能な最高水準の身体および精神の健康に対する権利、相当な住居に対する権利、プライバシーの権利、教育に対する権利、思想、良心および宗教の自由についての権利、意見および表現の自由についての権利の実現に貢献し、かつ、これらの権利の実現を妨げる行動を慎む。

F.消費者保護に関する義務

13．多国籍企業およびその他の企業は、公正な事業、販売活動および適正な広告に従って行動し、かつ、自らが供給する商品とサービスの安全性および品質を確保するために予防原則の遵守を含めてすべての必要な手段を講じる。消費者による利用にとって有害なもしくは潜在的に有害な製品を生産し、供給し、売買し、

または宣伝してはならない。

G.環境保護に関する義務

14. 多国籍企業およびその他の企業は、事業を行う国の環境保全に関する国内法、規則、行政慣行および政策に従って、ならびに環境、人権、公衆の衛生と安全、生命倫理および予防原則についての関連する国際的な協定、原則、目標、責任および基準に従って自らの活動を遂行し、かつ、一般に持続可能な発展という広範な目標に貢献するような方法で自らの活動を行う。

H.一般的実施規定

15. この規範の実施へ向けた最初の段階として、各々の多国籍企業またはその他の企業は、この規範に従って事業に関する内部規則を採択し、普及させ、かつ実施する。さらに多国籍企業およびその他の企業は、規範を完全に実施するために、および少なくとも規範が定める保護の迅速な実施に向けて準備するために、定期的な報告を行い、かつ、その他の措置をとる。各々の多国籍企業またはその他の企業は、規範の尊重および実施を確保するために、自らと何らかの合意に入る取引業者、下請業者、納入業者、ライセンス業者、代理店または自然人もしくは法人との契約その他の合意および取引に、この規範を適用しかつ組み入れる。

16. 多国籍企業およびその他の企業は、規範の適用に関して、国連、ならびに既存のまたは今後創設されるであろう国際的および国内的メカニズムによる定期的なモニタリングおよび検証を受ける。このモニタリングは透明性があり独立したものであり、また利害関係者（NGOを含む）からの情報、およびこの規範の侵害についての申立に基づく情報を考慮に入れる。さらに多国籍企業およびその他の企業は、自らの活動が人権に与える影響に関して、この規範に従って定期的な評価を行う。

17. 国家は、この規範ならびに他の関連する国内法および国際法が、多国籍企業およびその他の企業により実施されることを確保するために必要な法的および行政的枠組を創設しかつ強化すべきである。

18. 多国籍企業およびその他の企業は、この規範の不遵守によって有害な影響を受けている人々、団体および地域社会に対して、とりわけ損害賠償、原状回復、補償およびリハビリテーションを通じて、受けた損害もしくは奪われた財産について即時的、効果的かつ充分な補償を提供する。この規範は、損害の決定とともに、刑事制裁および他のすべての点に関して、国内裁判所および／または国際裁判所により、国内法および国際法にしたがって適用される。

19. この規範のいかなる規定も、国内法および国際法の下での国家の人権義務を縮小し、制限しまたは不利な影響を及ぼすように解してはならない。また、保護をより強化する人権規範を縮小し、制限または不利な影響を及ぼすように解してはならない。また、人権以外の分野における多国籍企業およびその他の企業のその他の義務または責任を縮小し、制限しもしくは不利な影響を及ぼすように解してはならない。

I.定義

20.「多国籍企業」の語は、1カ国より多くの国で事業を行う1つの事業組織、または2カ国以上の国で事業を行ういくつかの事業組織の集合体をいい、その法的形式が何であるか、本国に所在しているか事業国に所在しているか、個々に考えるか全体として考えるかを問わない。

21.「その他の企業」の語は、多国籍企業、取引業者、下請業者、納入業者、ライセンス業者または代理店を含めその活動が国際的性質であるか国内的性質であるか、企業体の設立に際して用いられたのが社団形式、組合形式またはその他の法的形式であるか、ならびにその企業体の所有の性質如何にかかわりなく、いかなる企業組織をも含む。実際の問題として、もし企業がある多国籍企業となんらかの関係を有するか、その活動の影響が専ら国内にとどまらないか、またはその活動が3条、4条に示された安全の権利の侵害に関与する場合には、この規範が適用されると推定する。

22.「利害関係者」の語は、株主その他の所有者、労働者およびその代表者ならびに多国籍企業またはその他の企業の活動によって影響を受ける他のいかなる個人もしくはグループをも含む。「利害関係者」の語は、この規範の目的に鑑みて機能的に解釈され、かつ、その利益が多国籍企業または企業の活動によって実質的に影響を受けまたは受けるであろう場合には、間接的な利害関係者も含める。企業の活動によって直接影響を受ける当事者に加えて、利害関係者には消費者団体、顧客、政府、近隣市町村、先住民族・社会、非政府組織、公的および民間の貸付機関、納入業者、事業者団体といった、多国籍企業およびその他の企業の活動により間接的な影響を受ける当事者をも含めることができる。

23.「人権」および「国際人権」の語は、国際人権章典およびその他の人権条約に規定された市民的、文化的、経済的、政治的および社会的権利、ならびに、発展の権利、および国際人道法、国際難民法、国際労働法およびその他の国連システムの中で採択された関連文書により認められた諸権利を含む。

（仮訳：川本紀美子）

資料2

労働における基本的原則及び権利に関するILO宣言とそのフォローアップ

　ILOは、社会正義が世界的かつ永続的な平和のために不可欠であるとの信念をもって設立され、

　経済成長は公平、社会進歩及び貧困の撲滅を確保するために不可欠であるが十分でないため、ILOが強力な社会政策、正義及び民主的制度を促進する必要性を確認するものであり、

　ILOは、経済発展及び社会開発のための世界戦略の文脈において、経済政策及び社会政策が広範な持続的発展を創造するため相互に補強しあう構成要素となることを確保するため、その権限の及ぶすべての範囲、特に雇用、職業訓練及び労働条件において、これまで以上に基準設定、技術協力及び調査研究のすべての資源を利用すべきであり、

　ILOは、特別の社会的必要をもつ人々、特に失業者及び移民労働者の問題に特別の注意を払い、これらの者の問題を解決するための国際的、地域的及び国内的な努力を結集し、かつ奨励し、雇用創出のための効果的な政策を促進すべきであり、

　社会進歩と経済成長との関連性の維持に努めるに際し、労働における基本的原則及び権利の保障は、関係する者自身が自由に、そして機会の均等を基礎として、彼らの寄与により産み出された富の公平な分配を主張すること、及び彼らの人的潜在能力の実現を可能にすることから、特別に重要であり、

　ILOは、国際労働基準を設定し、取り扱う権限を有する機関であり、かつ憲章でそれを使命とするよう定められた国際機関であり、憲章上の原則の表現としての労働における基本的権利の促進に関して普遍的な支持及び承認を享受しており、

　経済的相互依存が増大しているなか、機関の憲章において具体的に示されている基本的原則及び権利の不変の性質を再確認し、それらの普遍的な適用を促進することが急務であるので、

　国際労働総会は、

1　次のことを想起し、

　(a)　ILOに任意に加入する際に、すべての加盟国は憲章及びフィラデルフィア宣言に規定された原則及び権利を支持し、機関の全体的な目的の達成に向けて、手段のある限り、また、各加盟国の特有の状況に十分に沿って、取り組むことを引き受けたこと

　(b)　これらの原則及び権利は、機関の内部及び外部において基本的なものとして認められた条約において、特定の権利及び義務の形式で表現され、発展してきていること

2　すべての加盟国は、問題となっている条約を批准していない場合においても、まさに機関の加盟国であるという事実その

ものにより、誠意をもって、憲章に従って、これらの条約の対象となっている基本的権利に関する原則、すなわち、
　(a)　結社の自由及び団体交渉権の効果的な承認
　(b)　あらゆる形態の強制労働の禁止
　(c)　児童労働の実効的な廃止
　(d)　雇用及び職業における差別の排除
を尊重し、促進し、かつ実現する義務を負うことを宣言する。

3　外部の資源及び支援の動員を含め、機関の憲章上、運営上及び財政上の資源を十分に活用することにより、また、憲章第12条に従いILOが確立した関係を有する他の国際機関がこれらの努力を支援することを奨励することにより、これらの目的を達成するため、確立され、表明された必要に応じて、次の手段によって、加盟国を支援する機関の義務を認識する。
　(a)　基本条約の批准及び履行を促進するための技術協力及び助言サービスを提供すること
　(b)　これらの条約のすべて又は一部をまだ批准できる状況にない加盟国の、これらの条約の対象となっている基本的権利に関する原則を尊重し、促進し、かつ実現するための努力を支援すること
　(c)　経済発展及び社会開発のための環境創造に向けた加盟国の努力を支援すること

4　この宣言を完全に実施するため、意義があり、効果的な、宣言の不可欠な部分とみなされる促進的なフォローアップが附属書に示される方法に従い実施されることを決定する。

5　労働基準は保護主義的な貿易上の目的のために利用されるべきではなく、この宣言及びそのフォローアップはそのような目的のために援用され又は利用されるべきではないこと、さらに、この宣言及びそのフォローアップによって、いかなる方法においても、どの国の比較優位も問題とされるべきではないことを強調する。

附属書
宣言のフォローアップ

I. 全体の目的

1　下記のフォローアップの目的は、ILO憲章及びフィラデルフィア宣言に規定され、この宣言において再確認された基本的原則及び権利を促進するための機関の加盟国による努力を奨励することである。

2　厳密に促進的性質であるこの目的に沿って、このフォローアップは、機関の技術協力活動を通じた支援が、加盟国のこれらの基本的原則及び権利の履行を援助するために有効である領域を明らかにすることを可能にする。それは既存の監視機構に代わるものでもなければ、その機能を妨げるものでもない。従って、これらの機構の権限内にある特定の状況が、このフォローアップの枠組の中で検討又は再検討されるものではない。

3　下記のフォローアップの2つの側面は、既存の手続に基づくものである。すなわち、未批准の基本条約に関する年次フォローアップは、憲章第19条第5項(e)の適用に関する現在の様式の若干の修正のみを必要とし、グローバル・レポートは、憲章に従って実行される手続から最善の結果を得ることに役立つものである。

II. 未批准の基本条約に関する年次フォローアップ

A 目的及び範囲

1 目的は、すべての基本条約の批准をするに至っていない加盟国が宣言に従って行った努力について、1995年に理事会が導入した4年ごとの検討に代わる簡素化された手続によって、毎年検討する機会を提供することである。

2 フォローアップは、宣言に特定された基本的原則及び権利の4つの分野を毎年取り扱う。

B 方式

1 フォローアップは、憲章第19条第5項(e)に基づき求められる加盟国からの報告を基礎とする。報告様式は、憲章第23条及び確立した慣行を十分考慮して、基本条約未批准国の政府から各国の法律及び慣行におけるあらゆる変化に関する情報を得られるように作成される。

2 これらの報告は、事務局によりまとめられ、理事会により検討される。

3 このようにまとめられた報告の導入部を作成し、より詳細な議論が必要な側面に注意を喚起できるよう、事務局は、理事会によりこの目的のために任命された専門家のグループを招集できる。

4 理事国でない加盟国が理事会の討議において自国の報告に含まれる情報を補足するために必要な又は有用な説明を最も適当な方法により提供することができるように、理事会の既存の手続に対する修正が検討されるべきである。

III. グローバル・レポート

A 目的及び範囲

1 この報告の目的は、基本的原則及び権利の各分野に関する過去4年間の動的・包括的な概観を提供し、機関による支援の効果を評価し、かつ、特にそれを実行するために必要な内部及び外部の資源を動員するために作成される技術協力の行動計画の形式において、それ以降の期間における優先事項を決定するための基礎を提供することである。

2 この報告は、毎年、基本的原則及び権利の4つの分野を1つずつ順番に取り扱う。

B 方式

1 この報告は、公式の情報及び確立された手続に従って収集し、評価された情報に基づき、事務局長の責任において作成される。基本条約を批准していない加盟国の場合には、特に上記の年次フォローアップの結果が報告の基盤となる。関連する条約を批准している加盟国の場合は、特に憲章第22条の規定に基づく報告が基盤となる。

2 この報告は、事務局長の報告として、三者による討議のため、総会に提出される。総会は、総会議事規則第12条に基づく報告とは別にこの報告を取り扱うことができ、この報告のためだけの会議において、又は他の適切な方法によって、討議することができる。ついで理事会は、早期の会期において、次の4年間に実施されるべき技術協力の優先事項及び行動計画に関する議論から結論を引き出すべきである。

IV. 次のように理解する。

1　上記の規定を実施するために必要な理事会議事規則及び総会議事規則の改正が提案されるべきである。
2　総会は、適当な時期に、1に述べられた全体の目的が適切に達成されているかどうかを評価するために、得られた経験に照らし、このフォローアップの運用について再検討すべきである。

総会議長　ジャン＝ジャック・オクスラン
国際労働事務局長　ミシェル・アンセンヌ

（仮訳：ILO駐日事務所）

第II部

Part2 Development of Human Rights Activities in the Asia-Pacific Region
アジア・太平洋地域の人権の動向

●国連の動向

Human Rights Activities by UN in 2003

2003年の国連の動き

2003年3月、米国などによる対イラク武力行使が始まり、占領下となったイラクでは爆弾テロ事件などが続いている。そのなかで8月、バグダッドの国連現地本部も爆破され、イラク問題担当国連事務総長特別代表に就任していたセルジオ・ヴィエイラ・デメロ国連人権高等弁務官をはじめ国連職員など21名が亡くなった。その後国連および関係機関などは、現地で復興支援にあたる国際職員の数を大幅に削減することを余儀なくされている。

条約関連では2003年、「すべての移住労働者及びその家族の権利保護に関する条約」、「国際的な組織犯罪の防止に関する国際連合条約」ならびにそれを補足する「人、特に女性及び児童の取引を防止し、抑止し及び処罰するための議定書」と「陸路、海路及び空路により移民を密入国させることの防止に関する議定書」が相次いで発効した。

また、2002年に第1回が開催された「障害者の権利及び尊厳の促進及び保護に関する包括的かつ総合的な国際条約の提案を検討する特別委員会」の第2回が6月に開催され、2004年1月には特別委員会の下に設置されたワークショップで条約草案が起草された。

1. 国連人権委員会

第59会期人権委員会は、米国およびその同盟国が、国連安全保障理事会による明確な権限を受けることなくイラクに侵攻するという決定を行ったことを受け、全世界的に緊張と分裂が高まるなかで開幕した。4月24日、人権委員会で演説を行ったコフィ・アナン国連事務総長は、国際的に重要な課題に「集団で応じる」必要がいっそう出てきたことを強調。「(人権)委員会のような国際機関の規則とシステムは、すべての国に、平等かつ公平に、適用されなければならない」と繰り返し力説した。

そんな世界状況のなか、ジュネーブで開催された第59会期人権委員会は、前年同様、午後6時以降の会合が全面的に禁止されたことに伴い、時間管理（タイム・マネージメント）に悩まされた。発言時間が会期半ばに削減されただけでなく、会期末には議題項目14（マイノリティ、移住者、国内避難民など社会的弱者）と、16から20（主に人権促進、人権機関および手続に関する項目）が1つにされ、その下で1つの発言が許されるのみとなった。さらに、会期の最後2週間、人権委員会は少しでも多くの会合時間をつくるために、

昼食時間中にもしばしば会合を持つことが強いられた。

2003年、委員会はその歴史上初めて、各国、国際機関高官のスピーチのための時間を第1週目に別途設け、70を超える、政府高官、国連その他国際機関の高官が演説を行った。もう1つの新しい試みは「双方向の対話」で、これにより、特別報告者と関心ある、また関連する諸国が、報告書の発表直後に対話を持つ機会が設けられた。しかし、会期後半は進行の遅れのため、特別報告者は報告書の発表を関連のない議題項目の間に行わなければならなくなり、この手法はうまく機能しなくなってしまった。また、「双方向の対話」に割り当てられた時間が限られたため、実質的な議論があまり持てなかったことを批判する専門家も見受けられた。

とくに議論された事項としては、イラク「危機」、テロリズムとの闘い、ダーバン世界会議のフォローアップの枠組みにおける人種主義と人種差別、イスラム排斥、そしてパレスチナ占領地区、などの問題がある。障害者の人権、性的指向に基づく差別、人権教育、そして発展の権利なども、強調された。会期終了までに、計86の決議と18の決定、そして3つの議長声明が採択されている。

イラクの状況に関して特別会合を設けるという提案はメンバー諸国から充分な支持が得られなかったが、イラクの状況への関心は6週間の会期を通して高かった。当該問題についての発言は、状況の展開とともに変化していき、会期開始直後は大多数の政府が戦争の非合法性を強調した一方、戦争勃発後は、西側諸国は紛争後の状況に焦点を当てていったが、他方発展途上国は、紛争後の状況といったものが現実のものとなった会期最終日頃まで、「非合法侵略」を非難することに終始した。

特定国に関する決議は、「北」が自身の誤りを考えることなく「南」を批判していると考える発展途上国から、原則として批判を受けた。そのため、スーダンとチェチェンに関する決議案は却下され、ジンバブエに関する決議案に対しては、採択にかけないという動議が通り、さらに例年出されていた南東ヨーロッパの一部、イラン、赤道ギニアに関する決議案は、今回提出されなかった。他方、朝鮮民主主義人民共和国、トルクメニスタン、ベラルーシに関して、今会期初めて決議案が出され、また、シエラレオネ、アフガニスタンに関する決議案に関しては、特定国に関する議題項目から、技術協力に関する項目へと移され、それに伴い、それぞれの国における人権の保護・促進のための諮問サービス、技術協力を今後展開させるために、独立した専門家が任命されている。

マイノリティに関しては、新しい機関の設置への動きが見られ、人権委員会は人権高等弁務官に対し、その有効性、協力関係をさらに高めるため、そし

てマイノリティの権利を保護するうえでのギャップを認定すべく、既存の関連機関を調査するよう、求めている。人権教育に関しては、国連人権高等弁務官事務所に対し、人権教育のための自発的基金の設置、ならびに「国連人権教育の10年」の達成点と不充分な点、それぞれについて、すべての国連加盟国と協議するよう、要請した。

人権委員会はまた、人種差別に関して、ダーバン宣言および行動計画の効果的実施に関する作業部会、ならびにアフリカ系の人々に関する作業部会の任務をそれぞれさらに3年間延長させること、そして、経済的、社会的及び文化的権利に関する国際規約選択議定書に関する作業部会の作業を開始することを、それぞれ承認している。「国際人権・人道法侵害の被害者の救済および補償への権利に関する基本的原則ならびに指針」を完成させるための協議会の開催も、要請されている。人身売買に関する決議などは、人権委員会が採択する決議の合計数を減少させようとする圧力のために、2年ごとに提出されることになり、今会期は見送られた。

2001年に起きた9・11事件後増加している、イスラム教徒やアラブ系の人々に対する差別、人権侵害状況を受け、人種主義、人種差別、外国人排斥および関連する不寛容に関する特別報告者が特別報告を提出し、注目された。報告書は、人権委員会に対し、テロリズムとの闘いで人権を優先させること、そして差別と闘い、同時に文明および宗教間の対話を助長するための法的措置をとること、を強く求めている。

先住民族に関しては、ロドルフォ・スターヴェンハーゲン特別報告者が、先住民族の人権および基本的自由への大規模な開発プロジェクトの与える影響に関する報告書を提出。当該問題に関し、フィリピンへの現地調査報告も別途提出されている。

近年とくに注目されている障害者の権利に関しては、障害をもつ人々の社会への完全なる参加を確保する必要性について、多くの参加者が発言を行い、なかでも、2003年を「障害をもつ人々の欧州年」とした欧州連合の代表は、障害者の権利および尊厳に関する国際条約に関する国連総会特別委員会の作業の進展状況を強調した。人権委員会は、社会発展委員会の障害に関する特別報告者に対し、2004年の第60会期に同特別報告者を招き、障害者のための機会平等に関する基準規則の監視を通して、特別報告者自身あるいは専門家パネルが得た当該問題の人権の側面に関する経験について、報告するよう求めている。

2003年人権委員会に初めて決議案が提出されたのは、性的指向に基づく差別問題について。NGOのバックアップで、ブラジルがイニシアティブをとったが、当該問題を取り上げること自体に反対するイスラム教徒を多くもつ国々（パキスタン、サウジアラビア、エジプト、リビア、マレーシア）が、一連の修正案を提出。決議案の本質を大きく変え

ることを試みた。パキスタンは、当該決議案は、人権委員会による検討が不適切な問題を扱っており、イスラム諸国会議機構（OIC）諸国の法および宗教信仰に直接に対決するものだという理由で、採択にかけないという動議を提案。この提案は、とりわけブラジル、カナダ、欧州連合およびポーランドからの反発で否決された。しかし、さまざまな手続を活用してOIC諸国が審議を長引かせ、よって採決を遅らせ、会期終了間近に迫ったため解決を迫られた議長が、決議案ならびに修正案の検討を来年まで延期させるという動議を出し、24対17（棄権10）で、この動議が通った。

（田中敦子／反差別国際運動〔IMADR〕国連事務所代表）

2. 人権小委員会

(1)国連との対話を──先住民族、マイノリティ集団の挑戦

国連には、人権問題を扱う機関として国連憲章に基づき設置された国連人権委員会がある。さらに、人権委員会の下部組織として、個人の資格で選出された26名の専門家によって構成される国連人権小委員会（以下、小委員会）が設置されている。

1999年、小委員会は、正式名を「差別防止・少数者保護小委員会」から「人権の促進および保護に関する小委員会」へ改称し、4週間から3週間に開催期間が縮小された。主な目的として、世界人権宣言を基調とした研究を進め、あらゆる差別から人権を擁護する決議を、人権委員会へ勧告することが挙げられる。

この小委員会に、筆者は幸運にも2003年7月28日から8月15日まで、IMADR（反差別国際運動）[1]のインターンとして参加する機会を得た。本稿ではその経験に基づき、とくに筆者が関与した、職業と世系に基づく差別の問題に焦点を当て、小委員会の最近の動向を概観する。

(2)第55会期人権小委員会

第55会期の小委員会は、人権高等弁務官代行ラムシャラン氏の、小委員会が直面する「新しい挑戦」という激励の言葉とともに開幕した。その言葉には「人権推進および擁護」「貧困」「子どもの権利（とくに教育）の推進および擁護」「女性に対する正義とエンパワーメント」「民主主義と法の役割」「各国の国家による人権保護システム」「新しい条約」「テロリズムと生物化学」「世界規模の人の移動」「不平等」「危機と苦悩に直面する集団」「激動する世界の人権擁護」に対する挑戦が含まれていた。

これらの課題に取り組むため、ワルザジ委員（モロッコ）を議長に選出した小委員会は、多くの議題を討議した。小委員会の開催以前には、小委員会の下に設置されている奴隷制作業部

---

[1] 全世界から一切の差別撤廃をめざし、1988年に設立した非営利・非政府の国際人権団体。国連経済社会理事会との協議資格を持つ国連NGOとして、被差別マイノリティの国際連帯と、国際的人権の確立に努めている。

会、マイノリティ作業部会、先住民作業部会が開かれている。会期中には、司法制度作業部会、多国籍企業作業部会が並行して開催された。

結果、小委員会は30の決議と17の決定を採択した。とくに、2005年1月1日からを第2次人権教育のための国連10年とする宣言を勧告する決議2)、職業と世系に基づく差別を禁止するため、ガイドラインや基本方針の制定を求める決議3)、さらに、テロ対策と国際人権基準との適合性を考慮し、この対策により人権を侵害される可能性のある人々に注意を払いながら、ガイドラインの研究促進を求める決議の採択等に対する、今後の小委員会や人権委員会の動向が注目される。

(3)職業と世系に基づく差別問題──アフリカにおける「職業と世系に基づく差別」に関する報告

2000年より、小委員会では議題項目5cの小議題として、「職業と世系に基づく差別」の問題が取り上げられている。この背景には、1970年代中頃から、部落解放同盟が働きかけたことにより、部落問題の国際的な討議が始まったこと、また、国際ダリット連帯ネットワーク（以下、IDSN）4)の結成があった。

2001年小委員会において、グネセケレ委員（スリランカ）は、日本・インドを中心とするアジアのカースト問題を扱った報告を提出した。また、反人種主義・差別撤廃世界会議（ダーバン会議）では、職業と世系に基づく差別問題に関する文言がNGO「宣言」「行動計画」に盛り込まれた。さらに、2002年に人種差別撤廃委員会（以下、CERD）が「世系に関する一般的な性格を有する勧告XXIV」を採択することで、職業と世系に基づく差別問題は、国際的に注目を浴びてきている。

結果、今回の小委員会では、グネセケレ報告を継いだ、アフリカにおける問題に焦点を当てた、アイデ（ノルウェー）・横田（日本）委員による拡大作業文書が提出された5)。

(4)ロビーイング活動と当事者の交流

今期の小委員会における、職業と世系に基づく差別問題で、筆者を含むIMADRが主に働きかけた関心事は、①研究の継続、②当該研究へのCERDの関与、③現場（当事者）の声を伝えることであった。①では、アイデ・横田両委員が研究を継続する意思を示し、共同研究の継続が可能となった。②に関しては、ソーンベリーCERD委員が小委員会に招待され、この研究について専門家としての意見を述べている。③の現場（当事者）の声についてはIDSN

---

2)決議の詳しい内容については、ヒューマンライツ187号（2003年10月）42〜45頁参照。
3)決議の詳しい内容については、部落解放研究155号（2003年12月）56〜57頁参照。
4)カースト差別を含むあらゆる地域に存在する門地差別の撤廃をめざす国際的なNGOネットワーク組織。
5)職業と世系に基づく差別問題の背景と、アイデ・横田報告については、部落解放研究155号（2003年12月）42〜55頁参照。

の財政支援もあり、セネガルのシィ氏がIMADRの名の下、セネガルのカースト差別の現状を伝え、その撤廃のため教育の重要性を強調6)。また、ソマリア出身の、サマド氏、デゥベ氏（米国在住）、レリュ氏（英国在住）も参加し、サマド氏がIDSNのメンバーであるアンチ・スレーバリー・インターナショナル（Anti-Slavery International）の名の下、ソマリア国内およびディアスポラ7)におけるカースト差別の現状を語った8)。

IMADRは今回、アフリカからの参加者に対し発言の機会だけでなく、今後、彼／彼女らにとって活動の糧となるよう、横田・アイデ委員を含め、この問題に関心を持つ小委員会委員、さらにこの問題に近年関心を持ち始めたUNESCOの代表者との会合の機会を設けた。これに加え、当事者間で差別の現状についても討議した。

とくに、卓を囲んだ討論で、シィ氏は、セネガルのカーストは、職業と名前によって判断できること、また、結婚は同一集団内に限られていることを言及した。サマド氏は、2年ほど前、ソマリアで、ある母親が、娘の夫が被差別カースト出身者であることを知り、娘とその夫、そして彼らの赤ん坊を殺害した事件を報告した。レリュ氏は、ソマリアのカースト問題の現状を研究するため、上記のような出来事を収集している。またデゥベ氏は、移住したアメリカのソマリア人コミュニティや学校で、未だ差別が存在していることを強調し、彼女自身の自伝を作成中であることや、自ら所属しているNGOについて語った。

多くの小委員会委員ならびにNGO団体が当該作業文書を評価、歓迎する発言を行い、結果、小委員会にて決議2003/22が無投票で採択された。

(5)むすび

上記に示したように、当事者が直面している現状を声に出して訴え、NGOや専門家が当事者とともに対話や行動をする不断の努力は、当事者が直面する問題を人権に関わる国際機関の場で継続して討議し、意識化することに繋がっていることを、筆者は身をもって感じた。

この努力にもかかわらず、小委員会の果たす役割は衰退の兆しにあるように思われる。その原因として、上部組織の人権委員会の圧力により、2000年以降、それぞれの議題のなかで特定の国家に関する問題を扱うことが禁止されたこと、また、当事者との対話から進められてきた実践的な役割から、頭

---

6) UN Press Release , Morning, Aug. 11, 2003, http://www.unhchr.ch/huricane/huricane.nsf/Newsroom?OpenFrameSet
7) バビロン捕囚後にユダヤ人が離散したことをいう。パレスチナ以外の地に住むユダヤ人。転じて、原住地を離れた移住者を指す。
8) UN Press Release, Afternoon, Aug. 12, 2003, http://www.unhchr.ch/huricane/huricane.nsf/Newsroom?OpenFrameSet

脳集団によるシンクタンク的な役割へ変化してきていることが挙げられる。この結果、当事者やNGOが、懐疑的に小委員会の役割を捉え、年々、この機関へ参加し、声明文を発表する数が減少してきている。このような現状の温床には、安全保障理事会を中心とした、縦割り官僚組織、ガリ前事務総長の言葉を借りれば「家父長制的な権威主義」で、国連が未だ構成されていることが見受けられる[9]。今回のインターン中に、イラクのバグダットで起きた国連現地本部の爆撃テロは、現場に生きる多様な人々との対話の欠落を象徴する出来事ではなかったか。

大国中心の国連には、これまでのように米欧中心の合理的解決策をその他の国へ移転するのではなく、国家の枠を超えた、異なった考え方、価値観を持つ人々との絶え間ない対話が必要になってくる。この対話を実現するため、今まさに現場と接する人権高等弁務官事務所を含む国際機関や、NGO、専門家、政府と現場の当事者が問題を討議できる作業部会、人権小委員会が、もう一度その果たすべき役割を再確認し、誰のための人権推進、擁護なのかを真摯に捉えなおす必要性があるのではないか。

（友永雄吾／桃山学院大学大学院文学研究科博士前期課程修了）

3.難民高等弁務官事務所

(1)コンヴェンション・プラス（条約発展）について

2003年のUNHCRは、ルード・ルベルス難民高等弁務官のイニシアチブの下、2002年に執行委員会（EXCOM）にて採択された難民保護への課題（Agenda for Protection）を発展させ、その中で提起されている主要な問題（大量避難民について拠出国と貧しい国である場合が多い受入国との間で責任を分担する仕組み、保護を基盤とした解決の探求、難民保護と移民管理等）について協議する場としてコンヴェンション・プラス（条約発展）と呼ばれるアプローチを開始した。

ルベルス高等弁務官自身は同アプローチを以下のように説明している。

・恒久的保護の確立へ向けて、より改善された責任の共有を確保するために、すべての国家間での調整を行うこと。

・そのためには以下のものが含まれる。大量避難民の問題を取り扱うための包括的な計画の作成および出身国、通過国、そして潜在的な目的地となる国のそれぞれにおける役割や責任を規定した「二次的移動（secondary movement）」に関する調整。

・あわせて、難民の出身国への開発援助を行うことや、難民の再定住に関して多国間で調整を行うこともあわせて

---

[9] 武者小路公秀・明治学院大学国際平和研究所編『国連の再生と地球民主主義』（柏書房、1995年）116～64頁。

含まれる10)。

　第1回目の会合は2003年6月27日、ジュネーブにて「高等弁務官フォーラム」という位置づけで開催された。この会合ではカナダ政府のイニシアチブによって再定住に関する議論が行われ、作業部会が設置されることとなった。再定住に関しては個々人を恒久的に保護し、各国間の責任の分担をいっそう進めていくことからも注目を集める議題となった。

　あわせて、そのほかにも「二次的移動」および「非正規な移動(Irregular Movement)」に関する議題が、スイス政府によって提案された。二次的移動とは難民が最初に逃れた国より先へ移動するあらゆる移動形態のことであり、一方、非正規な移動とは効果的な保護を受けた国から移動することである。国境を越えて非正規に移動をする人々を管理したいという主権国家としての要請、その中で迫害の待ち受ける国へ送り返してはならない、という難民保護自体が持つ基本原則との、非常に難しい調整が求められることとなった。

　最後に、多くの政府代表が開発援助を恒久的解決(durable solution)のために活用していくことについて述べ、日本政府からはこの議論についてとりまとめ役となることが提案された。

　NGOからは、難民保護によって生ずる責任をこれ以上受入れたくないとする政府によってコンヴェンション・プラスの会合自体が悪用されるおそれがあると懸念する声もあり、「コンヴェンション・プラスの究極的な目的は難民保護の実現であり、庇護を求める権利や透明で適正な人権に基づく手続を求めるという本質からそれてはならない」という趣旨の意見を発表した11)。アフリカ各国の政府からはこれらの議論に対して、「コンヴェンション・プラスでは真に難民保護について話し合うべきである」とする意見が出された。

(2)UNHCR執行委員会の結論

　2003年の執行委員会は、例年同様、ジュネーブにて10月第1週に行われ、難民保護に関しては以下の結論を採択した。

①国際的保護に関する一般的な結論

　コンヴェンション・プラス、再定住に関する作業部会による取組みを歓迎する。また、政府がジェンダーや年齢に配慮した政策を策定することの重要性を認識した。加えて、国連人権保障メカニズムとりわけ人権条約の政府報告書の中で強制移住について言及するよう奨励する。

　無国籍者に関しては、UNHCRに、その数を減少させる方向で政府が活

---

10) Foreword by the United Nations High Commissioner for Refugees, "Agenda for Protection, Third Edition", Oct., 2003, UNHCR, pp5-7.
11) "NGO Statement on the Other Initiatives under Convention Plus", ICVA (International Council of Voluntary Agencies), 27 June, 2003, http://www.icva.ch/cgi-bin/browse.pl?doc=doc00001017 (viewed: 9 Feb, 2004).

用できるような調査を行うよう依頼し、各国政府がUNHCRと協力して無国籍者問題の解決にあたるよう奨励する。

②遮蔽（interception）における保護

各国政府が非正規な移動を管理することに対して正当な関心を有し、さまざまな方法によって行うことについて認識する。また、遮蔽とは以下の3点のどれかを政府が行うことであると理解される。

・（自国をすでに出発し）海外旅行中の人を船または飛行機に搭乗させないこと。
・旅行を開始した人に、これ以上の国際旅行をさせないこと。もしくは、
・船または飛行機が国際および国内海事法に違反しているという合理的な疑いがある場合にそれらの監督を行うこと。

政府が遮蔽を行う際に庇護希望者および難民の適切な待遇を確保するため、以下の点が考慮されることを推奨する。

・遮蔽された人の人権を尊重して待遇し、保護のニーズがないかを確認すること。
・庇護希望者および難民による国際的保護へのアクセスを否定し、難民条約上の理由から生命や自由が脅かされるような国境や領域へ帰国させるような結果とならないこと。遮蔽された人で、国際的保護の必要性があると認められた人は恒久的解決へのアクセスが確保されること。
・遮蔽された庇護希望者および難民が「密入国者に対する選択議定書」上の刑事訴追の対象となってはならないこと。

③国際的保護の必要性がないと認められた人の帰国について

・国際的保護の必要性がないと認められた人の効果的で迅速な帰還は、難民の国際的保護全体にとって、また非正規な移動や密入国や人身売買によって入国する人たちの管理に資するものであることを留意する。
・被退去者を受入れる送出国の義務を想起する。
・難民認定手続自体の信頼性が早期帰国において非常に重要であることを強調する。
・帰国にあたっては、人権法に沿って人権が最大限配慮されるよう再度確認する。
・IOM（国際移住機構）のこの分野における専門性を歓迎し、UNHCRがIOMとこの分野において協力していることに留意する。
・帰国後の生活を維持し、紛争が起きた場合等にさらなる避難を強いられないよう確保することが重要であることを強調する。

④性的虐待および性的搾取について

・女性および子どもが避難する過程で、もしくは庇護国の到着直後において、性的虐待および搾取の犠牲者であったことに留意し、それによって保健や教育、証明書の発行および難民認定等の基本的な保護や支援を受けること

に否定的な影響を与えていたことに深く懸念を有する。
・難民のすべての過程において性的虐待および搾取の発生に対応し、予防するための効果的なメカニズムの重要性を認識する。たとえば行動規範を明確にすること、すべての申立について迅速な調査を確保すること、意思決定過程に難民および庇護希望者の女性や子ども等の参加を確保すること、支援計画の立案段階から報告まで一貫して性的虐待および被害者の視点を認識し、性的搾取の危険を最小限にするよう配慮すること、被害者に対して保障を確保すること等の重要性を認識する。

　NGOはとくに②、③の結論に対して、「国際的な保護を求める難民申請者が自身の基本的な権利を行使することを制限する提案がなされている」として非難し、国際的な難民保護への侵食を食い止めるために、以下のとおり「効果的な難民保護」についての具体的な要素を提示した。
・身体的な安全
・物理的な安全
・人道支援へのアクセス
・法の支配
・機能している司法制度
・送還からの保護、基本的な人権（経済的社会的権利を含む）の尊重、難民の権利の保護
・中等教育へのアクセスと生計を維持する機会
・遅滞ない恒久的解決へのアクセス[12]
　NGOはこれらを議論の中で定義するように求めたが、結局は上記のように、従来はUNHCR執行委員会において、議論されなかったような難民保護への制限の実施を、セーフガードはあるものの、なかば容認する結論が採択された。

(3)難民条約締約国数
　新たにウクライナ、東チモールが加入したことによって145カ国が1951年難民の地位に関する条約、1967年の難民の地位に関する議定書の両方もしくはどちらかの加盟国となった。

（石川えり／特定非営利活動法人
難民支援協会専門調査員）

4.条約委員会

　主要6条約の締約国による履行を監視するために、それぞれ条約委員会が設置されている。2004年2月現在のアジア・太平洋地域の各国の条約の批准状況は表1、2004年から2005年の各委員会の会合予定は表2のとおり。なお、2003年7月に発効した移住労働者権利条約の委員会は、12月に10名の委員が選出され、2004年3月に第1会期が開催される。

---

[12] "INTERNATIONAL PROTECTION ---- NGO SUBMISSION FACILITATED BY ICVA WITH INPUT FROM A WIDE VARIETY OF NGOS", 2 October 2003, ICVA, http://www.icva.ch/cgi-bin/_browse.pl?doc=doc00001048 (viewed : 9 Feb., 2004).

表1●アジア・太平洋地域各国の人権条約批准状況

		社会権規約	自由権規約	自由権規約第一選択議定書（個人通報制度）	自由権規約第二選択議定書（死刑廃止）	人種差別撤廃条約	アパルトヘイト条約	アパルトヘイト・スポーツ禁止条約	ジェノサイド条約	戦争犯罪時効不適用条約	子どもの権利条約	子どもの権利条約選択議定書（武力紛争）	子どもの権利条約選択議定書（人身売買など）
	採択時期	66/12	66/12	66/12	89/12	65/12	73/11	85/12	48/12	68/11	89/11	00/5	00/5
	世界194カ国中の締約国数	148	151	104	52	169	101	58	135	48	192	69	71
	アジア太平洋地域内（43カ国）の締約国数	22	20	11	5	29	14	5	26	7	45	9	12
東アジア	韓国	90/4	90/4a	90/4		78/12b			50/10		91/11	s	s
	北朝鮮	81/9	81/9*						89/1	84/11	90/9		
	中国**	01/3	s			81/12	83/4	s	83/4		92/3	s	02/12
	日本	79/6	79/6			95/12					94/4		
	モンゴル	74/11	74/11	91/4		69/8	75/8	87/12	67/1	69/5	90/7	s	03/6
東南アジア	インドネシア					99/6		93/7			90/9		s
	カンボジア	92/5	92/5			83/11	81/7		50/10		92/10		02/5
	シンガポール								95/8		95/10		s
	タイ	99/9	96/10			03/1					92/3		
	フィリピン	74/6	86/10a	89/8		67/9	78/1	87/7	50/7	73/5	90/8	03/8	02/5
	ブルネイ										95/12		
	ベトナム	82/9	82/9			82/6	81/6		83/5		90/2	01/12	01/12
	マレーシア							s	94/12		95/2		
	ミャンマー（ビルマ）								56/3		91/7		
	ラオス	s	s			74/2	81/10		50/12	84/12	91/5		
	東ティモール	03/4	03/9	03/9		03/4					03/4	03/9	03/4
南アジア	アフガニスタン	83/1	83/1			83/7	83/7		56/3	83/7	94/3		02/9
	インド	79/4	79/4			68/12	77/9	90/9	59/8	71/1	92/12		
	スリランカ	80/6	80/6a	97/10		82/2	82/2		50/10		91/7	00/9	s
	ネパール	91/5	91/5	91/5	98/3	71/1	77/7	89/3	69/1		90/9	s	s
	パキスタン					66/9	86/2		57/10		90/11	s	s
	バングラデシュ	98/10	00/9			79/6	85/2		98/10		90/8	00/9	00/9
	ブータン					s					90/8		
	モルジブ					84/4	84/4		84/4		91/2	s	s
太平洋	オーストラリア	75/12	80/8a	91/9	90/4	75/9b			49/7		90/12	s	s
	キリバス										95/12		
	クック諸島										97/6		
	サモア										94/11		
	ソロモン諸島	82/3				82/3					95/4		
	ツバル										95/9		
	トンガ					72/2			72/2		95/11		
	ナウル		s	s		s					94/7	s	s
	ニウエ										95/12		
	ニュージーランド	78/12	78/12a	89/5	90/2	72/11			78/12		93/4	01/11	s
	バヌアツ										93/7		
	パプアニューギニア					82/1			82/1		93/3		
	パラオ										95/8		
	フィジー					73/1			73/1		93/8		
	マーシャル諸島										93/10		
	ミクロネシア										93/5		s
中央アジア	ウズベキスタン	95/9	95/9	95/9		95/9			99/9		94/6		
	カザフスタン	s	s			98/8			98/8		94/8	03/4	01/8
	キルギス	94/10	94/10	95/10		97/9	97/9		97/9		94/10	03/8	03/2
	タジキスタン	99/1	99/1	99/1		95/1			93/10		93/10	02/8	02/8
	トルクメニスタン	97/5	97/5	97/5	00/1	94/9					93/9		

*97年8月、北朝鮮は国連事務総長に対し規約の破棄を通告したが、同規約には破棄条項が設けられていないため、事務総長はすべての締約国の同意が得られないかぎり、そのような破棄は不可能だという見解を出している。
**香港とマカオを含む。
※奴隷条約、奴隷条約改定議定書、改正奴隷条約は、実質的に同じものとみなした。批准（加入）の時期は国連事務総長に批准書もしくは加入書が寄託された年月による。

女性差別撤廃条約	女性差別撤廃条約選択議定書	女性の参政権条約	既婚女性の国籍条約	結婚最低年齢に関する条約	拷問等禁止条約	拷問等禁止条約選択議定書	改正奴隷条約※	奴隷条約	奴隷制廃止補足条約	人身売買禁止条約	無国籍者の削減に関する条約	無国籍者の地位に関する条約	難民条約	難民議定書	移住労働者権利条約	合計
79/12	99/10	52/12	57/01	62/11	84/12	02/12	53/12	56/09	49/12	61/08	54/09	51/07	67/01	90/12		
175	60	116	72	51	134	3	95	119	76	27	55	142	141	25		
36	10	22	8	7	19		16	18	13	2	4	17	17	5		
84/12		59/6			95/1				62/2			62/8	92/12	92/12		13
01/2																6
80/11					88/10								82/9	82/9		10
85/6		55/7			99/6				58/5				81/10	82/1		10
81/7	02/3	65/8		91/6	02/1		68/12	68/12								17
84/9	s	58/12			98/10				s							6
92/10	s				92/10				57/6				92/10	92/10		12
95/10			66/3						72/3	66/10						6
85/8	00/6	54/11														7
81/8	03/11	57/9		65/1	86/6		55/7	64/11	52/9		s		81/7	81/7	95/7	22
																1
82/2																10
95/7			59/2					57/11								5
97/7		s					57/4		s							4
81/8		69/1						57/9	78/4							9
03/4	03/4				03/4								03/5	03/5	04/1	13
03/3		66/11			87/4		54/8	66/11	85/5							14
93/7		61/11	s		s		54/3	60/6	63/1							13
81/10	02/10		58/5	s	94/1		58/3	58/3	58/4						96/3	16
91/4	s	66/4			91/5		63/1	63/1	02/12							15
96/3		54/12	s				55/9	58/3	52/7							9
84/11	00/9	98/10		98/10	98/10		85/1	85/2	85/1						s	16
81/8																2
93/7																6
83/7		74/12	61/3		89/8c		53/12	58/1		73/12	73/12	54/1	73/12			17
										83/11	83/11					3
																1
92/9			64/8										88/9	94/11		5
02/5	02/5	81/9					81/9	81/9					95/2	95/4		10
99/10													86/3	86/3		4
																3
				s												1
																1
85/1	00/9	68/5	58/12	64/6	89/12c	s	53/12	62/4					60/6	73/8		18
95/9																2
95/1		82/1					82/1						86/7	86/7		8
																1
95/8		72/6	72/6	71/7			72/6	72/6			72/6		72/6	72/6		12
								s								1
95/7		97/9			95/9											9
98/8	01/8	00/3	00/3		98/8								99/1	99/1		12
97/2	02/7	97/2	97/2	97/2	97/9		97/9	97/9	97/9				96/10	96/10	03/9	21
93/10	s	99/6			95/1				01/10				93/12	93/12	02/1	14
97/5		99/10			99/6		97/5	97/5					98/3	98/3		13

a:自由権規約41条に基づく、人権侵害に対する他国による申立の審査についての規約人権委員会の権限の受理。
b:人種差別撤廃条約14条に基づく、人権侵害に対する他国による申立の審査についての人種差別撤廃委員会の権限の受理。
c:拷問等禁止条約22条に基づく、個人の申立の審査についての拷問禁止委員会の権限の受理。
s:署名のみ。
※2004年2月27日、国連条約データベース(http://www.untreaty.un.org/)、国連難民高等弁務官事務所ホームページ(http://www.unhcr/)参照。

139

表2●2004～2005年の国連条約機関の検討仮日程（2004年2月末現在）

条約委員会	会期	期間	審議される国（予定）
社会権規約委員会	第32会期	2004.4.26-2004.5.14	リトアニア(1)、ギリシャ(1)、クウェート(1)、スペイン(4)、エクアドル(2)
	第33会期	2004.11.8-2004.11.26	アゼルバイジャン(2)、マルタ(1)、デンマーク(4)、イタリア(4)、チリ(3)
	第34会期	2005.4.25-2005.5.13	**中国(1)**、ザンビア(1)、セルビア・モンテネグロ(1)
自由権規約委員会	第80会期	2004.3.16-2004.4.3	スリナム(2)、ウガンダ(2)、リトアニア(1)、ドイツ(5)
	第81会期	2004.7.12-2004.7.30	セルビア・モンテネグロ(1)、ベルギー(4)、リヒテンシュタイン(1)、フィンランド(5)
人種差別撤廃委員会	第65会期	2004.8.2-2004.8.20	アルゼンチン(16-18)、ベラルーシ(15-17)、**カザフスタン(1-3)**、マダガスカル(10-18)、モーリタニア(6-7)、メキシコ(*)、モザンビーク(*)、ポルトガル(10-11)、スロバキア(4-5)、**タジキスタン(1-5)**、ザンビア(*)
子どもの権利委員会	第36会期	2004.5.17-2004.6.4	リベリア(1)、ドミニカ(1)、サントメ・プリンシペ(1)、パナマ(2)、**北朝鮮(2)**、**ミャンマー(2)**、ルワンダ(2)、エルサルバドル(2)、フランス(2)
	第37会期	2004.9.13-2004.10.1	ボツワナ(1)、アンティグア・バーブーダ(1)、バハマ(1)、赤道ギニア(1)、ブラジル(1-2)、アンゴラ(*)、イラン(1)、キルギス(2)、クロアチア(2)
	第38会期	2005.1	アルバニア(1)、オーストリア(2)、スウェーデン(3)、ボリビア(3)、ルクセンブルク(2)、トーゴ(2)、エクアドル(2-3)、ナイジェリア(2)、ベリーズ(1)
	第39会期	2005.5	**ネパール(2-3)**、**フィリピン(2)**、ノルウェー(3)、ニカラグア(3)、**モンゴル(2)**、イエメン(3)、**中国(香港・マカオ含)(2)**、トリニダード・トバゴ(2)、コスタリカ(3)
女性差別撤廃委員会	第31会期	2004.7.6-2004.7.23	アンゴラ(1-3)、赤道ギニア(2-3)、**バングラデシュ(5)**、ドミニカ(5)、スペイン(5)、ラトビア(1-3)、マルタ(1-3)、アルゼンチン(フォローアップ)
拷問禁止委員会	第32会期	2004.5.3-2004.5.21	ブルガリア(3)、チリ(3)、クロアチア(3)、チェコ(3)、ドイツ(3)、モナコ(2)、**ニュージーランド(3)**
	第33会期	2004.11.15-2004.11.26	トーゴ(*)、アルゼンチン(4)、アルバニア(1)、カナダ(4)、フィンランド(4)、ギリシャ(4)

注1●国連人権高等弁務官事務所のホームページより。審議済みを含む。
注2●審議される（予定）国の太字はアジア・太平洋地域。
注3●審議される国の後の（　）内は対象となる報告、(*)は報告書なしの審議。

●国連の動向

ILO Report on Discrimination at Work

ILO：仕事における差別

　ILOは「労働における基本的原則及び権利に関するILO宣言とそのフォローアップ」を採択したが、そのフォローアップのひとつに基本的原則および権利の各分野を毎年ひとつ取り上げ、事務局長の責任においてグローバル・レポートを作成し、総会に提出することを挙げている。今まで、結社の自由、強制労働、児童労働が取り上げられ、2003年は「Time for equality at work」と題された報告1)で労働における平等が取り上げられた。以下は、その内容の紹介である。

1. 仕事における差別（discrimination at work）

(1)差別とは何か

　雇用と職業における差別とは、特定の人を、業績や職務の必要性とは無関係な、ある特徴に基づき、区別し不利に取り扱うことをいう。ILOの差別待遇（雇用および職業）条約（第111号）では、差別とは、「人種、皮膚の色、性、宗教、政治的見解、国民的出身または社会的出身に基づいて行われるすべての差別、除外または優先で、雇用または職業における機会及び待遇の平等を無にするか、害する結果となるもの」と規定する。この規定に含まれる7つの理由が本条約の定める差別の共通基準だが、加盟国は労使協議のうえ、独自に新しい差別理由を追加することができ、その具体例としては、年齢、障害、HIV／エイズ、性的指向に基づく差別などが挙げられる。反組合的差別も、いまだ根強く広範に行われている。差別の撤廃は、「労働における基本的原則及び権利に関する宣言」にも含まれるILOの中核的な目標である。

　一方、生産性の違いに基づいた異なった取扱いや異なった報酬は差別とはならない。技能、資格、能力の違いを反映し、特定の労働者、あるいは特定の職業が、他の労働者、職業よりも生産的で、労働報酬の差につながることがあるが、これは公正かつ効率的なものといえる。才能、知識、技能などといった個人の資質に基づく異なった取扱いは差別にはあたらない。

　特定の個人の特別のニーズに応えるための異なった取扱い、つまり、機会の平等を確保するための異なった取扱いも差別にあたらない。たとえば、障害を有する労働者のための通路を確保

1) http://www.ilo.org/public/english/standards/decl/publ/reports/report4.htm

したり、妊娠した労働者を職場における危険から保護することは差別ではない。過去または現在の差別により、不利な立場に置かれている人々を支援する措置についても同様である。

(2) どんな形態の差別があるのか

差別を受けている最大の集団は女性である。働く女性は増えてきているが、先進国でも女性管理職の割合は3割に達しないなど、依然多くの国で昇進を阻む「ガラスの天井」が存在し、男女賃金格差がみられる。より低賃金の、より不安定な仕事には、女性が集中し、失業率もほとんどつねに、女性のほうが高くなっている。差別は、教育、報酬、職域分離など、採用時から解雇時に至る、雇用のあらゆる段階で起こる可能性がある。男女が働く経済活動部門は異なり、同じ職業集団内でも別々の位置を占める傾向がある。女性が雇用される職業の幅は狭く、パートタイマーや短期雇用で働く傾向があり（日本や米国ではパートタイマーの約7割が女性）、昇進やキャリア開発における障壁もみられる。輸出主導型工業開発は女性に多くの新しい職業への道を開いたが、賃金、職階、昇進の点で依然不平等が残る。一時は女性に平等な待遇と機会を開く窓として、喝采とともに迎えられた情報通信技術関連の新しい分野の仕事でも職域分離の存在を示す証拠がある。

人種差別もまだ残っている。チェコにいるロマ民族労働者の平均7割は失業しているといったように、影響を受けているのは、移民労働者、少数民族、先住民および種族民、その他の弱者集団である。地球規模の労働力移動の増大は移民労働者に加え、2世及び3世の移民労働者、外国生まれの市民に対する人種差別の形態を大きく変え、こういった労働者を外国人と（たとえそうでない場合でも）認識することが、これらの人々に対する差別につながっている。今日の世界では、ある人種または民族が他より優れているとの古い理論はさすがにみられないが、外国の「両立し得ない」文化が、国家のアイデンティティの統一を乱すおそれがあるとの主張に姿を変えている。

世界全体でHIV感染者・エイズ患者の数は約4,200万人に達すると推計される。こういった人々に対する差別は、とくに女性に対するものはますます懸念されるようになってきている。これは採用拒否を招く可能性のある採用前検査の実施や外国人労働者の検査義務づけのように、多くの形態をとりうる。このほかの形態の差別には、医学的な証拠・通知または意見聴取なしの解雇、降格、健康保険給付の拒否、給与減額、いじめといったものがある。

現在、世界人口の約7〜10%とされる障害者数も、人口の高齢化とともに増える可能性がある。障害者の大半が途上国に住み、その比率は都市部よりも農村部で高いように見える。最も一般的な形態の差別は、労働市場と教育訓練の双方における機会の否定で

ある。障害者の失業率は途上国の多くで80％に達し、障害者はしばしば低賃金のつまらない低技能職に押し込められ、社会的な保護はほとんどあるいはまったく得られない。

この10年、宗教に基づく差別が増えてきたように思われる。現下の国際政治情勢は宗教集団相互の恐怖と差別の感情を煽り立て、社会を不安定にし、暴力を生む危険がある。宗教的な差別には、少数派宗教の信者に対する職場の同僚または上司の攻撃的な態度、宗教的慣習の無視と敬意不足、宗教的な日や祭日における労働の義務づけ、採用または昇進における偏り、事業免許の拒否、被服上の慣習に対する敬意の不足が含まれる。

年齢に基づく差別に対する懸念も高まってきている。2050年までに、先進国の人口の33％、途上国の19％が60歳以上になるが、その大半が女性である。差別は、採用年齢制限のような公然としたものから、キャリアの可能性が低いとか、経験がありすぎるからといった理由による採用拒否など、より巧妙なものまである。その他の形態の差別には、訓練受講機会の制限、実質的に退職を強いる労働条件といったものが挙げられる。年齢差別は退職が近い労働者に対するものに限られない。

多くの人が「複合差別」を受けている。たとえば、先住民および種族民は最貧困層に属し、この集団の中の女性はさらにいっそう深刻な影響を受けている。こういった人々が直面する不利の度合いまたは深刻度は、個人的な特性がどれだけ差別を生み、それがどのように相互に関連しているかによって左右される。たとえば、ある人が差別を生む複数の特徴を備える場合もある。さまざまな形態の差別を被る人々は、貧困層、とくに慢性的貧困層の中の大きな割合を占め、インフォーマル経済にも多く見られる傾向がある。

⑶なぜ差別をなくすべきか

人間の発達と尊厳は仕事における差別の撤廃に左右される。これは基本的な権利であり、個人、企業、社会全般それぞれにとって利益になることである。差別の撤廃は、個人が自由に職業を選択し、能力と技能を高め、個人の資質に応じた報酬を受け取るために不可欠である。差別は、労働市場において不平等と不当な不利益を生じさせる。

職場における公正と正義は、労働者の自尊心、意欲、向上心を高める。より生産的で忠誠心の高い労働力と、効率的な人的資源、管理との組合せは、企業自体の生産性と競争力を高める。反対に、差別はストレスを生み、労働意欲と向上心を削ぎ、自尊心を傷つけ、偏見の増進につながる。社会的緊張と紛争のリスクも、社会を構成するグループの間で機会がより平等に配分されている場合には、縮小される。

長期的な差別と排除は貧困、そして社会分裂を引き起こし、経済成長を妨げる。たとえばアパルトヘイト時代の南

アフリカでは、製造業における技能労働者が不足し、経済成長の鈍化を招いた。教育制度は、国民の大多数が高いポストへの競争力を持たない状況を引き起こし、技能不足をよりいっそう深刻化させた。職場における差別を廃止することは、他での差別をなくすことに向けての戦略的な一歩であり、より平等で民主的な労働市場と社会を構築し、紛争を減らすことに貢献する。

逆に、多様性は企業の競争力を高める。年齢、性別、宗教、障害などの、社会における多様性を反映する労働力は、多様な顧客のニーズを理解するのにより適しているといえる。生産資源と教育が男女間でより平等に配分されれば、より高い生産性と成長力を招くであろう。

(4) ILOを中心とする差別問題への国際的な取組み

◎1919——第2次世界大戦終結後、パリ平和会議によって設置された国際労働法制委員会でILO憲章を起草。憲章は、世界の永続する平和は、社会正義を基礎とする場合においてのみ確立できることを認め、人々が自由かつ公正に、自己が貢献した繁栄の分け前を享受できるようにすることを目的とする。

◎1930——1920年代に植民地統治国が先住民に労働を強要し続けていたことに対応し、ILOは強制労働条約（第29号）を採択。明白な奴隷制度、奴隷売買は1880年代からすでに違法とされていたにもかかわらず、このような行為は1920年代でもまだ広範に行われていた。

◎1944——ILOはフィラデルフィア宣言によって、憲章の範囲を拡大。労働条件の向上のみならず、戦後経済におけるより公正な成長の促進、そして人間の尊厳、安全、機会の平等を尊重する完全雇用の拡大を含むようになった。

◎1945——国際的平和と安全を維持すること、国家間の友好的な関係を発展させること、および社会の進歩とよりよい生活条件の確保、そして人権の促進を目的として、国際連合を設立。ILOは国連の専門機関になっている。

◎1946——ILOは世界中の先住民族の生活や労働状況を調査するための専門家委員会を任命。この調査は1954年の複数機関による計画開始への道を開いた。

◎1948——国連総会は世界人権宣言を採択・公布。

◎1949——ILOは移民労働者に関する問題を取り上げ、移民労働者（改正）条約（第97号）を採択。そのなかでとくに差別に対する保護が規定され、ILOが絶えず弱者の権利の保護に関心を抱いていることが確認された。

◎1951——ILOは同一報酬条約（第100号）を採択。平等の促進と、労働における差別の撤廃を特に目的としたILO条約は2つあるが、これがその1つ目である。男女が異なった分野での経済活動を選択する傾向にあることに配

慮し、同一労働同一賃金原則では不充分だということを認識したうえで、男女平等に関し、進歩的な見解をとり、同一価値労働同一賃金を規定している。

◎1955——ILOは職業リハビリテーション（障害者）勧告（第99号）を採択。障害者の職業訓練へのアクセス、職業紹介事業等、幅広い分野をカバーするものである。

◎1957——ILOは強制労働廃止条約（第105号）を採択し、強制労働と人種、社会的身分、宗教を理由とした差別との関連性を明確にした。この年には、先住民・種族民条約（第107号）も採択（1989年に改正）。

◎1958——ILOは差別待遇（雇用および職業）条約（第111号）を採択し、すべての労働者を人種、肌の色、性別、宗教、信条、国家的出身および社会的出身に基づく差別から保護することになった。加盟国は、労使団体との協議のうえ、差別を行ってはいけない新たな理由を追加できる。

◎1964——ILOは雇用政策条約（第122号）を採択。差別のない雇用のための政策の枠組みを提供し、貧困と差別は同時に取り組むことができることを示している。基礎となるのは、いかなる社会でも、そのいかなる構成員の才能と能力も無駄にする余裕などないという考えである。条約は、とくに近年に植民地支配から解放された国々において、貧困の問題がますます懸念されていることを表わすものである。

◎1965——国連はあらゆる形態の人種差別の撤廃に関する国際条約を採択。

◎1975——ILOは再び、自国の外にいる労働者の直面する困難に注目し、移民労働者（補足規定）条約（第143号）を採択。総会はまた、女性労働者の機会と待遇における平等に関する宣言も採択した。

◎1979——国連は女性に対するあらゆる形態の差別の撤廃に関する条約を採択。

◎1980——ILOは高齢労働者の問題をとくに扱った初のILO文書として、高齢労働者勧告（第162号）を採択。この勧告は、それまでの勧告、条約等に含まれる高齢者に関する言及を基礎としている。

◎1983——ILOは職業リハビリテーションおよび雇用（障害者）条約（第159号）および付随する同勧告（第168号）を採択し、障害をもつ人々が労働市場において受ける大きな不利益に世間の目を向けさせた。

◎1989——ILOは国連システム全体の参加のもと、1957年の条約を基礎に、先住民および種族民条約（第169号）を採択。これらは、現在でも、先住民および種族民の権利を直接扱った唯一の国際基準となっている。

◎1990——すべての移住労働者とその家族の権利の保護に関する国連条約が採択され、2003年に発効した。

◎1993——国連世界人権会議が、人権の観点からの開発に焦点を当て、世

145

界でもこのようなアプローチに対する理解とコミットメントが高まった。国連総会は、新たに国連人権高等弁務官というポストを創設した。

◎1995──コペンハーゲンで開かれた国連社会開発サミットで、4つの分野における権利が基本的権利であることが宣言されたが、その中には、雇用と職業における差別からの自由も含まれる。これは、労働における基本的原則および権利に関するILO宣言採択への道を開いた。また、北京で開かれた国連の第4回世界女性会議では、男女平等はそれ自体が開発における目的であることが主張され、政治宣言および行動綱領が採択された。

◎1998──雇用と職業における差別からの自由を含めた4つの分野の権利をカバーする、労働における基本的原則および権利に関するILO宣言が採択された。ILO加盟国は、当該条約を批准していなくてもその原則を守ることを約束するものである。

◎2000──ミレニアム開発目標が国連総会で採択され、貧困の削減が目標とされた。このなかで、非農業部門の賃金雇用において女性が占める割合が1つの指標とされた。

◎2001──人種主義、人種差別、外国人排斥およびそれに関連する世界会議が、ダーバン(南アフリカ)で開かれた。宣言および行動計画が採択され、働く世界において差別をなくすことの必要性が強調された。この年、ILOは、HIV感染者及びエイズ患者の基本的権利の保護、および感染予防をめざした「HIV／エイズと働く世界に関するILO行動規範」(日本語訳あり)、採用、雇用、昇進、仕事への定着、および職場復帰に関し、障害をもつ労働者の問題の管理についてアドバイスを提供することをめざした「職場において障害をマネジメントするための実践綱領」(日本語訳あり)を作成した。

(5) 差別はどうすればなくせるか

職場は差別と戦う戦略的な入口である。職場がさまざまな特徴を持った人々を一緒にし、公平に扱うならば、社会全体におけるステレオタイプをなくすことができる。

差別をなくすには、差別を禁止し、平等を促進する法律が不可欠だが、法律のみでは不充分である。仕事における差別は、これを禁止するだけでは廃止できない。有効な実施制度、ポジティブ・アクション、偏見のない教育、職業訓練および職業紹介サービス、そして進歩の状況を評価する統計データも必要である。このような政策と法制度の組合せは、あらゆる形の差別を廃止するのに不可欠である。

仕事における平等の達成に関し、「すべてに通用する」解決策というものはない。問題は国によって、集団によって違う。平等を阻止する要素は、公式なものも、非公式なものもともに廃絶する必要がある。平等を促進する措置は、文化、言語、家族の事情、識字力や基礎計算能力などにおける多

様性に配慮しなければならない。農業労働者や中小企業のオーナー、とくに支配層でない女性や少数民族にとっては、土地、職業訓練、技術、資本への平等なアクセスがカギになる。一般社会への広範な啓蒙活動も必要かもしれない。この、つねに変化し続ける現象と戦うためのもうひとつの有効な手段は、労使団体とその代表性の強化である。

仕事における差別の撤廃はみんなの責任である。国家は差別的慣行を禁止し、仕事に関わる平等な機会を推進する健全な法制度および政策を整備する義務がある。労使団体は、個々にそして協力して、職場における差別的慣行を確定し、それをなくさなくてはならない。最も重要なこととして、働いている場所にかかわらず、差別されている労働者および使用者の声が聞かれる必要がある。

このような努力はすでに世界的にみられる。たとえば、カースト制がある多民族国家インドでは、選挙議席や政府および教育機関における一定職員数を特定カーストおよび特定民族に割り当てるアファーマティブ・アクションがとられている。ILOの米州間職業訓練・調査資料センター（CINTERFOR）は、米州開発銀行の支援を受けて、アルゼンチン、ボリビア、コスタリカの低所得女性を対象とした技術・職業訓練強化計画を実施している。エストニアではロビー集団の圧力などを通じて年齢差別を受けている高齢女性の雇用拡大を図る計画が進められている。さらに、加盟組織への団体交渉指針提示を通じて労働組合自ら男女平等を推進している韓国、10年余りにわたり、使用者団体が女性の小企業開発を支援する活動を実施してきたパキスタンといったように、労使団体による活動の例もある。国連グローバル・コンパクトの枠内でも、職場における多様性に関するよい慣行を強調し、推進することを目的とするイニシアチブがフォードなど企業の主導で進められている。

ILOは政府、労使団体と協力し、この基本的な原則と権利を推進している。差別の撤廃は社会正義と貧困削減達成に向けた貴重な一歩になるが、このいずれもがILOの関心事項の中核にある。ILOは第111号条約をはじめ、差別を扱う条約の形態で、法的枠組みを開発している。

2003年6月に開かれるILO総会では、1998年に採択された「労働における基本的原則及び権利に関するILO宣言」をフォローアップするグローバル・レポートをもとに、仕事における平等の問題を討議する。この討議を受けて、11月の理事会では、この分野の技術協力について議論が行われることになる。グローバル・レポートでは、知識の強化、啓発活動、協力活動の展開を中心としたILOの差別撤廃活動を提案している。

（2003年5月20日発行ILO駐日事務所メールマガジンNo.12より）

●国連の動向
Views on Individual Communication Issued by the Treaty Bodies for 2003

条約委員会による
個人通報に対する見解

　主要人権条約のなかには、条約の規定する権利を侵害された被害者である個人が、直接条約委員会に侵害について条約違反を問う申立を行う制度を有するものがある。これが個人通報制度であり、締約国が権利の実現状況などについて定期的に報告を提出する報告制度と並ぶ、人権条約の実施措置のひとつである。

　報告制度が全締約国に課される義務であることに対し、個人通報制度は別途選択議定書の批准か受諾宣言を行った国にのみ適用される。つまり、個人通報制度を受け入れた国の領域内にいる個人が、この制度を利用することができる。現在この制度を有しているのは、自由権規約（第1選択議定書）、人種差別撤廃条約（14条）、拷問等禁止条約（22条）および女性差別撤廃条約（選択議定書）である。ちなみに日本は、いずれの条約についても個人通報制度は受け入れていない。

　委員会は申立について、まず条約の権利に関する訴えであるか、国内で利用できる救済手続を全部利用しつくしているかどうか、明白な根拠があるかどうかなどの受理可能性について審議する。受理可能と判断された申立は、本案について審議され、締約国の違反があったかどうか認定される。審議は非公開で行われるが、委員会の判断は「見解」として申立人と当事国に通報され、一般にも公表される。

　以下は、2003年度に自由権規約委員会が公表した見解のうち、3件（2件はほぼ同内容）の概要である。続いて、各条約委員会が2003年度に公表した見解のうち、受理され、違反もしくは違反がなかったかどうか判断されたものの一覧を挙げる。

　なお、女性差別撤廃条約に基づく見解はまだ出されていない。

1. 興味深い見解

⑴リャシュケビッチ v. ベラルーシ、ボンダレンコ v. ベラルーシ（2003年4月3日採択）No.887/1999, 886/1999

通報先：自由権規約委員会
申立条項：6条、7条、14条

　最初の1件の申立人はリャシュケビッチ氏とその母親であり、同氏は殺人などで有罪となり死刑判決を受け、申立後、刑を執行された。申立は判決が情況証拠のみに基づき、充分立証さ

れていないため6条違反を訴えたが、自由権規約委員会は14条、7条についても関係があるとして検討した。

　もう1つの申立人はボンダレンコ氏とその母親であり、同氏は上記同様、殺人などで有罪となり死刑判決を受け、申立後、刑を執行された。申立は判決が反証、または刑の軽減の理由となりうる証拠や証言を取り上げなかったことなどから、6条および14条違反を訴えたが、自由権規約委員会は7条についても関係があるとして検討した。

　両事件とも申立人側からさらに、死刑執行の場合、家族などに執行日は知らされず秘密裏に行われ、遺体もどの墓地のどこに埋葬されているか目印もないと申し立てられた。

　委員会は6条および14条の違反について、裁判所の判断が明らかに恣意的で、または裁判の拒否に当たる場合、あるいは裁判所の独立性および公平性に問題がある場合を除いて、特定の事件に関する事実や証拠を判断するのは締約国の裁判所であるとして、両条項について不受理とした。

　一方、家族に死刑の執行の日、埋葬の場所などが伝えられないこと、遺体が引き渡されないことなどによって家族は不安や精神的に辛い状況に陥るとし、そのことは家族に脅威を与え、制裁を科すものとして7条違反に当たると述べた。

⑵ラメカほか v. ニュージーランド（2003年11月6日採択）No.1090/2002

通報先：自由権規約委員会
申立条項：7条、9条1・4、10条1・3、14条2

　申立人3人のうち、ラメカ氏は強姦2件、加重窃盗、強姦未遂などについて有罪判決を受け、それまでの性犯罪の前科、暴力の使用、性犯罪を繰り返す可能性が20％あると精神鑑定書が出されたことなどを考慮して、強姦のうち1件について予防的拘禁（仮保釈委員会の決定による保釈まで無期の拘禁）、2件目の強姦について14年の禁固刑などを受け、控訴院はその判決を支持した。

　2人目のハリス氏は、12歳以下を含む少年に対する性犯罪11件について有罪判決を受け、11件のうち2件について6年、その他について4年の禁固の刑を科された。同氏は、その前にも11歳の少年に対する性行為、暴行で有罪となっていた。検察の控訴を受け、控訴院はハリス氏が刑期中に性犯罪受刑者用の講習を受けていること、また精神鑑定書に挙げられた危険要因の分析などを考慮し、今回の犯罪は7年半以上の有期刑に該当するが、予防的拘禁が適当と判断した。

　3人目のタラワ氏は、強姦、違法な性行為、暴行、窃盗、加重窃盗、誘拐、加重強盗、不法侵入などの罪で有罪となり、強姦2件を含む3件の前科があること、今回の犯罪の性質や重大性、被害者の状況、前回の矯正の効果がなかったこと、精神鑑定の結果などを

考慮して、3件の性犯罪に関して予防的拘禁、加重窃盗について4年、誘拐について6年、他の犯罪については有期の禁固刑を科し、控訴院はその判決を支持した。

3人とも枢密院司法委員会への上告は却下された。

(a)申立の主張

3人の申立は、予防的拘禁がすでに犯した犯罪ではなく、将来犯罪を犯す可能性に対して科されるものであることから、裁判所が裁量で無期の予防的拘禁の判決を下した手続などが恣意的であること、予防的拘禁の場合、継続して拘禁することが正当か定期的に見直さなければならないが、10年経なければ保釈可能性を判断する仮釈委員会に諮られないこと、推定無罪に反することなどについて規約の違反があったとした。

申立人は、ニュージーランドの第3回報告審議の際、予防的拘禁について9条および14条7項との整合性について懸念が示されていることを指摘した。また、仮釈のない10年の禁固刑について7条、10条違反を申し立てた。

(b)政府の主張

政府は予防的拘禁について、それが過去の犯罪に対して科されるものであり、その犯罪と均衡していて適切であるとみなされる場合に、過去の犯歴、将来犯罪を犯す可能性などを考慮してとられる措置であると説明した。裁判所はこの措置を、以前に類似の特定の重大な犯罪（主に性犯罪）を犯している場合、あるいは1993年の法改正以降、特定の性犯罪については、前科の有無にかかわらず精神鑑定の結果、類似の再犯の可能性があるとみなされる場合、とることができる。その判断の際には、犯罪の性質、重大性、期間、被害者の状況、矯正の効果、再犯までの期間、再犯防止のためにとられた措置、被害者に対する責任感や反省などの点を考慮して行われる。予防的拘禁が科された人は、通常10年の仮釈のない期間収容され、それ以降独立した仮釈委員会が少なくとも1年に1回仮釈の可能性を検討する。委員会は拘禁期間が10年になる前に仮釈を検討することもできる。しかし政府は、10年が経過する以前に仮釈委員会が拘禁継続の適切性について検討した事例を提示しなかった。委員会はその判断で受刑者を釈放する権限を有し、その判断を高等裁判所に上訴することもできる。

(c)委員会の判断

自由権規約委員会は3人の予防的拘禁自体について、いずれの申立人もそれぞれの犯罪に対して有期刑であった場合に科されたであろう期間が未終了であるので、予防的拘禁制度の被害者とみなされず、申立のその部分について不受理とした。さらにタラワ氏の申立については控訴手続を含む法改正が行われた結果、申立の件に関する控

訴が可能となっており、その救済手続がまだ完了していないとして不受理とした。

本案について、ハリス氏については、もし予防的拘禁が科されていなければ7年半以上の有期刑が相当するとされていることから、有期刑が科されていた場合の拘禁期間が終了してから、仮保釈委員会に付されるまでの2年半、拘禁継続の正当性について検討されないため、9条4項の違反とした。

ラメカ氏については、2件目の強姦について14年の禁固を科されており、有期刑としても9年4カ月は仮保釈になることはないことが政府により示されていた。

2人の予防的拘禁の判決について自由権規約委員会は、公共の保護のためなどの予防的拘禁はその拘禁されている期間全体についてやむをえない理由による正当性が必要であり、司法機関・手続によって審査される可能性がなければならず、恣意的な拘禁とみなされないためには、その拘禁の正当性も含めて定期的な審査が行われなければならないとした。前述の要件に照らしてみると、10年目以降は仮保釈委員会が毎年拘禁を検討することになっており、またその判断は高等裁判所で審査しうることから9条に違反するとはいえないと判断した。

この見解には、バグワティほか3名の委員が、将来犯罪を犯す危険性だけを根拠に科される拘禁は9条1項違反になると、一部反対意見を付した。また、ケーリン委員はハリス氏について、実際には有期刑を科されておらず、最初から予防のみの拘禁であるため、最後の2年半についてだけでなく10年全体として9条4項の違反との意見を付した。ララー委員は予防的拘禁が過去の犯罪ではなく、将来起こりうることに対して科される刑罰であるとして15条1項違反、また、この刑の場合裁判所は拘禁の期間を決定することができず、その判断は一行政機関に委ねられることになるため14条1項違反のほか14条2項違反とする意見を付した。一方、シェアラー委員ほか1名に安藤委員が加わり、拘禁が多数見解のいうように制裁部分と予防部分に厳密に区別されるのではなく、ハリス氏についてもラメカ氏と同様違反はないとの部分的反対意見を付した。

2. 見解の一覧

ゴチック表示が対象国と通報番号。以下、①文書番号と採択日、②申立内容、③違反条項（違反なしの場合は申立条項）、④結果の順に表示。

(1)人種差別撤廃委員会
6件中2件を受理、本案を審議。
オーストラリア　No.26/2002
① CERD/C/62/D/26/2002, A/58/18 Annex III p.139 Mar. 20, 2003
②スポーツ競技場に人種差別的表現とみなされる記念スタンドと、その表示

151

があること
③2条1(c)、4条、5条d(i)・(ix)・e(iv)・f、6条、7条
④違反なし、人種差別的表現の使用・表示を今後しないという地元代表者の会合による決定に留意

デンマーク　No.27/2002
①CERD/C/63/27/2003, A/58/18 Annex III p.149 Aug. 19, 2003
②政党会議での政党員による差別的発言について、役員への責任追及が行われないこと
③2条1(d)、4条、6条
④違反なし

(2)拷問禁止委員会
　21件中19件を受理、本案を審議。

スイス　No.192/2001
①CAT/C/30/D/192/2001, A/58/44 Annex VI p.126 Apr. 29, 2003
②シリアへの送還
③3条
④違反なし

オランダ　No.198/2002
①CAT/C/30/D/198/2002, A/58/44 Annex VI p.161 Apr. 30, 2003
②スーダンへの送還
③3条
④違反なし

フィンランド　No.197/2002
①CAT/C/30/D/197/2002, A/58/44 Annex VI p.153 May 1, 2003
②スリランカへの送還
③3条
④違反なし

オランダ　No.201/2002
①CAT/C/30/D/201/2002, A/58/44 Annex VI p.170 May 2, 2003
②トルコへの送還
③3条
④違反なし

オランダ　No.191/2001
①CAT/C/30/D/191/2001, A/58/44 Annex VI p.115 May 5, 2003
②スリランカへの送還
③3条
④違反なし

スイス　No.219/2002
①CAT/C/30/D/219/2002, A/58/44 Annex VI p.177 May 7, 2003
②スペインへの引渡し
③3条、15条
④違反なし

オランダ　No.190/2001
①CAT/C/30/D/190/2001, A/58/44 Annex VI p.107 May 15, 2003
②イランへの送還
③3条
④違反なし

オーストラリア　No.153/2000
①CAT/C/31/D/153/2000 Nov. 11, 2003
②南アフリカ経由で入国したアルジェ

リア人の南アフリカへの送還
③3条
④違反なし
スウェーデン　No.215/2002
①CAT/C/31/D/215/2002 Nov. 11, 2003
②コロンビアへの送還
③3条
④違反なし
スイス　No.186/2001
①CAT/C/31/D/186/2001 (Nov. 11, 2003)
②スリランカへの送還
③3条
④違反なし
デンマーク　No.209/2002
①CAT/C/31/D/209/2002 (Nov. 12, 2003)
②アルジェリアへの送還
③3条
④違反なし
チュニジア　No.187/2001、No.188/2001、No.189/2001
①CAT/C/31/D/187/2001, CAT/C/31/D/188/2001, CAT/C/31/D/189/2001 (Nov. 14, 2003)
②警察に拘束されている間拷問を受けたが、拷問の訴えが受理されず、捜査が行われなかったこと
③12条、13条
④違反認定
スウェーデン　No.213/2002
①CAT/C/31/D/213/2002 (Nov. 14, 2003)
②コスタリカへの送還
③3条
④違反なし
オランダ　No.203/2002
①CAT/C/31/D/203/2002 (Nov. 14, 2003)
②イランへの送還
③3条
④違反なし
スウェーデン　No.199/2002
①CAT/C/31/D/199/2002 (Nov. 17, 2003)
②エジプトへの送還
③3条
④違反なし
デンマーク　No.210/2002
①CAT/C/31/D/210/2002 (Nov. 17, 2003)
②ロシアへの送還
③3条
④違反なし
スウェーデン　No.228/2003
①CAT/C/31/D/228/2003 (Nov. 18, 2003)
②バングラデシュへの送還
③3条
④違反なし

(3)自由権規約委員会
　62件中32件を受理、本案を審議。
リトアニア　No.836/1998
①CCPR/C/77/D/836/1998, A/58/40 Annex V p.104 (Mar. 17, 2003)
②有罪の判決について上級の裁判所に再審理を要求できないこと

③14条5
④違反認定

トリニダード・トバゴ　No.908/2000
①ＣＣＰＲ/Ｃ/77/Ｄ/908/2000, A/58/40 Annex V p.216 (Mar. 21, 2003)
②裁判の遅滞、刑務所の状況
③9条3、10条1、14条3(c)・5
④違反認定

オーストラリア　No.983/2001
①ＣＣＰＲ/Ｃ/77/Ｄ/983/2001, A/58/40 Annex V p.286 (Mar. 25, 2003)
②航空機操縦士が60歳で定年退職になること
③26条
④違反なし

フィリピン　No.1077/2002
①ＣＣＰＲ/Ｃ/77/Ｄ/107/2002, A/58/40 Annex V p.363 (Mar. 28, 2003)
②特定の要件で殺人に自動的に死刑が科されること
③6条1
④違反認定

ニュージーランド　No.893/1999
①ＣＣＰＲ/Ｃ/77/Ｄ/893/1999, A/58/40 Annex V p.176 (Mar. 28, 2003)
②フィジーへの強制退去による家族（娘と孫）との分離
③23条1
④違反なし

ベラルーシ　No. 886/1999、No. 887/1999（上記1参照）

①ＣＣＰＲ/Ｃ/77/Ｄ/886/1999, CCPR/C/77/D/887/1999, A/58/40 Annex V p.161, p.169 (Apr. 3, 2003)
②死刑執行の日時、正確な埋葬場所を家族に通知しないこと
③7条
④違反認定

オーストリア　No.1086/2002
①ＣＣＰＲ/Ｃ/77/1086/2002, A/58/40 Annex V p.375 (Apr. 3, 2003)
②行政裁判所の引渡停止命令にもかかわらず米国に引渡しが行われ、控訴ができなくなったこと
③14条1
④違反認定

ジャマイカ　No.796/1998
①ＣＣＰＲ/Ｃ/78/Ｄ/796/1998, A/58/40 Annex V p.61 (Jul. 14, 2003)
②殺人罪の有罪判決までの裁判の遅延、刑務所の状況
③10条1、14条3(c)
④違反認定

ザンビア　No.856/1999
①ＣＣＰＲ/Ｃ/78/Ｄ/856/1999, A/58/40 Annex V p.130 (Jul. 15, 2003)
②逮捕後2年間、裁判官の前に連れて行かれることなく拘禁され、同国法の下では違法な拘禁について賠償を請求できないこと
③9条1・5
④違反認定

韓国　No.878/1999
①ＣＣＰＲ／Ｃ／７８／Ｄ／８７８／１９９９, A/58/40 Annex V p.152 (Jul. 15, 2003)
②反政府文書の配布、非合法であった北朝鮮訪問などで有罪判決後の「思想転向制度」、転向拒否後の独房での収容
③10条1・3、18条1、19条1、26条
④違反認定

スリランカ　No.950/2000
①ＣＣＰＲ／Ｃ／７８／Ｄ／９５０／２０００, A/58/40 Annex V p.248 (Jul. 16, 2003)
②軍の兵士に連行された息子が行方不明であること
③7条（息子、家族について）、9条（息子について）
④違反認定

ペルー　No.981/2001
①CCPR/C/78/981/2001, A/58/40 Annex V p.278 (Jul. 22, 2003)
②テロ行為容疑で令状のない逮捕、拷問後、無罪となるが、10年後覆面最高裁の再審命令を受け、有罪となったこと
③7条、9条1・3、14条、15条
④違反認定

スペイン　No.986/2001
①ＣＣＰＲ／Ｃ／７８／Ｄ／９８６／２００１, A/58/40 Annex V p.303 (Jul. 30, 2003)
②最高裁による下級審の判決の状況に関する検討が充分ではないこと
③14条5
④違反認定

ドイツ　No.960/2000
①ＣＣＰＲ／Ｃ／７８／Ｄ／９６０／２０００, A/58/40 Annex V p.261 (Jul. 31, 2003)
②旧東ドイツ国境警備隊として任務遂行中に行った射殺、地雷敷設命令により、殺人罪ほかで有罪となったこと
③15条、26条
④違反なし

コンゴ　No.933/2000
①CCPR/C/78/933/2000, A/58/40 Annex V p.224 (Jul. 31, 2003)
②申立人を含む315人の判事・検事の手続に則らない罷免
③2条1、9条、14条1、25条(c)
④違反認定

リトアニア　No.875/1999
①ＣＣＰＲ／Ｃ／７８／Ｄ／８７５／１９９９, A/58/40 Annex V p.145 (Aug. 4, 2003)
②殺人容疑の判決までの手続に4年4カ月かかったこと
③14条3(c)
④違反認定

ベラルーシ　No.814/1998
①ＣＣＰＲ／Ｃ／７８／Ｄ／８１４／１９９８, A/58/40 Annex V p. 69 (Aug. 5, 2003)
②新憲法の制定による裁判官の職の任期期限前の免職
③2条、14条1、25条(c)
④違反認定

カナダ　No.829/1998
①ＣＣＰＲ／Ｃ／７８／Ｄ／８２９／１９９８,

A/58/40 Annex V p.76 (Aug. 5, 2003)
②米国で死刑判決を受けた後カナダに逃亡した申立人の司法手続前の送還
③2条3、6条1
④違反認定

オーストラリア　No.1014/2001
①ＣＣＰＲ／Ｃ／７８／Ｄ／１０１４／２００１，A/58/40 Annex V p.331 (Aug. 6, 2003)
②旅券等書類不所持の入国者の退去、滞在許可までの拘禁
③9条1・4
④違反認定

オーストラリア　No.941/2000
①ＣＣＰＲ／Ｃ／７８／Ｄ／９４１／２０００，A/58/40 Annex V p.231 (Aug. 6, 2003)
②同性愛関係のために家族として退役軍人年金給付が認められないこと
③26条
④違反認定

スペイン　No.1007/2001
①ＣＣＰＲ／Ｃ／７８／Ｄ／１００７／２００１，A/58/40 Annex V p.325 (Aug. 7, 2003)
②麻薬取引で有罪判決を受けたが、最高裁では下級審で提示された証拠を再検討することができないこと
③14条5
④違反認定

ウクライナ　No.781/1997
①ＣＣＰＲ／Ｃ／７８／Ｄ／７８１／１９９７，A/58/40 Annex V p.52 (Aug. 7, 2003)
②殺人罪により死刑判決を受けるに至る手続で、拘束の最初の5カ月間弁護人が付けられず、最高裁の審理に本人およびその代理人が出席していないこと
③6条、14条1・3(d)
④違反認定

オーストラリア　No.1020/2001
①ＣＣＰＲ／Ｃ／７８／１０２０／２００１，A/58/40 Annex V p.346 (Aug. 7, 2003)
②メキシコへの送還前の刑務所での拘禁の際、2人同時に座れない広さの「檻」に2人で1時間入れられたこと
③10条1
④違反認定

オーストリア　No.998/2001
①ＣＣＰＲ／Ｃ／７８／Ｄ／２００１，A/58/40 Annex V p.317 (Aug. 8, 2003)
②退職手当のうちの世帯手当の廃止
③26条
④違反なし

ジャマイカ　No.798/1998
①ＣＣＰＲ／Ｃ／７９／Ｄ／７９８／１９９８ (Oct. 21, 2003)
②刑務所内での暴行、待遇
③7条、10条1
④違反認定

トーゴ　No.910/2000
①ＣＣＰＲ／Ｃ／７９／Ｄ／９１０／２０００ (Oct. 27, 2003)
②反政府文書の所持により有罪となり、亡命を余儀なくされたこと
③7条、9条、10条、12条、14条

④違反なし

オーストラリア　No.1069/2002
①CCPR/C/79/D/1069/2002 (Oct. 29, 2003)
②家族のうち1名が別に入国し在留許可を得たが、別に入国した他の3名が在留を認められず、認められていた1名も許可取消しのうえ収容されたこと
③9条1・4、17条1、23条1、24条1
④違反認定

フィリピン　No.868/1999
①CCPR/C/79/D/868/1999 (Oct. 30, 2003)
②容疑を知らされないまま逮捕状なしに逮捕され、死刑判決を受けた後の死刑囚の収容状況、刑務官、他の収容者による暴行など
③7条、9条1・2・3、10条2
④違反認定

スペイン　No.1006/2001
①CCPR/C/79/D/1006/2001 (Oct. 30, 2003)
②公務執行妨害で有罪判決を受けた際の裁判において、事件から公判開始まで5年かかっていること
③14条3(c)
④違反認定

ニュージーランド　No.1090/2002（前述1.(2)参照）
①CCPR/C/79/D/1090/2002 (Nov. 6, 2003)
②傷害、性犯罪などで有罪判決を受けたが、刑に10年間仮保釈の可能性がない「予防的拘禁」が含まれること
③9条4
④3人の申立人のうち1人について違反認定

タジキスタン　No.1096/2002
①CCPR/C/79/D/1096/2002 (Nov. 6, 2003)
②逮捕状なしに拘禁され、軍事法廷により死刑判決を受けたこと
③6条、7条、9条2・3、10条1、14条1・3(a)(g)
④違反認定

（岡田仁子／ヒューライツ大阪研究員）

●アジア・太平洋地域の政府・NGOの動向

UNESCO Follow-Up to the World Conference Against Racism, Racial Discrimination, Xenophobia and Related Intolerance

ユネスコによる「国連反人種主義・差別撤廃世界会議」（ダーバン会議）のフォローアップ

1.「反人種主義新総合戦略」

　2001年8月31日から9月8日まで、各国政府、国連機関、非政府組織（NGO）の代表の参加のもと、南アフリカ共和国のダーバンで「国連反人種主義・差別撤廃世界会議」（ダーバン会議）が開催され、世界各地で起きているさまざまな人種差別の原因や形態を分析し、その撤廃や被害者の救済などをめざして議論が行われた。会議の終わりにはその合意文書として、122項目の宣言と219項目の行動計画が採択され、世界的な取組みと協力が確認された。

　その行動計画のうち、国連教育科学文化機関（ユネスコ）は、8項目にわたり教育プログラムの実施などを要請されていたことを受けて、成果文書の具体化を図るため、2002年より世界の地域ごとに人権、メディア、教育、文化などさまざまな分野の専門家や関係機関の代表を招いて、地域の優先課題などを分析する会合を重ねた。

　その集約として、2003年6月4日と5日に、アジア、アラブ、ヨーロッパをはじめとする各地域の専門家約20名が大阪に集まり「ユネスコ反人種主義教育国際会議」[1]が開催され、今後の世界的な取組みに関する戦略案や提言が議論された。国連からは、人権委員会の「現代的形態の人種主義・人種差別・外国人排斥および関連ある不寛容に関する特別報告者」を務めるセネガル出身のドゥドゥ・ディエンさんが参加した。

　この大阪会議をもとに、9月26日から10月17日にかけてユネスコ本部（パリ）で開かれた第32回ユネスコ総会において、「反人種主義新総合戦略」が採択され、世界中から人種差別をなくすためのユネスコとしての国際的な取組みが新たに開始されたのである。

　「新総合戦略」では、差別や偏見、奴隷制や植民地の影響など伝統的な人種主義の遺産といったテーマに加えて、女性が受ける複合的差別、多文化・多民族社会におけるアイデンティティの構築と差別の関係、遺伝子技術など科学

---

1) 大阪での「ユネスコ反人種主義教育国際会議」においては、ヒューライツ大阪は、反差別国際運動（IMADR）と協力して会議の受入れを担った。

の進歩と差別、HIV/AIDS感染者に対する差別、グローバル化と排除といった新たな形態の差別に関してなど取り組むべき研究課題を設定している。

2.「人種主義に反対する世界都市連合」の創設

「新総合戦略」はまた、世界的な啓発キャンペーンを強化するために、各国のユネスコ国内委員会やユネスコ・クラブなど従来からのパートナーとの連携に加えて、「人種主義に反対する世界都市連合」(以下、「都市連合」)の創設や、人種差別反対を謳う国際オリンピック委員会(IOC)、国際サッカー連盟(FIFA)などのスポーツ団体、およびスポーツ選手やアーティストなども巻き込んで活動していくという方針を打ち出した。さらに、教員トレーニングなどの活動に焦点を当てた教育的アプローチ、教材や統計指標の開発、インターネット上での人種主義に対する対話の場をつくることなどを取り上げている。

以上のような多岐にわたる方針のなかで、とりわけ注目に値するのは「都市連合」の創設である。これは、都市というものは、文化的な差異に基づく対立によって不合理な恐怖を生み出したり、看過できないようなイデオロギーの台頭や差別的行為を増長しやすい場所である一方、共生することを学び、新しい形の市民性の創造に寄与するための実験室でもある、というユネスコの考え方を基礎にしたものだ。

ユネスコでは、人種主義に対する闘いについて、政府によって採択されたさまざまな国際文書や国内文書を実施するための空間を都市が提供するという役割に期待している。具体的には、①差別の被害者の側に立った公共政策の形成や、人種主義的行為に対する法的、行政的施策を実施する、②人種主義の状況、およびそれに対する公共政策の影響に関する知識を深め、実効的な指標を開発する、③人種差別の危険性について市民間で意識啓発する、④都市における異なるコミュニティ間の理解、寛容、対話を促進する市民のイニシアティブを支援するといった具体策である。

こうして、都市が人種主義に対する闘いに取り組むことで、中央政府の国内政策全般へも影響を及ぼす可能性が生まれるのである。

「都市連合」に参加する都市は、共同で「10項目行動計画」を採択して実施することが求められている。この行動計画を作り上げるために、都市と市民団体のパートナーとの協議会を立ち上げ、その際、1つの都市がその地域内の他の都市に働きかけるという方法をとる。また参加都市間の調整を図るために、各地域にリード・シティを一市指定する。

以上のように「都市連合」は、アフリカ、ラテン・アメリカ、カリブ、北アメリカ、アジア・太平洋、ヨーロッパの各地域ごとに地域的アプローチをとっていく。

ヨーロッパ地域に関しては、リード・シティとしてすでにドイツのニュルンベルグ市が決まっており、2004年7月に同市において専門家会議が開催され、「10項目行動計画」の案文および実施方法が検討される。そして、2004年12月9日・10日に同市で開かれる予定である既存の「ヨーロッパ人権都市会議」の第4回会合の場を活用して、参加都市に対して「10項目行動計画」（案）の採択とそれを各都市人権行動計画に組み込むことが提案される予定となっている。

一方、他の地域のリード・シティに関しては、2004年1月末時点で候補がノミネートされ、ユネスコによる打診が始まったばかりである。「都市連合」は、ヨーロッパで計画されているように各地域で多くの都市による参加を得たうえで、それぞれの代表者が一堂に会することをめざしていることから、発足のためにはそれぞれの地域で会合を開催するというプロセスを踏まなければならない。そのため、「都市連合」が正式に発足するには、しばらく時間を要しそうである。

3.人権高等弁務官事務所による取組み

2001年のダーバン会議の事務局を担った国連人権高等弁務官事務所では、フォローアップのメカニズムの一環として会議終了直後に同事務所内に「反差別ユニット」を新設している。

2003年6月、コフィ・アナン国連事務総長は、ダーバン会議で採択された行動計画の第191（b）パラグラフが求めていた、「会議のフォローアップとして、地域グループとの協議を経て人権委員会委員長によって提案された候補者の中から事務総長が任命する各地域から1名、計5名の独立した著名な専門家と協力し、宣言および行動計画の規定の実施状況を見守るよう要請する」という内容に基づき、専門家を任命した。各地域から選ばれた専門家は、アハティサリ・フィンランド元大統領、ヨルダンのエル・ハッサン王子、ブラジル出身のサントス・ロランド・ダーバン会議報告者、サリム・アーメド・サリム元タンザニア首相、スホツカ元ポーランド首相である。これらの専門家は、国連人権高等弁務官と協力して、ダーバン宣言および行動計画の実施をフォローすることになっている。

ダーバン行動計画の第51項目と第99項目には、各国政府に対して、差別の根絶に向けた国内行動計画の策定を求めている。しかし、オランダやデンマークなど一部のヨーロッパ諸国を除いて、策定している国は数少ない。また、2003年にはフォローアップとして、東ヨーロッパ（9月）と西ヨーロッパ（12月）では人権高等弁務官事務所の主催による専門家セミナーが開かれているが、アジアでは開催されておらず、政府としてのフォローアップの動きは全般的に活発ではない。

（藤本伸樹／ヒューライツ大阪研究員）

●アジア・太平洋地域の政府・NGOの動向

The 8th Annual Meeting of the Asia Pacific Forum of National Human Rights Institutions

アジア・太平洋国内人権機関フォーラム(APF)第8回年次会合

1.会議の概要

　2004年2月16日から18日にネパールの首都カトマンズにおいて、アジア・太平洋国内人権機関フォーラム(以下、フォーラム)の第8回年次会合が開催された。主催はネパール国家人権委員会、共催は国連人権高等弁務官事務所である。ネパールは2002年の第7回年次会合を主催する予定であったが開催2カ月前になってインドに変更となった。また、今回も2003年9月に開催予定であったのだが、ネパールの治安状況が悪化したことから延期されていたため、ネパール国家人権委員会にとっても満を持しての開催、人材や予算が充分でないなかでよく準備された会議であった。

　会議の参加者は、国際的に国内人権機関の設置が増えている背景もあって、前回の85名から大きく増加し150名を超えた。今回の会合において、「アフガニスタン独立人権委員会」と「パレスチナ国民の権利のための独立委員会」が準メンバーとして認められ、あわせてメンバー機関は、ネパール、オーストラリア、フィジー、インド、インドネシア、マレーシア、モンゴル、ニュージーランド、フィリピン、韓国、スリランカ、そしてタイの14カ国となった。また、メンバー機関以外のオブザーバー参加としては、フォーラムの正式メンバーに向けて準備段階のモルジブ人権委員会や東ティモール、ソロモン諸島からの代表が参加した。またイランやヨルダンの関係人権機関からの代表や米州地域国内人権機関ネットワークの代表、そしてILOやUNESCOなどの国際機関も新規に参加し、前回以上に多彩な顔ぶれであった。

　注目すべきは各国の政府関係者の数が前回の8名から26名に増加したことであり[1]、国内人権機関を国際社会の単なる流行の一環として傍観するだけではなく、その動向や影響が政府として無視できない状況になりつつあるといえるだろう。政府参加のなかでは台湾の初参加に注目したい。台湾では人権委員会設置に向けて準備が進められているが、前回のインドでの会

---

[1]政府参加国は、オーストラリア、インド、インドネシア、ネパール、ニュージーランド、韓国、ソロモン諸島、台湾、タイ、東ティモール、イギリス、アメリカである。

161

合ではインド政府により会議への出席が許可されなかった経緯があることから、今回の会議にはオブザーバー資格ながら研究者、弁護士、議員、官僚、NGOなど総勢12名もの代表団を派遣し、積極的に議論に参加する姿が印象的であった。また韓国もフォーラムへの関与を強化しており、フォーラムへの資金提供に加えて、参加者も前回は人権委員会から3名の参加であったが、今回は、政府代表とNGOをあわせて8名の代表を派遣していた。日本からは人権NGOや研究者など4名が参加し、政府からの参加者は例年と同じくなかった。

NGOからの参加者は前回の18名から38名に増加したが、これは前回の開催地が急遽変更されたため、NGO側の調整不備により参加者数が激減した影響である。したがって、実際は例年と同じ程度に回復したといえるだろう。

2. 会議の内容

この会議では、メンバー機関及びイラン、ヨルダン、モルジブなど関連人権機関からの活動成果、アジア・太平洋地域での協力活動、採択から10年を迎えるパリ原則の重要性および遵守の必要、国連で草案準備中の「障害者の権利条約」へのフォーラムとしての協力、そして法律家諮問評議会からの「法の支配と反テロ法制」についての報告などが行われた。また昨年の法律家諮問評議会からの付託議題である、「人身売買」、「死刑」、「子どものポルノ」についてメンバー機関が各国での状況および取組みについて報告した。

パリ原則については、その重要性と遵守が再確認されると同時に、パリ原則を改革していく提案も出された。たとえばインド連邦人権委員会からは、委員の任命手続をより詳細に規定し透明性を保つ努力が必要であること。そして、人権委員会が立法、司法、行政のどこからも独立性を保つことは重要だが、司法との関係についてはより緊密にすることで、人権委員会の調査や勧告の効果にプラスになる面もあるという意見が出された。

テロリズムと法の支配の関係については、まさしく開催国のネパールがマオイスト（ネパール共産党毛沢東主義派）と政府軍の紛争のさなかにある。この影響によって1996年からの累積で9000人近くが政府またはマオイストによって殺害されており、これは毎週45人が殺されている計算になるという。ネパール国家人権委員会は、マオイストによる誘拐や虐殺についてだけでなく、政府による恣意的な逮捕や虐殺などの人権侵害についても報告した。またネパール国家人権委員会は両者間の交渉の仲介役として行動綱領や人権協定を提示し、対話による和平の促進を進めている。

付託議題のなかではとくに人身売買についての報告および議論が盛んであった。この分野において取組みの進んでいるフィリピンは「人身売買禁止

法」を制定している。またフィリピン人権委員会への申立の大半を占める、警察や軍による人権侵害に関連して、拷問の禁止に関する法案も準備されているとの報告であった。人身売買の問題についてもまた、開催国ネパールの状況は深刻である。ネパールでは古くよりインドへの幼い子どもや女性の人身売買が問題であったが、近年は韓国、マレーシア、タイへの人身売買が増加しており、供給地としてのネパールの状況はより悪化しているという。この事態に対応するため、ネパール国家人権委員会はインド連邦人権委員会との連携プロジェクトを強化するだけでなく、2002年12月に女性および子どもの人身売買に関する特別報告官を設置した。そのほかの議論としては、人身売買を禁止する新法を制定することも意義があるが、刑法のような現行法の実効性を高めることもまた重要であるという意見や、人身売買については犯罪処罰としての側面と被害者の人権保障としての側面があるが、後者の視点を重視していくことが今後必要であるとの意見も出された。そのほかの議論については最終声明（参考資料）を参照。

3.おわりに

　最初に述べたように、今回の第8回年次会合の特色のひとつは、参加者が国内人権機関だけでなく、政府、国際機関、NGOなど多彩なメンバーが数多く集まったことである。メンバー機関以外はオブザーバー参加であるが、各議題について意見表明の機会が保障されるため、NGOなどのオブザーバー参加者は、会議の前日に会合をもって議論し、会議当日ではNGOとしての報告と意見書を提出した。また、フォーラムでの議論については、前回はメンバー機関とオブザーバーの発言時間は区別されたが、今回はオブザーバーであってもかなり自由に参加できた。人権の保障には国内人権機関だけでなく、政府や議会、NGOなど社会の中のさまざまなアクターの参加によって確実となる。したがって2004年9月にソウルで予定される第9回年次会合においては、より多彩な顔触れが集まるように司法関係者や政府機関にも働きかけ、自由闊達な議論ができる真のフォーラムを形成してほしい。

　また、フィリピンの人権委員会からフォーラムにおいては活動の成果ばかりを報告するのではなく、日々の活動で直面する問題についても報告し、お互いの経験からその対処法について学びあうべきではないかという意見が出された。確かに人権保障に関わるよい面だけでなく、悪い面、汚い面をも曝け出し議論していくことも、人権の保護と伸長を目的とするフォーラムの務めであろう。

＊この原稿の一部は『国際人権ひろば』（54号、アジア・太平洋人権情報センター、2004年3月）からの転載。
（野澤萌子／ヒューライツ大阪非常勤研究員）

資料3

アジア・太平洋国内人権機関フォーラム最終声明

2004年2月16〜18日第8回年次会合
ネパール・カトマンドゥ

イントロダクション

1. ネパール、アフガニスタン、オーストラリア、フィジー、インド、インドネシア、マレーシア、モンゴル、ニュージーランド、パレスチナ、フィリピン、大韓民国、スリランカそしてタイの国内人権委員会によって構成されるアジア太平洋国内人権機関フォーラム（以下フォーラム）は、2004年2月16〜18日にネパールのカトマンドゥにおいて第8回年次会合を開催した。

2. フォーラムはこのミーティングを主催したネパール国家人権委員会、共催の国連人権高等弁務官事務所、そして財政支援を提供したすべてのドナーに謝意を表明した。フォーラムは、ミーティングを組織したネパール国家人権委員会の委員、スタッフに謝意を表明した。

3. フォーラムは法律家諮問評議会ならびにILO、UNDPおよびUNESCO、オーストラリア、インド、インドネシア、ネパール、ニュージーランド、大韓民国、ソロモン諸島、台湾、タイ、東ティモール、イギリスおよびアメリカの各政府、イラン、ヨルダンおよびモルジブの各機関、米州地域の国内人権機関ネットワーク、そして38の地域的および国内NGOの代表のオブザーバー参加を歓迎した。

4. ネパール首相であるスルヤ・バハドゥル・タパ氏、ネパール国家人権委員会委員長およびアジア太平洋国内人権機関フォーラムの議長であるナヤン・バハドゥル・カトリ氏、現国連人権高等弁務官のベルトランド・ラムチャラン氏代行である国連居住コーディネーター（ネパール）であるマシュー・カハネ氏が開会の辞を述べた。これらの優れたスピーカーによる開会の声明において人権の保護と伸長の必要性およびテロリズムとの闘いにおける法の支配の重要性が確認された。

結論

フォーラムは、非公開のビジネスセッションにおいて：

5. 過去12カ月にわたるフォーラムの活動報告を留意しフォーラムの2004〜2006年ビジネスプランを採択した。フォーラム評議委員はフォーラム事務局の活動に謝意を表明しならびにフォーラムの年次会合においてビジネスプランの実行について報告することを要請した。

6. 国内機関の地位と責務が、国際連合総会によって採択された（決議

48/134)「国内機関の地位に関する原則」（通称「パリ原則」）に合致したものでなくてはならないことを再確認した。この原則に基づきニュージーランド人権委員会の完全なメンバーシップを再確認しならびにアフガニスタン独立人権委員会およびパレスチナ国民の権利のための独立委員会をフォーラムの準メンバーとすることを承認した。よってフォーラム全体のメンバーシップは14機関となった。フォーラムは新しい準メンバー機関がパリ原則に合致することを可能にするために支援する。

7．法律家諮問評議会に対して拘禁中の拷問防止の問題について新たに委託することを決定し事務局に対してフォーラムでの検討および同意のための委託条件についての草案準備を要請した。フォーラムはまた事務局に対して法律家諮問評議会の活動を強化するための財政支援を求めることを要請した。

8．国内人権機関国際調整委員会の手続規則改正に関するフランスの国家人権諮問委員会からの提案を検討しおよび国家人権機関の「地域的なグループ化」の活動に関して提案された手続規則について却下することを決定した。フォーラムはまたフィジー、ネパール、フィリピンおよび大韓民国の国内人権機関を国内人権機関国際調整委員会への4代表として選出した。フィジー人権委員会は国内人権機関国際調整委員会の小委員会にも関わる。

9．フォーラム・メンバーのシニア・エグゼクティブ・オフィサーによる第2回の会合を歓迎し、国内人権機関の効果的かつ効率的な機能を支える彼らの尽力を賞賛した。フォーラムはまた事務局に対してシニア・エグゼクティブ・オフィサーの活動に関して補助することを要請した。

10．フォーラムの財政と管理に関する事務局の報告書を検討し2003年3月31日を最終期限とする管理および財政報告書ならびに監査報告書を採択した。フォーラム評議委員はメンバー機関およびオーストラリア国際開発機関、ブリティッシュ・カウンシル、ブルッキングズ研究所、インド政府、大韓民国政府、マッカーサー財団、民主主義のための国家基金、ニュージーランド国際開発機関、国連人権高等弁務官事務所、UNICEFならびにアメリカ国務省からの財政支援に謝意を表明した。

11．フォーラムの年次全体会議が規程要件の範囲内で開催されることを保証するための代替的なメカニズムの採用の必要を検討し、オーストラリア人権および機会均等委員会からのこの問題に対応するためにフォーラムの規約を改正することをフォーラム評議委員で検討するという提案を承認した。

12．初めて、フォーラムのメンバーシップ料金について熟慮し、正式メンバー機関は年間3,000ドル、メンバー候補および準メンバーは年間1,500ドルの定額を採用することを合意した。メンバーシップ料金は「本質的に」同等の価値とみなされるフォーラムに対するサービスの提供によっても支払うことができる。

13．ネパール国家人権委員会を全会一致でフォーラムの議長に選出した。インド連邦人権委員会（前年次会合のホスト機関）及び韓国国家人権委員会（次の年次会合のホスト機関）もまた満場一致で副議長に選出された。

フォーラムは、公開セッションにおい

て：

14. 国連人権高等弁務官事務所のフォーラムとのあらゆる関連するテーマおよび地域的活動にわたるパートナーシップを強める継続的な関与に感謝する。同様に、フォーラムは国連人権高等弁務官事務所の国内機関チームが強化されることを要請した。

15. 国連人権高等弁務官事務所およびメンバー機関の国に対してビジネスプランと国連のアジア・太平洋地域における人権のための地域的取極の双方に含まれる活動の実施について支援を要請した。フォーラムはアジア太平洋地域チームのコーディネーターの参加を歓迎しならびに継続的参加を要請した。

16. フォーラムの活動へのNGOの建設的な貢献を感謝した。フォーラムはNGOの実体的な報告書および結束した参加ならびにアジア太平洋人権ネットワークを通じたミーティングにおけるアドボカシーに感謝した。フォーラムは人権の伸長と保護のためにNGOと共同の実践的かつ協力的な活動を実施することの重要性を再確認しならびにNGOのフォーラム年次会合への継続的参加を歓迎した。

17. フォーラム・メンバー、人権の伸長と保護に関わる関連機関ならびに地域の政府からの報告書の提出を歓迎した。フォーラムは政府との建設的および現実的な関わりの必要を強調しならびに政府の本ミーティングへの積極的参加および建設的な貢献について感謝した。とくに、フォーラムはモルジブ、ソロモン諸島および東ティモール政府のパリ原則に完全に合致した国内人権機関を設置するという決定を祝し、ならびにフォーラム事務局に対して、利用できる資源の範囲内で、その設置過程を補助することを要請した。

18. 死刑、インターネット上の子どものポルノグラフィならびに人身売買に関する法律家諮問評議会の報告書にある提言の実施について報告した。多くのフォーラム評議委員が法律家諮問評議会による提言の成功した実施について言及した。

19. フォーラム・メンバー機関の政府に対して国内機関がその任務をより効果的に実行できるために独立性と組織としての能力を強化することを要請した。とくに、国内機関は人権侵害の調査に関して広範で制限のない権限を付与されるべきである。政府は国内人権機関の決定および勧告を真摯に考慮するべきでありならびにその効果的実施を確保すべきである。

20. 2003年にインドのニューデリーにて開催されたワークショップにおいて国内機関によって提言されたように、障害者の権利に関する新しい国際条約の進展を歓迎した。フォーラム機関は障害者の権利条約の発展を支援するワーキング・グループの設置について合意した。

21. 拷問等禁止条約の選択議定書に関して国内人権機関の果たしうる役割について検討した。フォーラムのメンバー機関はその政府に対して条約および選択議定書の署名および批准を勧告した。

22. テロリズムと法の支配の問題について、国際的な専門家およびNGOの見解、ならびに法律家諮問評議会の中間的報告を含めて検討した。フォーラムは法律家諮問評議会の専門性およびその報告書の包括的な視点に感謝した。フォーラムのメンバー機関は法律家諮問評議会の最終勧告を注意深く検討し次の年次会合で報告する。

23．ネパールの人権侵害について深く憂慮しならびに平和促進のために紛争当事者の間で人権協定の締結を進めるネパール国家人権委員会の努力を評価する。

24．大韓民国国家人権委員会からのフォーラム第9回年次会合および2004年9月の国内機関の国際会議を主催する申出を感謝して受諾した。

25．モンゴル国家人権委員会からのフォーラムの第10回次年次会合を主催する申出を感謝して受諾した。

26．フィジー人権委員会からのフォーラムの第11回年次会合を主催する申出を感謝して受諾した。

＊この最終声明の仮訳はヒューライツ大阪ホームページhttp://www.hurights.or.jp/database/index.htmlからの転載。

●アジア・太平洋地域の政府・NGOの動向

Development of Human Rights Education in the Asia-Pacific Region

アジア・太平洋地域における人権教育の動向

2003年アジア・太平洋地域の各国あるいは地域で行われたさまざまなイニシアティブを概観する。

1.各国内の取組み

アフガニスタン女性協議会は(AWC)、2003年7月22日にカブールのインターコンチネンタルホテルで、「アフガニスタンの復興における女性の役割」と題するセミナーを開催し、その設立10周年を祝った。セミナーにはカブール内外から、研究者、政治家、教授、教師、政治団体や社会団体のリーダー、国連、NGO、大使館、イスラム暫定政権の高官など、さまざまな領域から400名が参加した。

ハンシン大学の教育大学院とヒューライツ大阪は、2003年8月26日から30日にかけて、男女平等社会に関する日本・韓国セミナーをソウルで開催した。このセミナーは、2002年に大阪で開催した第1回セミナーに続くものである。セミナーの前半は、「韓国女性民友会」とヒューライツ大阪の共催で、韓国と日本の女性の現状について比較と意見交換を行った。セミナーの後半は、学校における男女平等教育に着目し、日本および韓国の教育関係者が参加した。

マレーシア人権委員会(SUHAKAM)は、2003年9月9日・10日に「人権と法の支配」と題する会議を開催し、マレーシア人権デーを祝った。この会議は、マレーシア憲法および世界人権宣言に規定される基本的自由に関する啓発、そして人権の諸原則を法の実行や司法システムに取り入れることを目的とした。

国連人権教育の10年が2004年に終了するにあたり、人権教育の重要性を理解するために、「国際人権教育コンソーシアム」(IHREC)ならびに「資料研究・トレーニングセンター」(DRTC)は、2003年10月10～14日の5日間、ムンバイにおいて「人権教育ワークショップ」を開催した。このワークショップは、非政府レベルの教育関係者に対する人権教育とトレーニングを焦点とした。

「若者：人権の未来のために境界を越えて」と題する第5回フィリピン・ユースサミットが、2003年10月24～28日にバギオ市のブレントウッドで開催された。このサミットは、フィリピン国内の若者が集まり、いくつかの人権問題を

設定・議論し、人権アドヴォカシーに関わる技術の共有や能力育成を目的とした。このサミットは「アムネスティ・インターナショナル・フィリピン」の「人権ユース行動ネットワーク」の活動の一環として行われ、参加者は15歳から25歳の若者で、過去のサミットに参加していないことが条件であった。

日本において反差別に取り組む教師の組織である全国同和教育研究協議会(以下、全同教)は、2003年にその設立50周年を迎えた。全同教は「差別の現実から深く学び、生活を高め、未来を保障する教育を確立しよう」という原則の推進で知られている。全同教は2003年に福岡において第55回研究大会を開催し、人権教育の手法について議論した。学校および地域から150以上の報告書が提出された。

ソーシャルワーカー、弁護士および人権活動家のための人権調査および事実究明技術に関するトレーニング・ワークショップが、2003年11月24日・25日にニューデリーにて開催された。2日間のトレーニング・ワークショップでは、調査技術、体系的に事実究明研究を行う技術および能力についてオリエンテーションが行われた。このワークショップは、ニューデリーのインド社会研究所によって開催された。

世界人権宣言大阪連絡会議は、世界人権宣言の55周年記念集会およびシンポジウムを2003年12月10日・11日大阪で開催した。2日間のプログラムでは、「人権教育のための国連10年」(1995～2004年)の日本での活動を再検討し、そして第2次「10年」の必要について議論した。また、人権教育と企業の社会的責任、コミュニティ組織、地方政府のプログラム、そして学校教育の関係について議論した。日本および外国からのゲストが各議題について事例を紹介した。この会議では政府および国連に対して「……1995年11月より始められた『10年』を総括し、第2次『10年』に取り組むための討議を早急に開始すること」を促す大阪アピールを採択した。

2.地域での取組み

「YUVAセンター」は「民衆のための人権教育の10年」(PDHRE)と共同で、2003年6月3日から7月3日にかけて、ムンバイで「人権教育関係者のためのトレーニングプログラム」を実施した。このプログラムは、人権教育関係者の①政治、経済、社会・心理学および文化的多元性の領域に人権の文脈における知識を統合すること、そして②南アジア諸国における人権教育の推進に必要なトレーニングと手法について計画を策定する能力と理解とを高めることを目的とした。

「南アジア人権フォーラム」(SAFHR)の「南アジア人権および平和研究コース」が、2003年5月から8月にかけてカトマンドゥで開催された。このプログラムは、南アジア地域における平和と、民主主義および人権の活

動との間にある関係を探っている。このコースはコミュニティ・リーダー、ソーシャルワーカー、人権および平和活動家、思想家、研究者、紛争解決の政策形成に関わる者だけでなく、法、医学およびメディアの領域に関わる者らを対象とした。人権および平和活動、そして平和研究に関連して毎年約30人が選出されている。

アジア・太平洋地域における人権教育の状況について議論するために、42のNGO（19地域・24カ国）、2つの国連機関（国連人権高等弁務官事務所、ユネスコ）、そして韓国国家人権委員会を代表する60人の教育関係者が、2003年11月10～12日、バンコクでのワークショップに集まった。この「アジア太平洋地域における人権教育：課題と戦略を明らかにする」と題したワークショップは、韓国の「アジア・太平洋国際理解教育センター」（APCEIU）、「アジア地域人権教育資料センター」（ARRC）、ヒューライツ大阪の協力によって開催された。ワークショップでは、人権教育関係者の人権に関する知識と人権教育の技術を向上するためのサポートを提供すること、そして現行プログラムのさらなる改善の必要を強調した。また、第2次「人権教育のための国連10年」の必要を提言した。

国連アジア太平洋経済社会委員会（UNESCAP）のジェンダーおよび発展セクションは、2003年12月にニューデリーで「男性とのパートナーシップにおける女性に対する暴力の根絶に関するサブリージョナル・トレーニング・ワークショップ」を開催した。このトレーニング・ワークショップは、南アジア地域協力連合（SAARC）に加盟する国に絞って開催され、男性とのパートナーシップによって、女性に対する暴力を絶つための手段や行動をデザインし実行するための方法について、参加者の潜在能力を促進することを目的とした。

2003年12月15日・16日、バンコクにおいてウィーン＋10（1993年ウィーン世界人権会議から10年）に関するアジアNGOs協議が開催され、人権教育に関するワークショップが行われた。ワークショップでは、人権教育を国際的なアジェンダとして維持するために、国連人権委員会に対して、2004年に終了する「人権教育のための国連10年」に引き続き、2005年から第2次「10年」を開始するよう国連総会に提言するように要請した。

（Jefferson R. Plantilla／ヒューライツ大阪主任研究員、訳：野澤萌子／ヒューライツ大阪非常勤研究員）

●アジア・太平洋地域の子ども・女性・障害者の権利に関する動向

Human Rights of Women and Children in Thailand
タイにおける女性と子どもの人権

1. はじめに

　タイは、国連の人権条約のうち、女子差別撤廃条約(1985年批准、以下同)、子どもの権利条約(1992年)、自由権規約(1996年)、社会権規約(1999年)、人種差別撤廃条約(2003年)を批准している。1990年代に入り、国連は、国際人権基準を国内で実施する仕組みとして国内人権機関の役割を重視し始め、1993年のパリ原則をはじめとして、人権侵害被害者の救済に対して国家が取り組むべき方向を示してきた。

　タイにおいても、人権侵害を防ぐシステムとして、独立性をもった人権委員会設置に向けた動きが広がり、1999年に国内人権委員会が設置された。このなかでもとくに課題とされるのが、子どもを取り巻く状況であり、本稿では、子ども買春、人身売買に関わる問題におけるタイの取組みの状況について紹介する1)。

2. 子ども買春への取組み

　タイで子ども買春への取組みが始まったのは1990年代に入ってからであった。タイは、子ども買春の多い国のひとつとされ、それまで性産業を強調した観光誘致がなされていたために、被害にあう子どもたちに目が向けられることはほとんどなかった。しかし、HIV感染の広がり(1980年代後半)、ECTWT(第三世界観光に関するエキュメニカル連合)チェンマイ国際会議(1990年)、ECPAT(アジア観光における子ども売買春根絶キャンペーン)の開始(1991年)2)、子どもの権利条約の署名・批准(1992年)、「子どもの売買と買春の根絶」を掲げるチュアン内閣の発足(1992年)などが契機となって、子ども買春の根絶が重要なテーマとして挙げられるようになった3)。

　ECPATの成果として開催された、1996年「子どもの商業的性的搾取に反対する世界会議」(ストックホルム会

---

1)タイの人権団体の活動については、ラダワン・タンティウィタヤピタック「タイの社会発展と人権活動」アジア・太平洋人権レビュー1998『アジアの社会発展と人権』を参照。
2)ECPAT(End Child Prostitution and Pornography in Asian Tourism)は、ECTWTが主催した1990年チェンマイ会議を直接的な契機として設立され、1996年からは対象範囲を子どもポルノ、トラフィッキングに広げ、ECPAT(End Child Prostitution Child Pornography & Trafficking of Children for Sexual Purpose)として、新たなキャンペーンを展開している。
3)タイにおいて子どもの買春被害者の実数を把握するのは困難であるが、公共福祉省の推定によれば12,000～18,000人であり、NGOなどの報告によれば数10万人と推定される。また1998年ILO報告書によれば、毎年20～30万人の女性・子どもが買春に関わっているとされる。http://www.ecpat.netを参照。

171

議)は、122カ国、1,300人以上の各国政府、NGO、国際機関が参加し、「子どもの商業的性的搾取は子どもに対する強制と暴力の一形態であり、強制労働と現代の奴隷制にほかならない」ことを宣言し、各国に対し子ども買春および子どもポルノに対する法的対応を迫った。さらに、2001年には第2回東京会議が開催され、136カ国、3,000人以上が参加し、子どもの性的搾取からの予防、保護および回復への対策を求める宣言を採択した。

タイ首相府女性問題委員会に設置された「商業的性的搾取を根絶するための国家委員会(National Committee for the Eradication of Commercial Sex)」は、1997年から2006年にかけての10カ年計画のなかで、18歳未満の子どもの性産業への就労を全面的に禁止するための具体的な措置を策定した。その法的対策の一環として、1960年売春防止法を改正する内容の「売春防止・禁止法(Prostitution Prevention and Suppression Act B.E.2539)」が1996年に成立した4)。この法律は、子ども買春者に対する処罰規定を新設し、18歳以上の者に対する買春と、15歳以上18歳未満の子どもに対する買春、15歳未満の子どもに対する買春とを明確に区別し、低年齢者に対する買春には刑を加重することとした。さらに、1928年「女性・少女売買禁止法」を改正し、1997年「女性・子どもの人身売買防止・禁止法(Prevention and Suppression of Trafficking in Women and Children Act B.E.2540)」が成立した。1928年法では、売春目的で国外に送り出す行為を明確に規定していない点、また売買によってタイに入国した女性や少女の被害の救済とケアが不充分であると批判されていたが、人身売買の対象に「少年」を含むことを明確にし、広く女性・子どもに対する人身売買を禁止した。いずれについても、被害にあった女性や子どもの社会復帰とリハビリテーションについての規定を設け、子どもの権利を擁護することを前面に掲げている。

3. 女性・子どもの保護とNGOの役割

子ども買春者に対して処罰をすることは重要なことであるが、子どもの保護については大きな課題が残っている。国の厚生施設は2カ所しかなく、子どものケアとリハビリについてはNGOや民間の施設に頼らざるをえない状況にある。

子ども買春の被害にあった子どもたちの救済のために活動を続けるNGOの存在は非常に重要である。たとえば、1982年に設立した「子どもの権利擁護センター」(CPCR: Center for the Protection of Children's Rights)は、調査・救出活動、シェルターの提供、医

---

4) 子ども買春への取組みについては、平井佐和子「子ども買春に対する法的規制について――タイにおける取り組みを参考にして」九大法学80号(2000年)153頁以下を参照。

表●CPCRによる救助された子どもの数と事件の類型（1981〜1995年）

		事件の類型						計
		性的虐待	身体的虐待	児童労働	売春	誘拐	その他*	
救出された子どもの数	1981年	-	-	12	-	-	1	13
	1982年	-	-	9	-	-	15	24
	1983年	3	-	18	2	-	8	31
	1984年	9	-	20	2	-	5	36
	1985年	67	5	6	3	-	4	85
	1986年	62	36	5	9	6	7	125
	1987年	79	28	32	16	50	35	240
	1988年	38	17	17	28	10	28	138
	1989年	50	17	-	179	11	16	273
	1990年	36	36	22	78	-	17	198
	1991年	54	38	58	377	5	29	561
	1992年	64	33	91	237	-	27	452
	1993年	58	40	31	218	-	60	407
	1994年	74	29	17	49	-	60	229
	1995年	83	22	26	29	10	59	229
	計	677	301	364	1,227	101	371	3,041

注●CPCRの資料をもとに作成　　　　*ネグレクト、遺棄など

学的・精神的なリハビリ、社会復帰の援助、教育と職業訓練、データ収集、法律相談、ロビー活動を主な活動内容とし、子どもの権利の擁護に取り組んできた（救出活動の実態については表を参照）。

売春で保護された女性や子どもの社会復帰とリハビリテーションについて、「売春防止・禁止法」に規定する「保護と職能開発委員会（CPV: Committee for Protection and Vocational Development）」には、15名の役人と7名以下の専門家（そのうち5名以上はNGOのメンバー）の参加が明記され、NGOの参加が法文上認められた。実際に売買春問題に関わるNGOが参加することにより、売春の防止策やプログラムの提案、NGOによるリハビリセンターの設立が可能となったのである。

4.おわりに

国連における動きに呼応して、タイにおいて1980年代に設立された多くの人権団体は、横の連携を図り、全国レベルでの人権の保護と伸長をめざしてきた。このような動きは、憲法の中に人権概念を含める活動へとつながり、1997年に制定された憲法には国内人権委員会の設置が明記された。憲法に基づいて1999年「国内人権委員会法（National Human Rights Commission Act）」が成立した。人権保障のために、独立性をもった人権委員会が、国の機関、民間組織、NGOと協力していくことが明記されている。専門的に個別の課題に取り組むNGOの役割は今後ますます重要になると思われる。

（平井佐和子／西南学院大学法学部講師）

●アジア・太平洋地域の子ども・女性・障害者の権利に関する動向

The Right to Education of Children with Disabilities in the Philippines

フィリピンにおける障害のある子どもの教育への権利

1. インクルーシヴ教育の保障

　障害のある子どもの教育に対する考え方は、分離教育から統合教育、さらにインクルーシヴ教育へと変遷し、現在、インクルーシヴ教育が世界的な潮流であると考えられるようになっている。統合教育とは、障害のある子どもに物理的環境である学ぶ場を提供し、障害のある子どもと障害のない子どもの統合を図ることを目的としている。そのため、原則として分離教育の枠内において障害のある子どもを通常教育の中に入れることをめざした教育であって、障害のある子どもに学校に適応することを要求する。

　これに対して、インクルーシヴ教育は、障害のある子どもを含むすべての子どもを対象とし、子どもを分けるのではなく同一の環境で教育し、かつそれぞれの子どもが有する固有の特別な教育的ニーズに応えようとするものである。そのため、障害のある子どもを含むすべての子どもが有する教育上のニーズを満たしていくように、教育制度自体に変革を求める。たとえば、貧困層の障害のある子どもに対する財政的支援、スロープの設置などといった物理的なアクセス面の整備、およびフレキシブルな教育制度の整備や教員養成等が挙げられる。

　インクルーシヴ教育の考え方は、1994年6月に、ユネスコとスペイン政府の共催で開催された「特別なニーズ教育に関する世界会議・アクセスと質」（スペイン・サラマンカ）で採択された「特別なニーズ教育に関するサラマンカ宣言と行動の枠組み」において、国際文書としては初めて表明された。この会議は、1990年にタイのジョムティエンにおいて開催された「万人のための教育に関する世界会議」で提案された幅広い枠組みのうち、特別なニーズ教育を中心課題として取り上げた会議である。

　近年、フィリピンにおいては、障害のある人の権利に関する条約起草への国際的な動きやアジア太平洋障害者の10年などの地域的な取組みの影響により、インクルーシヴ教育の考え方が受け入れられてきている。すなわち、特別教育は、障害のある子どもを通常学校から分離するのではなく、特別な教育的ニーズを有する子どもが他の子どもと均等に教育機会を享受すること

を目的としている(特別教育に関する指針及び基準1条5項)[1]。フィリピンの特別教育の歴史は古く、1907年に障害のある子どもに対して無償で特殊教育[2]を行う国立盲学校およびろう学校がマニラに設立された。それ以来、分離教育を維持しつつも、視覚障害や聴覚障害のある子どもだけでなく、そのほかの身体障害や学習障害のある子どもに対する特別教育が行われてきている[3]。

たとえば、教育省は、特別教育委員会の創設(1993年)、視覚障害のある学習者向けの教科書の製作(1999年)、特別教育センターの認可(2000年)等の通達を出し[4]、毎年、視覚や聴覚に障害のある生徒平均500人を通常学級に統合するなど、障害のある生徒を通常学級へ統合するインクルーシヴ教育を促進している。また、Community-based Rehabilitation (以下、CBR)[5]に基づいた視覚、聴覚、知的障害のある生徒のためのリソースの利用方法や学習教材の指導文書の作成、初等・中等レベルにおける視覚障害のある生徒のための基礎学習能力育成に関する指導教材の制作、および自閉症の子どもに対する教育の統合計画等を策定している。さらに同省は、2001年には、特別なニーズ教育に関する教員研修を行い、2,527人の教員が参加している[6]。

2.課題

しかしながら、このような認識の高まりにもかかわらず、就学年齢にある障害[7]のある子どものうちで教育にアクセスすることのできる子どもは、3〜5%にしか満たないのが現状である[8]。1999年から2000年の教育省の統計によると、就学年齢[9]の子どもの

---

1) James Lynch, Provision for Children with Special Educational Needs in the Asia Region: World Bank Technical Paper Number 261, Asia Technical Series, World Bank, 1994, p.23.
2) 本稿では、分離教育と特殊教育は同義に用いている。特殊教育とは、特殊学校、特殊学級、通級指導教室という通常教育とは分離された場における教育を意味している。これに対し、特別教育とは、特別な教育的ニーズに対応するもので、通常学級における教育をサポートするものも含めて、通常学級や特殊学校、特殊学級への在籍の有無にかかわらず、いかなる教育の場においても、子どもがもつ固有のニーズに応じた教育が保障されるべきであるとされる教育を意味している。
3) J. Lynch, supra. n.1, p.23.
4) Asian Development Bank, RETA5956, Identifying Disability Issues Related to Poverty Reduction, Philippines Country Study, 2002, p.8.
5) CBRとは、地域開発におけるすべての障害のある人のためのリハビリテーション、機会の均等、社会への統合のためのアプローチである。障害のある人自身、家族、地域社会の共同の運動、および適切な保健、教育、職業等のサービスによって実施される。
6) ADB, supra. n.4, p.8.
7) 教育省の統計では、障害を「学習遅滞・学習障害、聴覚障害、視覚障害、知的遅滞・知的障害、行動障害、肢体不自由・身体障害、自閉症、言語障害、臨床的疾患、脳性(小児)麻痺」に分類している("PartI National Summary Data, Table 3-3 Enrolment of Children with Special Needs, Elementary and Secondary School Year 1999-2000," DECS Statistical Bulletin, SY 1999-2000"参照。フィリピン教育省のホームページhttp://www.deped.gov.ph/index.htm、2月1日アクセス)。
8) Ture Jonsson and Ronald Wiman, Education, Poverty and Disability In Developing Countries, World Bank, 2001, p5.
9) フィリピンの場合、7歳から12歳までの6年間が義務的な初等教育であり、13歳から16歳までが中等教育である。本稿における就学年齢とは、7歳から16歳までを指す。

総数は約1,800万人であると推計されており、350万人の子どもが障害をもっていると考えられているが、フォーマルな教育にアクセスすることのできる障害のある子どもは56,161人であると推計されている10)。これは、障害のある子どものうち、約1.6%しか学校教育にアクセスすることができないということを示している。ノンフォーマルな教育11)の場合は約2%であると考えられる。

これに対して、障害のない子どもの初等教育の就学率は約98%である(ただし、ドロップアウトした子どもの復学等が算入されるため、正確なデータとはいえない)。このことから、障害のある子どもは、障害のない子どもに比べて初等教育へのアクセスが困難であることが明らかである。

また、たとえ学校教育へアクセスできたとしても、多くの障害のある子どもが、医療サービスや経済的な支援が充分に得られないまま、中途退学をせざるをえない場合も少なくない。このことの理由としては、特別なニーズ教育に関して充分に教育を受けた教員や、聴覚障害のある子どもに対する手話通訳者の不足、身体障害のある子どもが車椅子等を利用できる学校環境の未整備等、障害のある子どもに対する必要な支援が不充分であることが挙げられる12)。さらに、このような不安定な教育環境においては、知的障害のある子どもの発達のレベルに応じた教育の提供や、心的外傷性ストレス障害等の精神障害を抱えている子どもに対する教育環境の整備が不充分であるといえる。加えて、障害に関するデータの不足が障害のある子どもに対するインクルーシヴ教育の保障を妨げる要因ともなっている。

このような状況に対して、現在、フィリピンでは、「障害者の権利憲章(Magna Carta for Disabled Persons)」(1992年)をより人権アプローチに基づいたものとするために「障害のある人の権利憲章(Magna Carta for Persons with Disability)」を起草中である。障害のある子どもの教育を受ける機会を均等に保障していくうえで、法制度の拡充とその実施はきわめて重要であり、今後の動向が期待される。

(徳永恵美香／大阪大学大学院
国際公共政策研究科博士前期課程)

---

10) surpra, n.7参照。
11) ノンフォーマルな教育とは、学校教育(フォーマルな教育)以外で行われる、成人教育や生涯教育などの社会教育を意味し、フォーマルな教育にアクセスすることができない子どもや成人に対して識字教育を含む初等教育レベルの教育を提供するもので、NGO等によって実施されているものを指す。
12) ADB, supra. n.4, p.18.

●アジア・太平洋地域の子ども・女性・障害者の権利に関する動向

Consideration of the Draft Law on the Inter-Country Adoption in Cambodia

カンボジア王国
渉外養子縁組法案

1. はじめに

　2003年現在、過去3年間にカンボジアの子ども2000人以上が、渉外養子縁組（Inter-Country Adoption、以下ICA）[1]を通じて、外国へ移動しているという[2]。一方その裏で、ICAと称した人身売買の問題も現地新聞の報道[3]やオランダ大使館の調査[4]などで数多く提起されてきた。ほかには、現地人権NGOであるLICADHO[5]が、だまされて自らの子を連れ去られたカンボジア女性の証言などをもとに、カンボジアICAが抱える問題点を調査している[6]。この調査でLICADHOは、海外の養子縁組仲介団体やカンボジア国内の孤児院と提携している仲介者の存在を指摘し、彼らが未亡人や貧困家庭出身の母親を対象として、諸外国からの需要を満たすために、新生児を30ドルから100ドルで買っていると報告している。

　なぜ、このようなことが起きるのか。その理由として、ICAに関する既存の法律や手続が、1992年にカンボジアが加入した児童の権利条約（以下、CRC）に準ずるものではないことが挙げられる[7]。CRCによると、養子縁組は児童の最善の利益を最大限に考慮し、児童の出身国内にて里親などの代替策が認められない場合においてのみ国際的な養子縁組が行われ、また、それによって関係者に不当な金銭的利益をもたらすことのないよう適当な措置をとらなければならない[8]。換言すれば、

---

1) 本稿で取り上げる渉外養子縁組法案はICA法案と表記される。その背景や理由を考える手段として、便宜上、養子縁組を以下のとおり分類する。①養子が養親と同国籍で養子の本拠地からの移動を伴わない（domestic adoption）、②同国籍だが養子の本拠地からの移動を伴う、③養子の国籍を変更し本拠地からの移動を伴わない（Inter-National Adoption）、④養子の国籍を変更し本拠地からの移動を伴う（Inter-Country Adoption: ICA）。ただし、当該ICA法案は、現段階で適用範囲が明確に示されていないので、養子の本拠地からの移動を伴うことのみに着目してICA（渉外養子縁組）と呼ぶならば、④のみならず②もICAと分類することもできる。
2) 6月23～24日に行われた「ICA法案検討ワークショップ（カンボジア）」における、ユニセフ・カンボジア代表による演説より。なお、カンボジア当局からの公式統計は公表されていない。
3)"Babies: at a price", No 72, 1999（カンボジアデイリー）、"Babies bought for sale to foreigners", vol.9. No. 11, 2000, "Prime Minister orders investigation into 'orphan' case", vol.10, No.19, 2001 , "US Adoption agent guilty of visa fraud", vol.12, No.26, 2003（プノンペンポスト）。
4)"INTERNATIONAL CHILD ADOPTION IN CAMBODIA: situation report", the Royal Netherlands Embassy in Bangkok, May 2003.
5) Cambodian League for the Promotion and Defense of Human Rights.
6)"Abuses Related to the International Adoption Process in Cambodia: Briefing Paper", LICADHO, January 2002.
7) カンボジア政府は「児童買春、児童売春及び児童ポルノに関するCRC選択議定書」（2000年）を2002年5月批准、「渉外養子縁組における児童の保護と協力に関するハーグ条約」（1993年）に未加入である。
8) CRC21条(b)、(d)。その他、注7)にある「渉外養子縁組に関するハーグ条約」も参照されたい。

177

養親に高額の金銭を要求する、もしくは、養親の需要に合わせる形で養子を「準備する」、人身売買ビジネスといったICAの濫用を防止する措置をとることが必要とされているのである。

このような背景のもと、在カンボジア各国大使館のなかには、ICAに関する法が制定されるまで、カンボジアでのICA手続を一時停止しているものもあり[9]、ICAの規則・手続の適正化が求められてきた。カンボジア政府は、1996年から、社会福祉・労働・職業訓練・青年更生省（Ministry of Social Affairs, Labour, Vocational Training and Youth Rehabilitation、以下、社会福祉省）が、国際機関やNGOの技術財政支援を受けて、ICAに関する法律を起草し、2003年6月に第1次法案が完成した。本稿では、従来のICA制度との比較を念頭において、新ICA法案の検討を行う。

2.ICA現行法・規則・手続

最初に、既存のICA関連法および手続について概観する。既存の法律としては、家族と婚姻に関する法律（1989年）の108項から114項までが、カンボジア国民および外国人による養子縁組について規定している。同法は、養子と養親の年齢制限[10]、養子は2人までという人数制限、関係当事者の同意、縁組関連書類の扱い、養子の法的地位が規定されるにとどまり、具体的な手続などについては触れていない。そして2001年、「外国人による孤児もしくは子どもの養子縁組」[11]と題するサブデクリー第29号[12]（以下、SD29号）が採択され、ICA手続が明文化された。現在は、このSD29号の規定や、これに基づいて設立された社会福祉省内にある養子縁組局（adoption bureau）を窓口としてICAが行われている。この手続の問題としては、実親探し、養子となる子の素性調査、養子の法的地位、ICA仲介団体の法的地位[13]に関する規定がないことなどがある。言い換えれば、これらの問題点は、新ICA法案において規定されるべき内容であるといえる。以下に、旧手続との比較を念頭に、新ICA法案で定められている非営利性、要件と効果、手続について検討する。また、現在、カンボジアでは、民法・民事訴訟法[14]が日本によっ

---

9) 注4) 参照。たとえば、フィンランド、フランス、スウェーデン、スイス、アメリカ、オランダなど。
10) 養子は8歳以下、養親は25歳以上で養子よりも20歳以上年上。
11) Sub-decree No. 29 (ANK/BK), "the Adoption of Orphan Baby or Child by a Foreigner", March 2001.
12) サブデクリーとは、首相と所管大臣の署名、閣僚評議会の了解によって成立する閣僚評議会令である。新ICA法採択よりもサブデクリー採択を優先させたのは、カンボジアにおけるICAのための人身売買発覚という国際社会の疑惑を払拭するために、短期間で採択にこぎつけるサブデクリーを選んだのではないか。
13) 関連文書として、Proclamations No.91, "Conditions and Legal Procedure for Taking in an Abandoned Orphan Baby or Infant to Live in the Government Center", 2001 April. カンボジアにある児童福祉施設は公私を問わず、社会福祉省からの認可を受け、覚書に署名しなければならないが、この登録制度の実効性は充分ではない。
14) 刑法・刑事訴訟法についてはフランスが法整備支援を行っている。

て法整備支援の一環として起草され、現段階でその民法案は閣僚評議会にて検討作業中である。本稿においてもICA関連法案として、民法案から関連条項を適宜引用する。

3.ICA法案概観
   ——何が新しいのか

ICA法案は、総則（1～8条）、養子・養親要件（9～27条）、効果（28条）、手続（29～44条）、認可団体（45～51条）、不服申立と裁判管轄（52条）、刑事罰（53～54条）、最終条項（55～56条）の全8章からなっている。ICA法案の総則では、CRCの基本原則のうち非差別、児童の最善の利益考慮、児童の意見表明[15]に言及しており、また国内で里親探しなどの措置をすべて尽くしても監護が得られない子に対してのみ、ICAは行われるとしている。

(1)非営利性
ICA法案にて注目すべき条項は、ICAが非営利目的であることが明記されたことである。従来のSD29号13条は「養親は社会福祉省に対して、孤児や子どものために慈善寄付（charitable donation）をすることができる（may）」

と規定しており、ICAの費用を明確化していなかった。カンボジアの実親が100ドル未満の金額しか受け取っていない一方で、あるアメリカの養親はICA仲介団体に12,000～18,000ドルを支払っている[16]という報告もある。これは関係者に不当な利益をもたらさないことを定めたCRCにも反する行為であり、関係者の汚職を許容することにもなっている[17]。この点、ICA法案6条は社会福祉省の規則（proclamations）採択によってICA関連行政に必要な経費を明示するように規定しており、その透明性確保が期待される。また同法案7条では、養子、養親や後見人が、金銭、物品、報酬やなんらかの利益のもとに、ICAに同意した場合は、裁判所はその同意を無効とするとした。さらに、同法案7章には、公務員の汚職やその勧誘を行った者に関する刑事罰の規定が設けられた[18]。

(2)養子・養親・要件とICAの法的効果
養子要件の概要は、クメール国籍[19]またはカンボジア国内在住の8歳未満の子で、公私の児童福祉施設に住み、①孤児、または②遺児、または③実親が生存しており、それを公的機関または児童福祉施設の長が知って

---

15) それぞれCRC2条、3条、12条。
16) 注3）プノンペンポスト参照。
17) CRC委員会もICAをめぐる汚職と職権濫用について懸念を表明している。CRC/C/15/Add.128, 2000.
18) ICA法案53条には「（法を犯したものは）現行法に基づき処罰される」とあり、1992年のUNTAC法と1996年の人身売買法などが適用されるものと考えられる。
19) 注2）で述べたワークショップでは、カンボジアに住むクメール民族以外の少数民族に属する子どもはこの法案の適用外となりCRCにも言及されている非差別原則に反することを根拠に、「クメール国籍」の代わりに「カンボジア国籍」の使用を求める意見がでた。一方、カンボジア憲法や国籍法は、すでに「クメール国籍」という表記を用いており、問題ではないという意見もある。

いる場合に、実親の一方または双方が（同法案の）12条から18条の規定により縁組に同意[20]している者の子、でなければならない（9条）。

養親要件としては、夫婦共同縁組の場合、養親のどちらかが25歳以上で、養子と養親の年齢差は20年以上45年以下でなければならない。養親が単独で養子縁組を行う場合は、両者の年齢差が40年以上45年以下でなければならない（20〜22条）。

さて、ICA法案が予定しているのは、恒久的（permanent）親子関係を創設することを目的とした「完全養子縁組（full adoption）」であり（1条）、縁組の法的効果として、養子は養親の実子と同様の権利義務を取得する（28条）。一方、ICA関連法案である民法案において養子縁組は、養子・養親要件および親子関係に関する法的効果の面で異なる「完全養子縁組（full adoption）」と「単純養子縁組（simple adoption）」に二分されている[21]。さらに「完全養子縁組」に関して民法案は、養親要件として夫婦共同縁組が必要であること、またICA法案にはない試験養育期間6カ月を規定している。つまりこれら2つの法案は同じ"full adoption"という語を用いながらも、異なる内容を規定しているのである。したがって一般法である民法案と特別法であるICA法案との整合性を保つためには、ICA法案に民法案との関係を明らかにする規定を設ける必要があると思われる。

また、ICA法案28条（縁組の法的効果）が、養子が養親の実子と同様の権利義務を有するとし、その後段で準拠法について述べている。その内容は、ICAによって生じるその他の法的効果については養親の本国法によるものとし、養子および養親の国籍国内法にて、当該縁組を規定する法が不在の場合、養親の常居所地法によるものとする、としている。したがって、養子・養親要件や司法機関の決定といったICA成立要件、および養親子関係の成立確定のようなICAの直接的効果については、当該ICA法案の累積的適用があると解することも可能である。いずれにしても、カンボジアでのICAが多様な国籍の外国人によって実施されている現状を鑑みると、養親の本国法または常居所地法との抵触を考慮したうえで、詳細な準拠法条項に関して今後さらなる検討が必要である。

(3) ICA手続関連機関

ICA法案によって、養子・養親本国にある孤児院やICA仲介団体は内務

---

[20] 生後2カ月から同意可。
[21] 「完全養子縁組」では、養子要件は8歳未満、養親要件は25歳以上かつ養子よりも20歳以上年上の夫婦による共同縁組、縁組による法的効果によって実方およびその血族との親族関係は終了し、養子は養親の実子と同様の権利義務を取得する。「単純養子縁組」では、養子要件に年齢制限はなく、養親要件に夫婦共同縁組義務の規定はない。また縁組後も実方およびその血族との親族関係を存続し、養子は養親の実子と同様の権利義務を取得する。養子と実親は相続権を有し、扶養権を持ちその義務を負う。

省およびICA管轄省（未定）から1年更新の認可を受けることが必要となる。そして、ICA管轄省は省内にICA担当部署としてTechnical Entity（以下、TE）を創設し、TEはソーシャルワーカー、社会学者、心理学者、法律専門家によって構成される（29条）。これは従来のSD29号に基づく制度が、社会福祉省、外務省、閣僚評議会と多くの省庁の関与を前提としていたことと大きく異なる。また同法案ではTEの役割が詳細に規定され、ICAの養子縁組成立要件として司法機関の決定（decision）も規定されている。司法機関の関与という点では、家制度の犠牲や人身売買を防ぎ、未成年者である養子の福祉を守る手続が導入されたといえる。

⑷紛争条項

実親、養親、中央当局、関連団体、TEがICA関連書類の問題点を提起した場合、もしくは法の不遵守がある場合は、ICA手続は一時停止される。この規定によって、虚偽の出生届や養子の素性調査内容・方法などについても、当事者によって紛争処理を提起できるようになる。

4.おわりに

以上、本稿ではカンボジア王国ICA法案を概観してきた。いうまでもなくICAは、養子となる子どものアイデンティティ形成や生活環境に大きな影響を与えるため、子どもの保護や最善の利益を最大限に考慮する必要がある。そして今回の法案では、包括的な規則や手続は規定されるに至った。しかし、上述したように、ICA管轄省の未決定、民法案との整合性、詳細な用語の定義や解釈などの問題が残されており、今後再開される法案検討会議に期待が寄せられる。さらに、法制定のみならず、その執行に携わる法曹界の人材育成や、出生登録の徹底化、コミュニティによる孤児や遺児の保護といった社会的保護の強化もまた残された課題であるといえる。

ICA手続の比較

サブデクリー29号のICA要件・手続
【ICA要件】
・養子は8歳以下
・養親は、夫婦共同縁組の場合25歳以上55歳以下で、単独縁組の場合は、40歳以上50歳以下
【ICA手続】
①養子申請書送付
　（養親→カンボジア大使館→外務省→社会福祉省・養子縁組局）
②養子適合者通知、養子との面会可能
　（社会福祉省→養親）
③養子縁組証明書発行
　（閣僚評議会承諾→社会福祉省が発行）

ICA法案のICA要件・手続
【ICA要件】
・養子は8歳以下、クメール国籍
・養親は、夫婦共同縁組の場合25歳以上で、養子との年齢差が20歳以上45歳以下、単独縁組の場合は年齢差が40歳以上45歳以下
【ICA手続】
①養子申請書送付（養親、仲介団体→TE）
②実親探し最終確認、同意最終確認（TE）
③申請書内容検討後、承諾書発行（TE）
④養子の素性と養子適合性の検討（TE）
⑤養子候補の通知（TE→養親、仲介団体）
⑥書面で養子候補に対する合意（→TE）
⑦カンボジアで養子と養親との面会
　（TEは養子、養親と個別に協議）
⑧養親の最終合意後（書面）とICA管轄省の承諾
⑨関連書類が検察官へ送付（TE→司法）
⑩司法機関による養子縁組決定
⑪養子のパスポートなど発行、出国へ

（野村文月／神戸大学国際協力研究科
国際協力政策専攻博士後期課程）

●アジア・太平洋地域の子ども・女性・障害者の権利に関する動向

Human Rights of Persons with Disabilities in the Marshall Islands: Hardships of Nuclear Survivors

マーシャル諸島における障害者の権利
被ばく者の現況を中心に

1. 米国による核実験

　中部太平洋に浮かぶマーシャル諸島では、1946年から1958年まで、計67回の核実験が米国によって実施された。なかでも1954年3月1日、マーシャル諸島のビキニ環礁で行われたブラボーと名づけられた水爆実験（以下、「ブラボー実験」）は、火薬量に換算して広島型原爆の1200倍の威力があったとされ、史上最大規模の核爆発であった。それらの核実験は、マーシャル諸島に深刻な環境破壊を引き起こし、多くの被ばく者を生み出した。

　マーシャル諸島のロンゲラップ環礁は、ビキニ環礁の東方約185キロメートルに位置する。「ブラボー実験」が行われた50年前のその日、ロンゲラップの人々は普段と変わりない朝を迎えていた。ある人は朝早い漁に出かけ、朝ごはんの支度をしたり、顔を洗っている人や家の中で休んでいる人もいた。すると突然、西の空一面に光が瞬き、まるで大きな太陽のような火の玉が昇ったかと思うと、キノコ雲が立ち昇った。そして爆発音が轟き、強い爆風がロンゲラップの島を揺らした。人々は爆音と爆風が何であったのかわからないまま、不安な気持ちで1日を始めた。

　昼過ぎになり、空から白い粉が降り始め、子どもたちは「雪」だと思って外ではしゃぎまわった。しかし、それは放射性物質を大量に含んだ「死の灰」だったのである。夕方になり、身体の炎症、激痛が人々を襲った。子どもは苦痛に泣き叫び、大人たちも何もなす術はなかった。

　絶え間ない嘔吐、下痢、高熱に苦しんだまま丸2日が過ぎて、ロンゲラップの人々は着の身着のまま米軍に「強制退去」させられ、ロンゲラップ環礁の南方約270キロメートルに位置するクワジェリン環礁に運ばれた。当時、ロンゲラップ環礁には82人が暮らしており、4人の母親のお腹には胎児もいた。

　3カ月後、人々はマジュロ環礁のエジット島に移され、3年間の避難生活を送ったが、1957年6月、米国の「安全宣言」により、「ブラボー実験」のときにはロンゲラップにいなかった人々も含め、約250名の島民が帰島した。故郷の島に戻った人々は、ヤシの実、パンダナスの実、ヤシガニそして魚を食べ、「ブラボー実験」による直接被ばくを

していない島民も、放射性物質が蓄積した動植物の摂取を通じて間接被ばくをするという悲劇を引き起こした。

1954年の「ブラボー実験」により、マーシャル海域で操業していた日本の漁船「第五福竜丸」の乗組員23人も被ばくした。その後、原爆症で乗組員が亡くなり、マーシャル海域などで獲れたマグロは「原爆マグロ」といわれ、大量に投棄されるなど、当時の日本で社会的に大きな衝撃を与えた。しかし、核実験場となった島々と海が「LIFE＝生活、人生、生命」そのものであったマーシャル諸島の人々は、注目を浴びることはなかったのである。

2.マーシャル諸島について

マーシャル諸島は、日本から南東約4,588キロメートルの太平洋上にある島嶼国である。東経162度から173度、北緯4度から19度の赤道付近に主に珊瑚礁でできた1,200以上もの島々が点在し、約6万人の人々が暮らしている。ちなみに、1954年の「ブラボー実験」当時の人口は14,260人だったといわれている。

歴史的にマーシャル諸島は大国の利害に翻弄され続けた。1600年代頃から、ヨーロッパ人が現在のマーシャル諸島地域を訪れるようになる。1899年にドイツの保護領となり、1920年以降は日本の国際連盟委任統治領となった。アジア太平洋戦争では戦場のひとつとなり、島民も戦禍に巻き込まれた。広島・長崎への原爆投下から1年も経たない1946年7月に米国が始めた核実験は、1958年8月まで続けられ、マーシャル諸島北部のビキニ環礁とエニウェトク環礁が実験場となった。なお、「ブラボー実験」当時、マーシャル諸島は米国を施政権者とする国連信託統治領の戦略地区であったが、1986年10月、米国との自由連合協定を結び、マーシャル諸島共和国として独立し、現在に至る。

3.被ばく者の置かれた現実

マーシャル諸島の被ばく者の置かれた現実の一側面を、ロンゲラップ環礁の人々の姿から垣間見ることができる。

「ブラボー実験」以降、ロンゲラップの人々を定期的にAEC（米国原子力委員会、現DOE＝米国エネルギー省）の医師が検診することになる。治療はほとんど行われなかったが、直接被ばくをした86人と「ブラボー実験」のとき島にいなかった164人にもナンバーがつけられ、追跡調査が続けられた。

1957年に米国の安全宣言によりロンゲラップに帰島した人々は異常に気づく。島にたくさんいたはずの海鳥の姿が見えず、ヤシの木は真っ黒に色が変わっていたり、幹の先が2本や3本に分かれた奇形の木がいたるところにあった。ラグーン（礁湖）の魚の様子もおかしく、以前は無害だった魚を食べて口がしびれたり、お腹をこわしたりすることが起こった。そして妊婦の流産・

死産が急増し、著しく発育や成長の遅れた子どもたちが多く生まれた。頭部肥大、歩行困難、精神異常あるいは先天性の心臓病をもっていたり、足や手の指が6本あったり、口蓋が著しく変形したり、腰や足に瘤のできた子どもなどである。そして多くの人がガンや白血病で亡くなっていった。

　甲状腺異常などによる健康被害は、人々の身体を確実に蝕んでいた。ロンゲラップの人々は説明を求め、治療あるいはなんらかの解決手段をAECや米国議会に訴え続けたが、誠実な回答は得られなかった。そして1985年5月、人々は再び故郷の島を離れる決意をし、クワジェリン環礁にあるメジャト島やイバイ島あるいは首都のマジュロ環礁に移り住んだ。

　マーシャル諸島は、広大な海洋によって外界から隔絶され、公害などとは無縁な自然環境に恵まれていた。さらに比較対照群となる血縁関係者が集中していたことや早婚の習慣により、世代間の交替を早く観察できる点など、調査・研究の対象として、マーシャルの人々は「好条件」を備えていた。放射線の人体への影響を調査するAECなどの絶好の調査対象であったことは、想像にかたくない。

4.被ばく者に対する補償

　核実験被害者の疾病と土地被害に対する補償請求を受け付け、裁定し、支払いをするNCT（核賠償請求査定委員会）が、1987年につくられた。NCTは独自の見解に基づき、マーシャル諸島全域で、個人の疾病に対する補償請求を受け付けているが、制度には不充分な点が目立った。核実験による健康障害として認められる病気は、白血病、甲状腺ガン、乳ガン、喉頭ガン、急性放射線症など二十数種類に限定され、受給資格は1946年から1957年の実験当時に生存していた者に限られた（これは後に、1958年以後に生まれたものにも申請資格を与えるよう改定され、前述の「被ばく2世」のロンゲラップの子どもたちも受給資格者となった。また、認められる病気の種類も増えた）。

　注目されるのは、核実験による健康被害を認められた認定者（受給者）の居住島は、米政府がこれまで発表した被曝圏をはるかに越え、ビキニ環礁の南方約800キロメートルに位置する島にまで広がっていることである。人々が島々や環礁間を移動することを考慮しても、すべての有人島に認定者がいるという事実は、米政府の認定する被ばく4環礁（エニウェトク環礁、ロンゲラップ環礁、ウトリック環礁、ビキニ環礁）だけが被ばく圏ではないことを示している。

　NCTの資料によると、2003年12月31日現在、NCTは83,050,000ドルを被ばく認定者1,865人に支払っている。ちなみに近年は基金に基づく支払いが予算超過気味で、増加する被害島民の申請に充分応じきれていない

（実際に支払われたのは69,814,690ドルで、約13,200,000ドルが未払い）。また45％に相当する840人が補償金の満額を受け取る前に亡くなっている。

　障害をもって生まれた子どもをはじめとする被ばく者たちは、満足な治療を受けることもなく、「毒・ポイズンを浴びた」と他の環礁の人々から差別され、時には親戚からも蔑視された。しかし、それ以上にマーシャル諸島の被ばく者の半世紀が悲劇的だったのは、人間としての尊厳や権利について考える充分な機会もないまま、核被害が経済的な「お金・賠償」の問題となったことであった。

5.自由連合協定と今後

　1986年に締結された自由連合協定は、米国とマーシャル諸島の国家間関係を規定するもので、経済援助の問題、安全保障・防衛の問題、両国間の移動（移民）の問題、核実験の補償問題など多岐に及ぶ。米国はマーシャル諸島の安全と防衛問題に関して全面的な責任と独占的権限を持つことが定められており、マーシャル諸島のクワジェリン環礁にはミサイル開発実験のための米軍基地がある。2003年9月で自由連合協定の期限が切れていたが、2003年12月、改訂版の自由連合協定が発効し、米国はこのクワジェリン米軍基地をさらに50年間使用できるようになった。一方、改訂版の自由連合協定では、核実験被害補償に関する新たな実施協定は締結されず、2003年末をもって健康管理事業が終了した。被ばく者らが中心となって、それらの継続と追加的補償を求める請願を米議会に提議しているが、満足な回答は未だ得られていない。

　2004年3月で1954年の「ブラボー実験」から50年を迎える。私たちが新しい半世紀を創るために、何ができるのかが問われている。

（間野千里／特定非営利活動法人アジアボランティアセンター）

●アジア・太平洋地域におけるども・女性・障害者の権利に関する動向

Communalism and Gender -Case of India

インドにおけるコミュナリズムとジェンダー

1. インド社会の変化

　1980年代後半から始まった経済の自由化は、政治・経済・社会・文化などのあらゆる面においてインド社会に急激な変化をもたらし、それに付随したヒンドゥー右翼勢力の台頭とコミュナリズム[1]の激化は、インドの女性を取り巻く状況に大きな影響を与えている。

　85年のシャー・バーノー訴訟[2]、87年のループ・カンワル事件[3]は、インド全土を巻き込んで女性の権利の尊重か宗教の自由かをめぐる激しい議論を巻き起こした。イスラム法の反女性的側面やサティ（寡婦殉死）反対を訴える女性たちは、ヒンドゥー、ムスリム双方の共同体から「真のイスラム女性」「真のヒンドゥー女性」の対極として「西洋化された女性」というレッテルを貼られ、「伝統」対「西欧」の間で女性運動は分裂していった。コミュナリズムにおいて、「女性」はそれぞれの共同体を象徴する政治的に重要な要素として利用され、女性の権利の問題はコミュニティの集団的権利を脅かす概念としてコミュナリズムのディスコースに組み込まれ、「ジェンダーのコミュナル化とコミュナリズムのジェンダー化」が進行していったのである。

2. 女性の運動への参画

　現在、最もインドを揺るがしているヒンドゥー教徒とイスラム教徒との紛争激化の発端となった92年のアヨーディア事件[4]をはじめ、インド各地で起こっている暴動では、敵対するコミュニティ、とくにマイノリティの女性たちに対し集団レイプなどの凄惨な性的暴力が加えられているが、これもコミュニティ

---

[1] インドにおいてコミュナリズムとは、宗派集団間の利害対立を指す。とくに政治的に対立が扇動されているヒンドゥー教とイスラム教の紛争。
[2] 43年間連れ添った夫からタラク（離婚）を言い渡されたムスリム女性シャー・バーノーが夫に扶養料を求めた裁判で（イスラム法において、夫から妻に離婚要求を3度続けて言い渡すと離婚が成立する）、1985年最高裁はムスリム属人法（宗教の自由を認めるインド憲法の下、インドでは結婚や相続などの家族法は各宗教コミュニティ別に存在する）にかかわらず、すべてのコミュニティに適用される刑事訴訟法125条によって訴えることができ、扶養料を夫から受け取ることができるとし、国家は統一民法を策定すべしとの判決を下した。この判決は、インド社会においてマイノリティであるムスリム・コミュニティから、シャーリア（イスラム法）への脅威だとして激しい抗議が起こった。
[3] 1987年ラジャスターン州デーオラーラ村で、数千人もの群集が見守るなか、18歳のループ・カンワルが病死した夫の遺体と共に生きながら焼かれた。この事件をきっかけに、伝統とくに寡婦を夫と共に火葬するラージプートやヒンドゥー教の文化保護の権利の問題か、女性の権利の問題かで議論が巻き起こった。カンワルは女神として讃えられ、多くの巡礼者が訪れ、村に莫大な経済効果をもたらした。後の捜査で、彼女は火葬される前、大量の麻薬を飲まされサティを強要されたと報告された。

を象徴する女性を汚すことで、対立するコミュニティの名誉を汚すことが達成されると考えられているからといえる。しかし、その一方で注目すべきことは、暴動において被害者としてのみ認識されてきた女性たちが、89年のバガルプールや90年のアーメダバード、92～93年のボンベイ暴動で、暴動に加担するヒンドゥー教徒の男性たちを支援し、イスラム教徒の被害者救援を阻むなど暴動に積極的に参加する姿が見られたことである。

こうした背景には、80年代以降、ヒンドゥトヴァ（ヒンドゥー原理主義）を掲げ急速に支持層を広げていったインド人民党（BJP）や、民族義勇団（RSS）、世界ヒンドゥー協会（VHP）などのヒンドゥー原理主義的宗教団体の果たしてきた役割があった。これら政治・宗教団体はヒンドゥー神話の女神たちを政治キャンペーンに導入し、「貞節な女性」像を押し出すと同時に、自らの共同体を守る「力強い女性」「強い母親」像を通して「女性解放」の概念をアピールし、高カーストの保守的な女性たちを動員したのであった。

3.現在の動き

シャー・バーノー訴訟をめぐる議論においても、ヒンドゥー右翼勢力はすべてのコミュニティの女性の平等や権利向上をめざす女性運動の懸案であった「統一民法」の制定を唱え、結婚や相続において他宗教に比べて女性に不利であるイスラム法を攻撃の対象とした。しかしヒンドゥー右派勢力にとっての「平等」とは、ヒンドゥー教の規範を主体とする家族法を他の宗教的マイノリティのコミュニティに押しつけることであり、神聖で不変のシャーリアに基づくイスラム法の改正は認められないとして、イスラム・コミュニティから猛反対を招いたのである。法的にとくに不平等な立場に置かれたムスリム女性の権利と保護の問題は、議論の過程のなかで、国家によるイスラム教への干渉の問題にすり代わってしまったのである。

このようにインドのコミュナリズムにおいて、ヒンドゥー、ムスリムの双方が共同体のアイデンティティとしての「女性性」に依拠し、「伝統」「文化」を押しつけることによって、実際の女性の権利は軽んじられてきた。ジェンダーのコミュナル化をはじめとして、カーストや宗教で分断された複雑なインド社会では、「女性の連帯」を通した改革は不可能なのかもしれない。しかし一方で、数々のNGOやグループ別女性運動など地道な草の根の活動が、インドでは長く息づいてきた。

最近では、異なる運動体の間での

---

4) ウッタル・プラデーシュ州アヨーディアで、イスラム教のバーブリ・マスジット寺院が立つ場所はもともとラーマ神生誕寺院があったとして、寺院再建を煽動するヒンドゥー至上主義政治・宗教団体のキャンペーンによって、1992年12月6日、ラーマ神の名を記したレンガを持つヒンドゥー教徒らがバーブリ・マスジット寺院を破壊。イスラム教徒2000～3000人が殺されたといわれる。暴動はインド各地にも飛び火し、翌7日、ボンベイ（現ムンバイ）でイスラム教徒が多く住むスラムなどが焼き打ちにあい、10～20万人の難民が発生した。

ネットワークの形成が活発に行われ、国際的な連帯の動きにも広がりを見せている。2,000人以上のイスラム教徒が殺されたといわれる2002年のグジャラート暴動では、既存の市民グループと共に女性グループによるコミュナル暴動への反対運動が組織され、マイノリティ被害者の救援が行われた。また、事件後事実究明のための調査団が組織され、女性たちによる事件の報告書が連邦女性委員会(National Commission for Women)に提出されるなど、女性たちの積極的な活動が認められた。また、ジェンダー・カースト・階級という三重の差別を受け、社会の底辺にいるダリット5)女性たちによる運動が、これまでの「都市のミドルクラスの女性による女性運動」と「男性優位のダリット解放運動」に対する二重の変革をもたらす主体として注目され始めている。

《参考文献》
・竹中千春「ナショナリズム・セキュラリズム・ジェンダー——現代インド政治の危機」押川文子編『南アジアの社会変容と女性』(アジア経済研究所、1997年)
・Swati Dyahadroy, *Exploring Issues Of Culture And Gender - A Primer* (Women's Studies Center, Department of Sociology, University of Pune, 1998).
・Shilpa Phadke, *Thirty Years On. Women's Studies Reflects on the Women's Movement* (Economic and Political Weekly, October 25, 2003).

(門脇章子／IMADR(反差別国際運動)ダリットプロジェクト)

---

5)「抑圧された者」の意。狭義にはカースト制の上位4カースト(ヴァルナ)に入らないいわゆる不可触民を指すが、反カースト運動や不可触民の運動の指導者らによって自らのアイデンティティを示す自称として使われ、近年広がった。

●アジア・太平洋地域における子ども・女性・障害者の権利に関する動向

Human Rights of People with Disabilities in China

中国における障害をもつ人の権利

1. はじめに

2003年12月10日、中国障害者連合会の鄧朴方(ドン・プファン)主席[1]は、ニューヨークの国連本部で「国連人権賞」を授与された。中国人としては初めての人権賞の受賞に、中国のマスメディアも連日大きく報道している。

報道の内容では、中国の障害者事業が国際的に認められたこと、同時に中国の人権政策が国際社会から認められたことなどが主張されている。

本稿では、まず現代中国における障害をもつ人に関する政策について述べる。続いて、中国における障害者福祉政策において絶大な発言力を有している中国障害者連合会の活動について述べる。最後に、中国における障害をもつ人の権利について若干の私見を述べる。

2. 現代中国における障害をもつ人に関する政策

1949年に中華人民共和国が樹立される以前、約100年にわたる植民地支配に対する抵抗およびその後の国民党、共産党による内戦によって、社会が不安定であったことから障害者福祉政策も立ち遅れていた[2]。人民共和国樹立以降、障害をもつ人に関する政策が徐々に講じられるようになった。

1953年に視覚障害者の団体である「中国盲人福利会」、1956年に聴覚障害者の団体である「中国聾唖人福利会」が結成されている。後にこの2つの団体は1960年に合併されて「中国盲人聾唖人協会」となっている。視覚障害、聴覚障害をもつ人たちの代表として、政府と協力し、障害をもつ人の労働、教育、リハビリ等の権益の保護に貢献し、現代中国の障害者福祉の基礎を築いたといわれている。

国連障害者の10年(1983〜1992年)の流れを受けて、障害をもつ人の状況を把握するため、1987年に中国で最初の人口の1％を対象とした推測統計調査が行われた。このときにはじめて障害をもつ人の基本的状況が把握されたことになる。

---

1) 鄧朴方氏は、中国の経済成長を牽引してきた「改革・開放政策」を提唱した鄧小平氏の息子にあたる。彼自身、文化大革命の混乱の中で負傷し、車椅子を使用している。1988年に中国障害者連合会が結成されてからは、4期連続で連合会主席を務めている。
2) 1949年以前に中国において社会福祉制度が皆無だったわけではない。その歴史は古く、中国から日本へ社会福祉制度が伝えられている。清朝以前の中国社会福祉に関する研究は星斌夫氏等の多くの業績がある。

189

その後、社会的経済的状況や人口の増加などを考慮して、1996年に新たな統計数値が発表された。これによると、全国には障害をもつ人が6000万人存在し、総人口の5％を占めている。そのなかで、視覚障害をもつ人が877万人、障害者総数の14.6％を占めている。聴覚障害をもつ人が2057万人、障害者総数の34.3％を占める。肢体障害をもつ人が877万人、障害者総数の14.6％を占める。知的障害をもつ人が1182万人、障害者総数の19.7％を占める。精神障害をもつ人が225万人、障害者総数の3.8％を占める。重複障害をもつ人が782万人、障害者総数の13％を占める。1996年以降の政策立案の基礎としてはこれらの統計数値が採用されている[3]。

1990年12月28日、中国で初めて、障害をもつ人を対象とした専門の法律である中国障害者保障法が全国人民代表大会で可決された。この法律は、知的・精神障害をも対象に含み、障害をもつ人の合法的権益の保障、障害者事業の発展、障害をもつ人に対する差別禁止、平等で充分な社会生活への参加を盛り込んだ先進的な内容となっている。

3.中国障害者連合会

「中国障害者連合会（以下、連合会）」は1988年3月に設立されている。政府の承認を経た全国規模の障害者団体であり、視覚、聴覚、肢体、知的、精神、重複障害のいずれかをもつ人々を代表する全国統一的な組織となっている。

連合会による活動は、中国的社会主義の特色を強く反映させた性格のものとなっている。その目的は、社会主義的人道主義の発揚、障害者事業[4]の発展、障害をもつ人の人権の保障および障害をもつ人に平等な地位と均等な機会を提供して社会生活に充分に参加させ、社会の物質文化の成果を享有させることとなっている[5]。

連合会は「半官半民」の組織だとされているが、一般的には行政機関のひとつとして位置づけられていると考えてよいだろう。連合会は、中国において非営利団体の管理や社会福祉政策を管轄している国務院民政部によって代行管理されており、国家予算において連合会の費目が計上されている。その活動においては共産党、政府と障害をもつ人との関係調整と、障害をもつ人たちの安定した団結を図ることが期待されている[6]。

3）黄東興編著『中国残疾人実用全書』（華夏出版社、2000年）4頁。
4）連合会発足以降、5年計画で取り組まれている、障害をもつ人のための全国的事業計画。リハビリ、教育、就業などさまざまな活動を全国的に展開している。現在は国家経済発展計画と連動されており、障害者事業"十五（第10期5年計画、2001～2005年）"計画として取り組まれている。
5）中国人権研究会『中国人権年鑑』（当代世界出版社、2000年）1009頁。
6）1987年11月18日「民政部関於組建中国残疾人聯合会的報告」『中華人民共和国民政法規彙編』（1993年）1048頁参照。

4.障害をもつ人の権利と「社会主義的人道主義」

　最後に、中国政府の障害をもつ人の権利保障に対する姿勢がどのようなものであるかを述べる。

　中国において「障害者」とは、公的には「社会生活に参加する権利と能力を有しており、同様に物質文明と精神文明の創造者である。同時に障害者は特殊で困難な集団である。自身の障害の影響と外部的および社会的精神的環境による妨害によって、障害者が社会参加する機会は制限されており、平等な権利の実現は阻害されており、社会において最も困難な集団となっている」とされている[7]。

　このように、中国では、障害をもつ人が被っているさまざまな困難は社会的問題と考えられている。「障害」をもつ本人ではなく、「障害」によって社会参加する機会が制限されている外部環境のほうに、より関心が注がれている点は評価できるだろう。

　ただ、この通知では障害をもつ人の権利保障は、国と社会の「大義名分上辞退できない責任(原語、義不容辞的責任)」としている。障害をもつ人の具体的権利の保障は国と社会の道徳的責任であり、障害当事者が法的強制力をもって政府に要求する権利とはみなされていない。

　政府は障害者事業の基本原則として「社会主義的人道主義の発揚」を掲げている。中国の障害者事業とはまさに「人道主義」に基づく活動ともいえる。「特殊で困難な集団」と位置づけることで、「健常者」との差異を明らかにし、そのうえで「人道主義」精神を奨励することは一方的慈善活動のイメージを与え、障害当事者の自己決定に基づく主体的活動を阻害している可能性がある。これらは、ノーマライゼーションの概念や、最低限の生活保障を要求する権利という本来の意味の生存権の考え方にはそぐわないだろう。

　中国は発展途上国であり、13億人口の約8割が貧しい農村部で生活している。そういった社会状況も考慮に入れたうえで、障害をもつ人の状況を考えなければならない。現在、障害をもつ人が中国に約6000万人生活しているといわれている。そんな世界最大規模の障害者福祉政策に今後も注目していく必要があるだろう。

（関本克良／ひょうご国際人権問題研究会事務局次長・神戸大学大学院国際協力研究科博士課程）

---

[7] 1991年5月6日「国務院関於貫徹実施《中華人民共和国残疾人保障法》的通知」中国残疾人連合会編『中国残疾人事業年鑑(1949年～1993年)』(華夏出版社、1996年)313頁。

●アジア・太平洋地域における子ども・女性・障害者の権利に関する動向

Human Rights of Women in Japan

日本における女性の権利

1. はじめに

　男性優位の法体制の下で築かれた男女不平等は、もはや法的平等を確保したところで実質的には修正不可能であり、法的平等を超えた社会的施策が必要であることは、すでに120年前にエンゲルスが指摘している[1]ところであるが、即時的義務としての男女平等確保のほかに、そのような社会的施策を採用する義務を国際条約に明記したものが女性差別撤廃条約である。この条約の最も特徴的な部分はそこにあり、そのためその履行確保システムを有効に機能させるためには締約国の協力が不可欠である。

　女性差別撤廃条約はその履行確保システムとして、女性差別撤廃委員会による締約国報告審査制度を設けている。この委員会を通じた審査の機能としては、委員会と締約国政府との「建設的対話」による条約の履行促進や、国内状況の見直しと市民社会との対話の機会の提供などが期待されている。しかし実際のところ、締約国を先進国と発展途上国とに大別して概観した場合に、前者が大代表団の派遣によって自身の正当化に終始すれば、後者は報告書の提出すらまちまちであるという具合に、全体として報告審査は充分に機能しているとはいいがたい。そのように締約国政府の対応の鈍さが露呈するなか、NGOが審査プロセスの中で担う役割はさらに重要さを増している。

2. 女性差別撤廃条約の履行状況

　これまでの日本の報告審査は、1988年の第1回、1994年の第2回を経て、2003年7月に第3回が行われた。この約15年間における日本政府の女性差別撤廃条約の履行に対する態度については、2つの一般的特徴が指摘できる。1つは、一度受けた勧告を速やかに実施しないため、同内容の勧告が繰り返されていることである。その際、国内事情（「世論」）を理由とした制度変革の拒否が行われている場合が少なくない。もう1つは、委員会との間で期待された「建設的対話」とは裏腹に、抗争的対話が展開されていることである。これは、行政に間違いはないという神話が対外的にも前面に押し出されている結果と見ることもできる。このような一般的姿勢は、報告書作成過程におけ

---

1) エンゲルス（内藤吉之助訳）『家族・私有財産及び國家の起源』（彰考書院、1947年）参照。

るNGOとの間での実質的対話を隅に追いやってしまう。図らずもこの反動として、日本でも強力な国内NGOネットワークが整備されることになった2)。

第1回、第2回の報告審査の中で、女性の社会的地位の低さの問題、男女雇用機会均等法の不充分さ、アジア諸国出身の女性の搾取問題、企業における間接差別、性産業についての問題、そして戦時「慰安婦」に対する補償の問題が指摘され、情報提供が要請されてきた。そして第3回の審査に対する最終見解において、主な懸案事項および勧告として、①条約1条に従い、間接差別を含む差別の定義を国内法に盛り込むこと、②DV法の適用対象の拡大、レイプ犯罪の刑罰強化、③戦時「慰安婦」問題の解決努力、④人身売買問題への取組み強化、⑤マイノリティ女性の状況についての情報収集、⑥意思決定過程への女性参加を確保する積極的差別是正措置の採用、⑦男女雇用機会均等法の指針の改正、家族的責任の平等な分担の促進、⑧積極的差別是正措置を通じた労働市場における事実上の機会の平等達成、⑨婚姻最低年齢、婚外子、氏の選択における差別の撤廃、⑩独立した人権擁護機関の設置、⑪選択議定書批准の検討、などが指摘された。

3.他の条約の履行状況

日本における女性の権利を概観するうえでは、社会権規約委員会が日本の報告を審査したうえで公表する最終見解についても押さえておく必要がある。2001年8月の第2回審査において、懸念される問題として、①家庭内暴力およびセクハラに関する法整備の前進にもかかわらず事例が存在すること、②男女間の労働条件について、立法・行政・その他の措置がとられたにもかかわらず事実上の不平等が残存すること、③年金制度における事実上の男女不平等、④戦時「慰安婦」への補償をめぐる反発や抗議の存在、などが指摘された。

さらに、自由権規約委員会による日本の報告書審査についての最終見解についても見てみることにする。1993年の第3回審査を経て1998年の第4回審査において委員会が示した最終見解は、主な懸念事項として、「第3回報告の検討の後に発せられたその勧告が大部分履行されていないことを、遺憾に思う」として根本的問題を指摘したうえで、「世論の統計」や「公共の福祉」、「合理的な差別」などを援用しての義務違反は正当化できないことを指摘しつつ、とくに女性の権利に関して、①婚姻に関する差別的制限の問題、②不正取引および奴隷類似行為の

---

2)とくに、日本女性差別撤廃条約NGOネットワークが42団体から構成され、委員会へのレポート送付や本審査に向けてのロビー活動など積極的な活動を行った。JNNC編『女性差別撤廃条約とNGO——「日本レポート審議」を活かすネットワーク』(明石書店、2003年)参照。

対象となった女性に対する不充分な保護、③家庭内暴力の問題、について取り上げた。

4. 日本の問題点と現況

以上の3委員会による報告書審査を概観するに、項目的には列挙のとおりであるが、今日の日本における女性の権利について大きな問題を2つ指摘できる。1つは、冒頭で示した「法的平等を超えた社会的施策」について、日本政府の見解が極めて消極的であり、条約の趣旨の理解について国際社会のそれとの間に大きな隔たりがあるということ。もう1つは、この問題に対する日本の裁判所も含めた国家機関の緊張感の低さである。これを国際人権基準についての認識の低さという一般的問題の一部として捉えるとすれば、公務員に対する国際人権教育の不拡充の問題として位置づけることもできよう3)。これら2つの問題は、いずれも社会を牽引する役目を本来的には担っているはずの主体による障壁的ふるまい

という、非常に残念な状況を示している。

これらのことを反映してか、国連開発計画(UNDP)のはじき出した数値データも、日本における女性の状況について厳しい結果を示している。2003年の「人間開発報告書」において、日本は人間開発指数(HDI)4)が175カ国中9位、ジェンダー開発指数(GDI)5)が146カ国中13位であったのに対して、ジェンダー・エンパワーメント指数(GEM)6)は70カ国中44位と大きく落ち込んでおり、これは前年の66カ国中32位と比較しても急激な下降を示している。

そんな状況のなか、2003年末に東京においてジェンダー法学会7)の創立大会が多くの参加者を集めて華々しく開催されたことや、2003年度よりお茶の水女子大学がジェンダー研究に関してCOE指定8)を受けるなどの動きも見られ、いよいよ学術界もこの問題に全面的に取り組む体制を整えたようである9)。これらが実務界や市民運動との連携をいっそう深めてゆけば、政府や

---

3) 女性差別撤廃委員会は2003年の最終見解の中で、とくに間接差別の意味と範囲についての意識啓発のためのキャンペーンを勧告している。
4) Human Development Indexの略。人間の基本的な能力の平均を表す指標で、「長寿を全うする健康生活」、「知識」および「生活水準」の3つの側面の達成度の複合指数。
5) Gender Development Indexの略。GDIはHDIと同様に基本的能力の達成度を測定するものであるが、男女間の達成度の不平等に注目したもの。HDIと同様に平均寿命、国民所得、教育水準を用いつつ、これらにおける男女間の格差を考慮するために、平均余命、初等・中等・高等教育の就学率、勤労所得等の格差に基づいて算出される。いわば、「ジェンダーの不平等を考慮し調整を経たHDI」ともいえる指標である。
6) Gender Empowerment Measureの略。GEMは女性の経済や政治生活への積極的参加や意思決定状況を示す指標。GDIとの違いは、能力そのものへの着眼ではなく、能力や機会を実際に活用できるかどうかに着眼している点にある。男女の稼働所得割合、専門職・技術職・管理職における男女割合、国会議員の男女割合を用いて算出する。
7) 筆者もこの創立大会を傍聴したが、その熱気は用意された会場に立見が出るほどのものであった。第一線の弁護士や研究者が報告者として代わるがわる立ち、これまで必要とされながらも存在しなかったこの分野の学会設立に、さも鬱憤を晴らすかのような先鋭的論議を展開した。ホームページ(2003年12月現在)http://www.ritsumei.ac.jp/kic/~snt00177/

裁判所の態度も変わらざるをえないであろう。その先に見えてくる女性の権利の向上が、内容的にもその達成へのプロセスを反映した公正なものであることを期待したい。

（山本哲史／名古屋大学大学院国際開発研究科博士後期課程）

---

8) COEとはCenter of Excellenceの略で、大学の構造改革の方針（2001年6月）に基づき、2002年度から文部科学省に新規事業として「研究拠点形成費補助金」が設置されたことに基づくプログラム。教育および研究において世界をリードする拠点を専門分野ごとに指定し、世界最高水準の大学づくりを推進することを目的としている。ホームページ（2003年12月現在）http://www.jsps.go.jp/j-21coe/.
9) 意外にも、「ジェンダー」という概念が日本の学術界において制度上認められたのはごく近年のことである。たとえば、文部科学省科学研究補助金の時限つき細目として「ジェンダー」が新設されたのは2000年のことであるが、その背景には「男女共同参画社会基本法」（1999年施行）制定に象徴される社会環境の変化がある。

資料4

子どもの権利委員会
一般的意見3（2003）
HIV/AIDSと子どもの権利

2003年1月30日第32会期採択
CRC/GC/2003/3

I.はじめに[1]

1．HIV/AIDSの流行は子どもたちが暮らしている世界を劇的に変えた。数百万人の子どもたちが感染・死亡し、またそれ以上に多くの子どもたちが、HIVが家庭やコミュニティに広がるなかで重大な影響を受けている。HIV/AIDSの流行は幼い子どもたちの日常生活に影響を及ぼし、子どもたち、とりわけとくに困難な状況下で生活している子どもたちの被害と周縁化を拡大する。HIV/AIDSは一部諸国だけの問題ではなく、世界全体の問題である。それが子どもに及ぼす影響を真の意味でなんとかするためには、あらゆる発展段階にあるあらゆる国々が、協調のとれた、かつ対象の明確な努力を行うことが必要とされる。

2．当初、子どもたちがこの流行から受ける影響は二次的なものにすぎないと考えられていた。しかし、残念なことに子どもたちが問題の中心となってしまっていることに、国際社会は気づいた。UNAIDS（国連HIV/AIDS合同計画）によれば、最も新しい傾向は衝撃的なものである。世界のほとんどの場所で、新たな感染の過半数は15〜24歳、場合によってはそれ以下の若年層の間で生じている。少女を含む女性の感染も増えている。世界のほとんどの地域で、感染した女性の大多数は感染の事実を知らず、知らない間に自分の子どもに感染させてしまっている可能性がある。その結果、多くの国々では最近、乳幼児の死亡率が高まってきている。思春期の青少年も、適切な情報と指導を得られない環境下で最初の性的経験をすることがあるために、HIV/AIDSの影響を受けやすい状況に置かれている。麻薬の使用者である子どもも感染の危険性が高い。

---

1)子どもの権利委員会は第17会期（1998年）、HIV/AIDSと子どもの権利をテーマとして一般的討議を開催し、子どもの権利との関連で締約国がHIV/AIDSの問題に取り組むことの奨励を含む、多くのとるべき措置を勧告した。HIV/AIDSと人権の関連は1997年の第8回人権条約機関議長会議でも議論され、社会権規約委員会や女性差別撤廃委員会によっても取り上げられてきている。同様に、HIV/AIDSについては国連人権委員会でも10年以上にわたって毎年議題とされてきた。UNAIDSと国連児童基金（UNICEF）は、その活動のあらゆる側面においてHIV/AIDSと子どもの権利の関連を重視してきており、世界AIDSキャンペーンの1997年の焦点は「AIDSが存在する世界で生きる子ども」、1998年の焦点は「変革の力：若者とともに取り組む世界AIDSキャンペーン」というものだった。UNAIDSと国連人権高等弁務官事務所は、HIV/AIDSとの関連において人権を促進・保護することを狙いとして、「HIV/AIDSと人権に関する国際指針」（1998年）およびその「改訂指針6」（2002年）も作成している。国際政治のレベルでは、国連HIV/AIDS特別総会の「HIV/AIDSに関するコミットメント宣言」、国連子ども特別総会の「子どもにふさわしい世界」、その他の国際文書・地域文書の中で、HIV/AIDS関連の権利が承認されてきた。

3．けれども、どんな子どもであっても、特定の生活状況に置かれることによってHIV/AIDSの影響を受けやすくなる可能性がある。とくに、(a)自らHIVに感染した子ども、(b)親たる養育者や教師を失うという形で、かつ（または）HIV/AIDSによってもたらされるさまざまな結果によって家庭やコミュニティが深刻な制約を被るという形でHIV/AIDSの影響を受けている子ども、(c)最も感染しやすいまたは影響を受けやすい状況に置かれている子どもがこれに該当する。

II．一般的意見の目的

4．この一般的意見の目的は以下のとおりである。
(a)HIV/AIDSが存在する世界で生きる子どもたちのあらゆる人権が特定・理解されることを強化すること。
(b)HIV/AIDSとの関連において、子どもの人権が子どもの権利条約（以下「条約」）で保障されているような形で実現されることを促進すること。
(c)HIV/AIDSの予防、ならびにHIV/AIDSに感染した子どもまたはその影響を受けている子どもの支援、ケアおよび保護に関わる権利を締約国が実施する水準を高められるよう、そのための措置および模範的実践を特定すること。
(d)国レベル・国際レベルでHIV/AIDSを予防し、かつそれと闘うための、子ども中心の行動計画、戦略、政策およびプログラムの立案および促進に寄与すること。

III．HIV/AIDSに対する条約の視点——ホリスティックな子どもの権利基盤型アプローチ

5．子どもとHIV/AIDSの問題は主として医療上または保健上の問題として捉えられているが、実際にはもっと広範な問題が関わっている。とはいえ、この点に関して健康に対する権利（24条）が中心的であることには変わりがない。しかし、HIV/AIDSはあらゆる子どもたちの生活に重大な影響を及ぼすので、子どものすべての権利——市民的、政治的、経済的、社会的および文化的権利——がその影響から免れえない。したがって、差別の禁止に対する権利（2条）、子どもが自己の利益を第一義的に考慮される権利（3条）、生命、生存および発達に対する権利（6条）ならびに自己の意見を尊重される権利（12条）が、予防、ケア、支援および保護というあらゆるレベルでHIV/AIDSについて検討するときの指導的テーマとされるべきである。

6．HIV/AIDSに対応するための充分な措置を子どもと青少年に対して用意することは、彼らの権利が全面的に尊重されなければ不可能である。この点で最も関連性の深い権利としては、以下のものを挙げることができる。子どもの社会的、霊的および道徳的幸福ならびに心身の健康の促進を目的とした情報および資料にアクセスする権利（17条）、予防保健、性教育ならびに家族計画の教育およびサービスに対する権利（24条(f)）、適切な生活水準に対する権利（27条）、暴力から保護される権利（19条）、国による特別な

保護および援助に対する権利（20条）、障害をもった子どもの権利（23条）、健康に対する権利（24条）、社会保険を含む社会保障に対する権利（26条）、教育および余暇に対する権利（26条・31条）、経済的および性的搾取ならびに虐待、麻薬の不法な使用から保護される権利（32条・33条・34条・36条）、誘拐、売買および人身取引ならびに拷問またはその他の残酷な、非人道的なもしくは品位を傷つける取扱いもしくは処罰から保護される権利（35条・37条）、そして身体的および心理的回復ならびに社会的再統合に対する権利（39条）である。子どもたちは、HIV/AIDSの結果、上述の諸権利への重大な挑戦に直面している。条約、およびとくにその4つの一般原則は、そこで包括的アプローチがとられていることにより、HIV/AIDSが子どもたちの生活に及ぼす悪影響を少なくするための努力の枠組みを提供してくれるものである。条約を実施するために必要とされるホリスティックな（訳者注：各規定の有機的関係に留意しつつ包括的視点に立った）権利基盤型アプローチは、予防、保護およびケアのための努力に関わる広範な問題に対応するための、最適な手段となる。

A. 差別の禁止に対する権利（2条）

7. 差別は、子どもがHIV/AIDSに感染しやすい立場に置かれる危険性を高めるとともに、HIV/AIDSに影響を受けている子ども、または自身がHIV/AIDSに感染している子どもの生活に深刻な影響を及ぼす原因となっている。HIV/AIDSとともに生きる親を持つ子どもは、女子か男子かを問わず、子どもも感染していると思い込まれるためにスティグマと差別の被害を受けることが多い。差別の結果、子どもたちは情報、教育（教育の目的に関する委員会の一般的意見1も参照）、保健サービスもしくは社会的ケアのサービス、またはコミュニティの生活から排除される。極端な場合には、HIVに感染した子どもへの差別が、家族、コミュニティおよび（または）社会による子どもの遺棄につながってきた。差別はHIV/AIDSの蔓延にいっそうの勢いをつけるものでもある。それによって子どもたち、とくに、サービスにアクセスしにくい僻地や非都市部に住んでいる子どものようないくつかのグループに属する子どもたちが、いっそう感染しやすい立場に置かれるためである。このように、こうした子どもたちは二重の被害を受けることになる。

8. とりわけ懸念されるのはジェンダーに基づく差別である。それは、女子の性的活動に対するタブーや、それを否定的に捉え、もしくは一方的に決めつける態度と相まって、予防措置その他のサービスに対する女子のアクセスを制約することが多い。性的指向に基づく差別も懸念されるところである。締約国は、HIV/AIDS関連の戦略の立案にあたり、条約に基づく自国の義務に従って、社会の中で定められているジェンダー規範を注意深く考慮しなければならない。そのような規範は、女子および男子のいずれにとっても、HIV/AIDSへの感染しやすさに影響を及ぼすためである。他方で、HIV/AIDSに関わる差別が男子よりも女子のほうにいっそう深刻な影響を及ぼす可能性があることも、認識しなければならない。

9. 上述した差別的慣行はいずれも、条約上の子どもの権利を侵害するものである。条約2条は締約国に対し、「子どもま

たは親もしくは法定保護者の人種、皮膚の色、性、言語、宗教、政治的意見その他の意見、国民的、民族的もしくは社会的出身、財産、障害、出生またはその他の地位にかかわらず」、いかなる種類の差別もなしに、条約に掲げられたすべての権利を確保することを義務づけている。委員会は、ここでいう「その他の地位」には子どもまたはその親のHIV/AIDSに関わる状態も含まれると解釈するものである。各国の法律および戦略は、HIV/AIDSの影響の増大を助長するあらゆる形態の差別に対応するものでなければならない。戦略においては、HIV/AIDSに関連する差別やスティグマの付与の態度を変革することが明確にめざされた教育・訓練プログラムも促進されるべきである。

B. 子どもの最善の利益（3条）

10．HIV/AIDSの予防、ケアおよび治療のための政策とプログラムは、全体としてはおとなを対象として立案されてきており、子どもの最善の利益を第一義的に考慮するという原則にはほとんど注意が向けられてこなかった。条約3条は、「子どもにかかわるすべての活動において、その活動が公的もしくは私的な社会福祉機関、裁判所、行政機関または立法機関によってなされたかどうかにかかわらず、子どもの最善の利益が第一義的に考慮される」と述べている。この権利に付随する義務は、HIV/AIDSに関わる国の行動の指針として根本的なものである。子どもはHIV/AIDSへの対応の中心に位置づけられるべきであり、戦略は子どもの権利とニーズにあわせて調整されなければならない。

C. 生存、生命および発達に対する権利（6条）

11．子どもは、その生命を恣意的に奪われない権利とともに、生存しておとなになり、かつ言葉の最も広い意味で発達することを可能にするような経済政策および社会政策から利益を得る権利を有する。生存、生命および発達に対する権利を実現する国の義務はまた、子どものセクシュアリティならびに行動とライフスタイルに慎重な注意を向ける必要性を浮き彫りにするものである。これらの行動等が、特定の年齢層に関して支配的な文化的規範に基づいて何が受け入れられ、何が受け入れられないかという点に関する社会の判断にそぐわないものであっても、この必要性がなくなることはない。これとの関連で、女児はしばしば、若年婚または早期婚といった有害な伝統的慣行の対象とされている。これは、女児の権利を侵害するとともに、こうした慣行がしばしば教育や情報へのアクセスを妨げることもあって、HIV/AIDSにいっそう感染しやすい立場に女児を追いやるものである。適切な予防プログラムとは、思春期の青少年の生活の現実を認め、正確な情報、ライフスキルおよび予防措置の提供によってセクシュアリティに対応するものにほかならない。

D. 意見を表明し、それを考慮される権利（12条）

12．子どもは権利の保持者であり、その発達しつつある能力に従って、HIV/AIDSが自分たちの生活に及ぼす影響について声を挙げることによって意識啓発に参加する権利、そしてHIV/AIDSに関連する政策とプログラムの策定に参加す

る権利を有する。具体的取組みが最も子どもたちの利益になるのは、ニーズの評価、解決策の考案、戦略の形成およびその実行に子どもたちが積極的に参加するときであって、子どもが単に決定の客体として見なされるときではない。これとの関連で、子どもたちが学校内外でピア・エデュケーター〔訳者注：同世代の教育・啓発者〕として参加することが、積極的に促進されるべきである。国、国際機関およびNGOは、子どもたちが自分たち自身の取組みを実行し、かつ、HIV/AIDSに関わる政策とプログラムの概念化、立案、実施、調整、モニタリングおよび見直しに全面的に参加できるよう、支えとなる、力を引き出すことのできるような環境を用意しなければならない。社会のあらゆる層の子どもたちの参加を確保するためには、おそらく多種多様なアプローチが必要とされるであろう。これには、意見を表明し、その意見に耳が傾けられ、さらに子どもの年齢と成熟度に従ってその意見が正当に考慮されるようにする(12条1項)よう、その発達しつつある能力に従って子どもたちに奨励するための仕組みも含まれる。適切な場合には、HIV/AIDSとともに生きている子どもが、同世代の子どもその他の人々と自分の経験を共有することによって意識啓発に参加することが、効果的な予防にとっても、スティグマと差別を少なくするためにも、決定的に重要である。締約国は、これらの啓発努力に参加する子どもが、カウンセリングを受けたのちに自発的に参加することを確保しなければならない。また、このような子どもが参加中も参加後も普通の生活を送れるようにするため、社会的支援と法的保護の両方を受けられることも確保しなければならない。

E. 障壁

13. 経験上、予防とケアのための効果的なサービスの提供、およびHIV/AIDSに関するコミュニティの取組みの支援を、多くの障壁が阻害してきた。それは主として文化的、構造的および財政的障壁である。問題の存在の否定、タブーやスティグマの付与を含む文化的慣行および態度、貧困、ならびに子どもに対する庇護主義的態度は、効果的プログラムのために必要な政治的および個人的コミットメントを阻む可能性がある障壁の一例である。

14. 財政的、技術的および人的資源に関しては、委員会は、これらの資源をただちに利用できない可能性があることを承知している。しかしこの障壁に関しては、委員会は、4条に基づく義務を想起するよう締約国に求めたい。委員会はさらに、資源の制約があるからといって、締約国が必要な技術的または財政的措置をまったく、または充分にとらないことの正当化のためにそれが用いられるべきではないことにも留意する。最後に委員会は、国際協力の必要不可欠な役割をこの点との関連で強調しておきたい。

IV. 予防、ケア、治療および支援

15. 委員会は、予防、ケア、治療および支援は相互に強化しあう要素であり、HIV/AIDSへの効果的な対応において一連の流れを構成していることを強調したい。予防は、情報の普及、意識啓発、教育、訓練、および予防サービスのアクセス可能性から成り立っている。

A. HIVの予防および意識啓発のための情報

16. 健康および情報に関わる締約国の義務（24条・13条・17条）に従い、子どもは、公式な回路（たとえば教育機会や子どもを対象としたメディア）および非公式な回路（たとえばストリート・チルドレン、施設に措置された子どもまたは困難な状況下で暮らしている子どもを対象としたもの）を通じて、HIV/AIDSの予防およびケアに関わる充分な情報にアクセスできなければならない。締約国は、子どもが必要としているのは生活に密着した、適切かつ時宜を得た情報であることを想起するよう求められる。そのような情報は、子どもの理解力の違いを認識し、年齢段階と能力に応じて適切な修正が施され、かつ、HIV感染から身を守るため、子どもが自分のセクシュアリティに前向きにかつ責任をもって対処できるようにするものでなければならない。委員会は、効果的なHIV/AIDS予防のために、国は健康関連の情報（性教育および性に関する情報を含む）を検閲したり、提供しないようにしたり、または意図的に不正確なものにしたりしてはならないことを強調したい。また、子どもの生存、生命および発達を確保する義務（6条）に従い、締約国は、子どもがセクシュアリティの表現を開始するなかで、自分自身と他人を保護するための知識およびスキルを獲得する能力を持てるようにしなければならないことも、強調したい。

17. コミュニティ、家族およびピア・カウンセラーとの対話や、学校における「ライフスキル」教育（セクシュアリティや健康的な生活についてコミュニケーションするスキルも含む）は、対象が女子か男子かを問わず、HIV予防のメッセージを伝えるうえで有効なアプローチであることがわかってきた。ただし、異なるグループの子どもたちに働きかけるためには異なるアプローチが必要になることもある。締約国は、予防メッセージに対する子どもたちのアクセスに影響を及ぼす可能性があるジェンダーの違いに対応するため努力するとともに、たとえ子どもたちが言語、宗教、障害その他の差別要因によって制約に直面しているとしても、適切な予防メッセージが届けられるようにしなければならない。働きかけの困難な層の意識啓発に、特段の注意を向ける必要がある。この点では、条約17条で認められているとおり、情報や資料に対する子どもたちのアクセスを確保するうえでマスメディアおよび（または）口承の伝統が果たす役割は、適切な情報を提供するうえでも、スティグマと差別を少なくするうえでも、決定的に重要である。締約国は、情報の提供、無知、スティグマおよび差別の縮減、ならびに思春期の青少年を含む子どもたちの間で広がっている、HIVとその感染経路についての恐怖心および思い違いへの対応という面で、HIV/AIDS意識啓発キャンペーンが効果的であることを確かめるため、キャンペーンの定期的なモニタリングおよび評価を支援しなければならない。

B. 教育の役割

18. 教育は、HIV/AIDSに関する、生活に密着した適切な情報を子どもたちに提供するうえできわめて重要な役割を果たす。そのような情報は、この現象に関する意識と理解を高めることに寄与し、かつHIV/AIDSの被害者に対する否定的な態度を防止しうるものである（教育の目

的に関する委員会の一般的意見1も参照)。さらに、教育は、HIV感染のリスクから身を守るよう子どもたちをエンパワーしうるし、エンパワーしなければならない。これとの関連で、委員会は、子どもがHIV/AIDSに感染しているか、HIV/AIDSで両親を失ったか、またはその他の形でHIV/AIDSの影響を受けているかにかかわらず、すべての子どもが初等教育を利用できることを確保する義務が締約国にはあることを、想起するよう求めたい。HIVが広範に広がっている多くのコミュニティでは、HIV/AIDSの影響を受けている家庭の子ども、とくに女子は学校に通い続けることが著しく困難になり、また、AIDSによって多くの教職員が失われることにより、子どもが教育にアクセスする可能性が制約され、かつ破壊されるおそれも出てきている。締約国は、HIV/AIDSの影響を受けている子どもが学校に通い続けられることを確保するために充分な態勢を用意するとともに、教員が病気の場合には資格のある代替教員を確保することにより、子どもの定期的通学に影響が及ばず、かつこれらのコミュニティで暮らしているすべての子どもの教育への権利(28条)が全面的に保護されるようにしなければならない。

19. 締約国は、学校が子どもにとって安全な場所であって、子どもたちを安心させるとともに、HIVに感染しやすい状態を高めることのない場所であることを確保するため、あらゆる努力を払わなければならない。条約34条に従い、締約国には、とくになんらかの不法な性的行為に従事するよう子どもを勧誘または強制することを防止するため、あらゆる適切な措置をとる義務が存する。

C. 子どもと青少年に配慮した保健サービス

20. 委員会は、保健サービスが全体として子ども、とくに思春期の青少年のニーズにいまなお充分には応えていないことを懸念する。委員会が何度も留意してきたように、子どもたちが利用する可能性の高いサービスとは、フレンドリーで支えとなり、さまざまなサービスおよび情報を提供し、子どもたちのニーズに対応しており、自分の健康に影響を及ぼす決定に参加する機会を保障し、かつ、アクセスしやすく、負担が可能で、秘密が守られ、一方的な判断をされず、親の同意を必要とせず、また差別をしないサービスである。HIV/AIDSとの関連では、締約国は、子どもの発達しつつある能力を考慮に入れ、子どもたちに以下のようなサービスを提供するにあたって子どものプライバシー権(16条)および差別の禁止を全面的に尊重する、訓練を受けた職員が保健サービスで雇用されることを確保するよう奨励される。そのサービスとは、HIV関連の情報、任意のカウンセリングおよび検査、HIVへの感染の有無の告知、セクシュアル・ヘルスおよびリプロダクティブ・ヘルスのための守秘義務を伴ったサービス、無償のまたは低料金の避妊用コンドームおよび避妊サービス、ならびに、必要に応じたHIV関連のケアおよび治療(たとえば結核や日和見感染など、HIV/AIDS関連の健康問題の予防および治療のためのものも含む)である。

21. 国によっては、たとえ子どもと青少年に優しいHIV関連のサービスが利用できるようになっていても、障害をもった子ども、先住民族の子ども、マイノリティに

属する子ども、非都市部に住んでいる子ども、極端な貧困下で暮らしている子ども、またはその他の形で社会の周縁に追いやられている子どもにとって、それが充分にアクセスしやすいものではないことがある。保健制度の全体的能力がすでに制約されている国では、HIVに感染した子どもは基本的な保健ケアへのアクセスを否定されるのが常である。締約国は、国境内にいるすべての子どもに、差別なく、可能なかぎり最大限にサービスが提供されること、および、その際にジェンダー、年齢、ならびに子どもが暮らしている社会的、経済的、文化的および政治的事情の違いが充分に考慮されることを、確保しなければならない。

D. HIVカウンセリング・検査

22. 子どもの発達しつつある能力に正当な注意を払いながら、任意の、守秘義務を伴うHIVカウンセリング・検査サービスにアクセスできるようにすることは、子どもの権利および健康にとって基本的な要素である。このようなサービスは、HIVに感染しまたはHIVを感染させるリスクを少なくする子どもの力を伸ばすためにも、HIVへの対応をとくに目的としたケア、治療および支援にアクセスするためにも、また子どもの将来に向けてよりよい計画を立てるうえでも、きわめて重要な位置を占める。必要な保健サービスにアクセスする権利をどんな子どもも奪われないことを確保する、条約24条の義務に従い、締約国は、すべての子どもに対して任意の、守秘義務を伴うHIVカウンセリング・検査サービスへのアクセスを確保するべきである。

23. 委員会は、締約国の義務はなによりもまず子どもの権利の保護を確保することであり、締約国は、あらゆる状況下の子どもに義務的HIV/AIDS検査を課すことを控え、かつそのような義務的検査に対する保護を確保しなければならない。同意を子どもから直接得なければならないか、または子どもの親もしくは保護者から得なければならないかは子どもの発達しつつある能力に従って判断されるものの、締約国は、条約13条および17条に基づいて情報を受け取る子どもの権利に従い、あらゆる場合において、他の医療上の理由で保健サービスにアクセスしている子どもに対応している保健ケア従事者が検査するかまたはその他の場合に検査するかを問わず、HIV検査の前に、充分な情報を得たうえでの決定が行えるよう、そのような検査のリスクおよび利益が充分に伝えられることを確保しなければならない。

24. 締約国は、保健および社会福祉に関わる状況等においても子どものプライバシー権を保護する義務（16条）に従い、HIV検査結果の秘密を保持しなければならない。子どものHIV感染の有無に関する情報は、親を含む第三者に対し、同意なしに開示されてはならない。

E. 母子感染

25. 乳幼児のHIV感染の大半は、母子感染（Mother-To-Child Transmission: MTCT）によって生じたものである。乳幼児は、懐胎中に、分娩・出産時に、および授乳を通じてHIVに感染しうる。締約国は、乳幼児のHIV感染を予防するために国連諸機関が勧告している戦略の実施を確保するよう、要請されるところである。これらの戦略には、(a)親になる者のHIV

203

感染の第一次予防、(b)HIVに感染した女性が意図せずして妊娠することの予防、(c)HIVに感染した女性からその子にHIVが感染することの予防、(d)HIVに感染した女性、その子および家族に対するケア、治療および支援の提供が含まれる。

26. 乳幼児に対するHIVのMTCTを予防するため、締約国は、抗レトロウィルス薬のような必須薬を提供すること、産前、分娩時および産後に適切なケアを行うこと、ならびに、妊婦およびそのパートナーが任意のカウンセリング・検査サービスを利用できるようにすることなどの措置をとらなければならない。委員会は、妊娠中および(または)分娩時の女性、および地域によっては乳児に抗レトロウィルス薬を投与することにより、母から子への感染のリスクを相当に少なくできていることを認識する。これに加えて、締約国は、乳児への栄養供与手段についてのカウンセリングを含む支援を母および子に対して提供するべきである。締約国は、HIV陽性の母親に対するカウンセリングには、乳児へのさまざまな栄養供与手段についての情報提供と、置かれた状況に最もふさわしいと思われる手段を選ぶための指導が含まれなければならないことを、想起するよう求められる。選択した手段を女性ができるかぎり安全に実行できるようにするため、フォローアップの支援も必要である。

27. HIV感染率の高い住民層の間でさえ、乳児の大半はHIVに感染していない女性の子どもである。委員会は、女性がHIV陰性である場合およびHIVへの感染の有無を知らない場合は、6条および24条に従って、母乳育児が引き続き最善の栄養供与手段であることを強調したい。乳児の母親がHIV陽性である場合、利用可能な証拠の示すところによれば、母乳育児はHIV感染のリスクを10～20％高めることがある。しかし、母乳育児を行わなければ、子どもにとって栄養不良またはHIV以外の感染症の危険性が高まることも、証拠の示すところである。国連機関は、母乳に代わる栄養供与手段の費用負担、実行、受容および持続の可能性ならびに安全性が確保されているときは、HIVに感染している母親は母乳育児を全面的に行わないことが推奨されると、勧告してきた。そのような条件が満たされないときは、生後1カ月間は母乳育児を行い、現実的に可能なかぎり早く終了することが推奨されている。

F. 治療およびケア

28. 締約国の条約上の義務は、子どもが包括的な治療およびケア（差別の禁止を基盤とした、必要なHIV関連の薬、物資およびサービスの提供も含む）に持続可能な形で、かつ平等にアクセスできることを確保することにも及ぶ。包括的なケアおよび治療に、抗レトロウィルス薬その他の医薬品、HIV/AIDS、関連の日和見感染症その他の状態のケアのための診断および関連技術、良好な栄養状態、ならびに、社会的、霊的および心理的支援と、家族、コミュニティおよび家庭を基盤としたケアが含まれることは、いまでは広く認識されているところである。これとの関連で、締約国は、必要な医薬品を地元でできるかぎり低コストで利用できるようにするため、製薬産業と交渉することが求められる。締約国はさらに、HIV/AIDSの包括的な治療、ケアおよび支援の一環として、自国の条約上の義務を放棄せずに遵守しながらも、コミュニティの参加も是認、支援

および促進するよう要請されるところである。締約国は、あらゆる子どもの治療、ケアおよび支援への平等なアクセスを阻害するような社会の要因に対応することに、特段の注意を払うよう求められる。

G. 調査研究への子どもの参加

29．条約24条に従って、締約国は、HIV/AIDSの調査研究プログラムに、子どものための効果的な予防、ケア、治療および影響縮減に寄与する具体的な研究が含まれることを確保しなければならない。とはいえ締約国は、ある介入手段の臨床試験が成人を被験者として周到に行われるまでは子どもが調査研究の被験者とされないことも、確保しなければならない。HIV/AIDSに関する生物医学的研究においても、HIV/AIDSに関わるオペレーションズ・リサーチ（訳者注：複雑なシステムに関わる問題の研究・分析を科学的・数学的に行う手法）、社会調査、文化調査および行動調査においても、権利および倫理に関わる懸念が提起されてきた。子どもは、参加を拒否するか同意するかについてほとんどまたはまったく意見表明の機会を与えられないまま、不必要なまたは不適切に構想された調査研究の対象とされてきている。子どもの発達しつつある能力に従って、子どもの同意が求められるべきである。必要であれば親または保護者の同意が求められる場合もあるが、あらゆるケースにおいて、子どもに対する調査研究のリスクと利益が全面的に開示されたうえで、それに基づいて同意が行われなければならない。締約国はさらに、条約16条に基づく義務に従って、子どものプライバシー権が調査研究の過程で不用意に侵害されないこと、および、調査研究を通じてアクセスした子どもの個人情報が、いかなる状況においても、同意の対象とされた目的以外の目的で使用されないことを確保するよう、あらためて求められる。締約国は、子ども、および子どもの能力の発達によってはその親および（または）保護者が調査研究の優先順位に関する決定に参加すること、および、当該調査研究に参加する子どものために支えとなる環境が作り出されることを確保するため、あらゆる努力を払わなければならない。

V. HIV/AIDSの影響を受けやすい状況と、特別な保護を必要とする子ども

30．子どもがHIV/AIDSの影響を受けやすい状況は、政治的、経済的、社会的、文化的その他の要因から生ずるものであり、それによって、子どもが家庭とコミュニティに対するHIV/AIDSの影響に対処するための充分な支援もなく取り残されたり、感染のリスクにさらされたり、不適切な調査研究の対象とされたり、あるいはHIVに感染しても治療、ケアおよび支援へのアクセスを奪われたりするかどうかが決定される。HIV/AIDS関連の影響を受けやすい状況が最も深刻なのは、難民キャンプで生活している子ども、刑務所や社会福祉施設に収容されている子どもに加え、極端な貧困下で暮らしている子ども、武力紛争の状況下で暮らしている子ども、子ども兵士、児童労働に従事する子ども、性的搾取を受けている子ども、移民やマイノリティの子ども、ストリート・チルドレンなどだが、どんな子どもであっても、生活

の特定の状況によってHIV/AIDSの影響を受けやすい状況に置かれる可能性があるのである。委員会は、たとえ資源の制約が深刻なときであっても、傷つきやすい立場に置かれた社会の構成員は守られなければならないことと、最低限の資源しか伴わずに追求できる措置もたくさんあることに、留意したい。HIV/AIDS関連の影響を受けやすい状況を少なくするためには、なによりもまず、HIV/AIDSとの関わりで自分たちに影響を及ぼす決定、実践または政策について充分な情報を得たうえでの選択が行えるよう、子ども、その家族およびコミュニティのエンパワーメントが必要である。

A. HIV/AIDSの影響を受けている子どもおよびHIV/AIDSで両親を失った子ども

31. AIDSで両親を失った子どもおよびAIDSの影響を受けている家庭の子ども（子どもが筆頭者である世帯も含む）に対しては、HIVに感染しやすい状況に影響が及ぶため、特段の注意が向けられなければならない。HIV/AIDSの影響を受けている家庭の子どもにとっては、権利の無視または侵害、とりわけ教育、保健および社会サービスへのアクセスの減少もしくは喪失から生じる差別によって、自らが経験しているスティグマと社会的孤立が強化されるおそれがある。委員会は、このような子どもが教育、相続、寝泊りする場所、保健および社会サービスにアクセスできるようにし、かつ、子どもが適当と感じたときには自分または家族構成員がHIVに感染していることを安心して明らかにできるようにするため、影響を受けている子どもを法的、経済的および社会的に保護する必要があることを、強調したい。これとの関連で、締約国は、子どもの権利を実現するうえで、また感染しやすい状態および感染のリスクを少なくするために必要なスキルと支援を保障するうえで、これらの措置がきわめて重要であることを想起するよう求められる。

32. 委員会は、HIV/AIDSの影響を受けている子どもにとって身分証明が決定的な意味合いを持つことを強調したい。それは、法の前で人として認められることを確保し、権利、とりわけ相続、教育、保健およびその他の社会サービスに関わる権利の保護を保障し、かつ、とくに病気または死亡で家族から切り離された子どもにとっては虐待や搾取を受けにくくすることと関連するからである。これとの関係で、出生登録は子どもの権利を確保するために決定的に重要であり、影響を受けている子どもの生活にHIV/AIDSが及ぼす影響を最小限に抑えるためにも必要となる。したがって締約国は、すべての子どもが出生時にまたは出生後ほどなくして登録するための制度が整っていることを確保するという、条約7条に基づく義務を想起するよう求められるところである。

33. 両親を失った子どもにHIV/AIDSがもたらすトラウマは親の一方の病気と死亡で始まることが多く、スティグマと差別の影響でしばしば悪化する。これとの関連で、締約国はとくに、両親を失った子どもの相続権と財産権が法律および実践の両方によって支えられることを確保するよう、あらためて求められるところである。その際、社会を通底するジェンダーに基づく差別はこれらの権利の履行を妨げる可能性があるので、その点にとくに注意を払わなければならない。条約27条に基づく義務に従い、締約国はまた、AIDSで両

親を失った子どもの家族およびコミュニティが、身体的、精神的、霊的、道徳的、経済的および社会的発達のために充分な生活水準（必要な心理社会的ケアへのアクセスも含む）をこのような子どもに提供できるよう、その能力を支援および強化しなければならない。

34. 両親を失った子どもが最もよい形で保護およびケアされるのは、きょうだいが一緒に、そして親族または家族構成員のケアのもとに留まれるようにするための努力が行われるときである。拡大家族（訳者注：核家族の構成員のほか近親者も含む家族形態）は、まわりのコミュニティの支援を伴うことにより、他に実行可能な選択肢がない場合に、親を失った子どもをケアするための最もトラウマの少ない、したがって最善の方法である可能性がある。最大限可能なかぎり子どもが既存の家族構造のなかに留まれるように、援助が提供されなければならない。この選択肢は、HIV/AIDSの影響が拡大家族にも及んでいるために利用できないこともある。その場合、締約国は可能なかぎり家庭型の代替的養護（たとえば里親養護）を提供するべきである。締約国は、必要な場合には、子どもが筆頭者である世帯に対して財政的その他の支援を提供するよう奨励される。締約国は、HIV/AIDSへの対応の先頭に立つのはコミュニティであることがその戦略のなかで承認されること、および、これらの戦略が、両親を失った地域の子どもをどのような形で支えるのが一番よいかに関するコミュニティの決定を支援する目的で立案されることを、確保しなければならない。

35. 施設養護は子どもの発達に有害な影響を及ぼす可能性があるものの、締約国はそれにもかかわらず、子どもをそのコミュニティの中で家庭を基盤としてケアすることが不可能な場合、HIV/AIDSで両親を失った子どもをケアするうえで施設養護が暫定的役割を果たさなければならないと、判断するかもしれない。子どもの施設養護はいかなる形態のものであっても最後の手段として以外に用いることはできず、かつ、子どもの権利を保護し、またあらゆる形態の虐待および搾取から保護するための措置が全面的にとられなければならないというのが、委員会の見解である。このような環境下に置かれたときに特別な保護および援助を受ける子どもの権利に従い、また条約3条、20条および25条に基づいて、そのような施設が具体的なケアの基準を満たし、かつ法的保護を遵守していることを確保するため、厳格な措置が必要とされる。締約国は、子どもが施設で過ごす期間には制限が設けられなければならないこと、および、このような施設で過ごしているいかなる子どもも、HIV/AIDSに感染しているかまたはその影響を受けているかにかかわらず、コミュニティに成功裡に統合できることを支援するためのプログラムを発展させなければならないことを、想起するよう求められるところである。

B. 性的および経済的搾取の被害者

36. 生存と発達の手段を奪われた子ども、とくにAIDSで両親を失った子どもは、女子か男子かを問わず、多様な形態の性的および経済的搾取を受ける可能性がある。生き残るためのお金、病気のまたは死期が近い親や年下のきょうだいを支えるためのお金、または授業料を払うためのお金と引換えに性的サービスまたは

危険な労働をさせられることなどである。HIV/AIDSに感染した子ども、またはその直接の影響を受けている子どもは二重に不利な立場に置かれ、社会的および経済的に周縁に追いやられること、および自分または親がHIVに感染していることに基づいた差別を経験する可能性がある。条約32条、34条、35条および36条に従い、かつ子どもがHIV/AIDSの影響を受けやすい状態を緩和するために、締約国は、あらゆる形態の経済的および性的搾取から子どもを保護する義務を負っている。これには、子どもが売買春ネットワークの餌食にならないこと、および、危険があり、あるいはその教育、健康または身体的、心理的、精神的、道徳的もしくは社会的発達にとって有害となるおそれのあるいかなる労働に就くことからも保護されることを、確保することも含まれる。締約国は、子どもを性的および経済的搾取、人身取引ならびに売買から保護するために果敢な行動をとり、かつ、そのような取扱いを受けた者が、国およびこれらの問題に従事する非政府組織の支援とケア・サービスから利益を受ける機会を創り出さなければならない。

C. 暴力および虐待の被害者

37. 子どもは、HIVに感染するリスクを高めるおそれのある多様な形態の暴力および虐待にさらされる可能性がある。また、HIV/AIDSに感染した、またはその影響を受けている結果として暴力を受けることもある。強姦その他の形態の性的虐待を含む暴力は、家庭または里親養護の環境下でも起こりうるし、子どもに対して具体的責任を負っている者（教員や、刑務所ならびに精神保健上の問題その他の障害がある子どもに関わっている施設で子どもを対象として働いている職員を含む）によって振るわれることもありうる。条約19条に基づく子どもの権利に従い、締約国には、発生場所が家庭、学校もしくはその他の施設またはコミュニティのいずれであるかを問わず、あらゆる形態の暴力および虐待から子どもを保護する義務がある。

38. プログラムは、子どもの生活環境、虐待を認識して打ち明ける子どもの能力、ならびに子ども個人の力と自律段階にとくに適応したものでなければならない。委員会は、HIV/AIDSと、戦争および武力紛争を背景として子どもが受けている暴力または虐待との間の関係に、具体的に注意を向ける必要があると考えるものである。このような状況では暴力と虐待を防止する措置が決定的に重要であり、締約国は、女子か男子かを問わず、軍隊要員またはその他の文官によって家事援助や性的サービスのために利用されている子ども、または国内避難民の子どももしくは難民キャンプで生活している子どもへの対応および支援のなかに、HIV/AIDSと子どもの権利の問題が組み入れられることを確保しなければならない。条約38条および39条に基づく義務を含む締約国の義務に従い、紛争および災害の影響を受けている地域においても、HIV/AIDSに対する国およびコミュニティとしての対応においても、子どものカウンセリング、ならびに暴力と虐待を防止および早期発見するための仕組みと組み合わせる形で、積極的な広報キャンペーンが展開される必要がある。

D. 有害物質の濫用

39. アルコールおよび薬物を含む有害

物質の使用は、自分の性的行為をコントロールする子どもの能力を弱め、その結果、HIVに感染しやすい状態を強化するおそれがある。消毒されていない道具で注射すれば、HIV感染のリスクをさらに高めることになる。委員会は、子どもの権利の無視および侵害がこのような行動に及ぼしている影響も含め、子どもによる有害物質の使用行動についていっそう理解を深める必要があることに、留意するものである。ほとんどの国では、子どもは有害物質の使用に関わる実際的なHIV予防プログラムを利用できていない。そのようなプログラムは、たとえ存在しても、大部分はおとなを対象としている。委員会は、有害物質の使用およびHIV感染を少なくすることを目的とした政策およびプログラムにおいては、HIV/AIDS予防との関連で、思春期の青少年を含む子どもの特別な感受性およびライフスタイルが認識されなければならないことを、強調したい。条約33条および24条に基づく子どもの権利に従い、締約国には、子どもを有害物質の使用にさらす諸要因を少なくするためのプログラム、および、有害物質を濫用している子どもに治療と支援を提供するプログラムの実施を確保する義務がある。

VI. 勧告

40. 委員会はここに、HIV/AIDSに関する一般的討議の日にまとめられた勧告（CRC/C/80）を再確認するとともに、締約国に対し、次のことを求める。
(a)国および地方のレベルでHIV/AIDSに関する政策（効果的な行動計画を含む）、戦略およびプログラムを採択および実施すること。そのような政策等は、この一般的意見でこれまで述べてきた勧告および国連子ども特別総会（2002年）で採択された勧告を考慮に入れることも通して、子ども中心の権利基盤型のものであり、かつ条約に基づく子どもの権利を組み入れたものでなければならない。
(b)国の行動およびコミュニティを基盤とした行動を支えるために、適当なときは国際協力を背景として、利用可能な財政的、技術的および人的資源を最大限に配分すること（4条）（後述パラグラフ41も参照）。
(c)すべての子どもがあらゆる関連のサービスに平等にアクセスできることを保障するため、条約2条を全面的に実施すること、および、とくに、HIV/AIDSに感染していることまたはそう見なされることに基づく差別を明示的に禁止することを目的として、現行法を見直し、または新法を制定すること。その際、プライバシーおよび秘密保持に対する子どもの権利、ならびに委員会がこれまでのパラグラフで立法に関して行った勧告にとくに注意すること。
(d)HIV/AIDSに関する行動計画、戦略、政策およびプログラムを、子どもの権利のモニタリングおよび調整を目的とした国の機構の活動に組み入れること。また、HIV/AIDSに関わる子どもの権利の無視または侵害についての苦情にとくに対応する審査手続の設置を検討すること。そのための新たな立法上または行政上の機関を創設するか、または既存の国の機関に審査手続を委任するかは問わないものとする。
(e)HIV関連のデータの収集および評価を、条約で定義された子どもが充分にカバーされることを確保するために再評価

すること。そのようなデータは、年齢および性別によって細分化され、理想的には5歳ごとの年齢層によって分類され、かつ、権利侵害を受けやすい立場に置かれたグループに属する子どもおよび特別な保護を必要とする子どもの状況を可能なかぎり反映したものとする。

(f)条約44条に基づく報告プロセスのなかで、国のHIV/AIDS政策およびプログラムに関する情報を含めること。また、国、広域行政圏および地方の各段階における予算および資源配分、ならびにこれらの各段階で予防、ケア、調査研究および影響縮減に配分されている資源の割合に関する情報も、可能なかぎり含めること。これらのプログラムや政策においてどの程度はっきりと子どもおよび(その発達しつつある能力に従って)その権利が認識されているか、および、子どものHIV関連の権利が法律、政策および実践においてどの程度対応されているかという点に、特段の注意が向けられなければならない。そのさい、子どもがHIVに感染していること、ならびに両親を失ったことまたはHIV/AIDSとともに生きている親の子であることを理由とする差別に、具体的な注意を払うものとする。委員会は、締約国に対し、子どもとHIV/AIDSとの関連で、その管轄内において何が最も重要な優先課題であると考えているかについて、その報告書のなかで詳しく示すこと、および、特定された問題に対応するためにその後の5年間に行おうとしている活動プログラムの概要を示すことを、要請するものである。これにより、こうした点について時間の経過とともに漸進的に評価することが可能になる。

41. 国際協力を促進するため、委員会は、ユニセフ、世界保健機関、国連人口基金、UNAIDSその他の関連の国際機関および国際組織に対し、HIV/AIDSとの関連において子どもの権利を確保するための努力に国内レベルで体系的に貢献すること、および、HIV/AIDSとの関連において子どもの権利を向上させるために引き続き委員会に協力してくれることを、呼びかける。さらに委員会は、開発協力を行っている国に対し、HIV/AIDS戦略が子どもの権利を全面的に考慮に入れる形で立案されることを確保するよう、促すものである。

42. 非政府組織ならびにコミュニティを基盤とするグループ、および、若者グループ、信仰を基盤とする組織、女性団体、伝統的指導者(宗教的および文化的指導者を含む)のようなその他の市民社会の主体はすべて、HIV/AIDSの流行に対応するうえできわめて重要な役割を担っている。締約国は、市民社会の参加が可能となるような環境を確保するよう要請されるところである。そのための措置には、さまざまな主体間の連携および調整を促進すること、ならびに、これらの主体が妨げを受けることなく効果的に活用できるよう支援を与えることが含まれる(これとの関連で、締約国は、HIV/AIDSとともに生きている人々がHIV/AIDSの予防、ケア、治療および支援のためのサービスの提供に全面的に参加することを、子どもの参加の保障にとくに注意を払いながら支援するよう、とくに奨励されるところである)。

(訳:平野裕二／子どもの権利条約NGOレポート連絡会議)

資料5

子どもの権利委員会
一般的意見4（2003）
子どもの権利条約の文脈における思春期の健康と発達

2003年6月5日第33会期採択
CRC/GC/2003/4

I. はじめに

1．子どもの権利条約は、子どもとは「18歳未満のすべての者をいう。ただし、子どもに適用される法律の下でより早く成年に達する場合は、この限りでない」（1条）と定義している。したがって、18歳に達しない思春期の青少年は、条約に掲げられたあらゆる権利の保有者である。青少年は特別な保護措置を受ける権利があり、その発達しつつある能力に従って自らの権利を漸進的に行使することができる（5条）。

2．思春期は、性や生殖の面での成熟を含む急速な身体的、認知的および社会的変化を特徴とする期間である。その過程で、新たな知識とスキルが必要とされる新たな責任を伴うおとなの行動や役割を担う能力が、徐々に構築されていく。思春期の青少年は全体としては健康的な層であるものの、健康上のリスクを伴う行動を相対的にとりやすい状態に置かれ、また仲間を含む社会からそのような圧力をかけられることにより、健康・発達に対する新しい課題にも直面する。アイデンティティを発達させることや、自分のセクシュアリティに対処していくことなどである。思春期は、全体としては、思春期の青少年が有する相当な能力をきっかけとしてもたらされる、前向きな変化を特徴とする時期でもある。このような能力には、急速に学習する力、新しい多様な状況を経験する力、批判的考え方を発達させて活用する力、自由に親しむ力、創造性を発揮する力、社会化する力などがある。

3．子どもの権利委員会は、締約国が条約上の義務を実施するにあたり、権利の保有者としての青少年に特有な状況や青少年の健康・発達に対して充分な注意を向けてこなかったことに、懸念とともに留意する。このような状況によって、委員会はこの一般的意見を採択しようと考えるに至った。その目的は、この点に関する意識を高めるとともに、締約国が具体的な戦略と政策の立案などを通じて青少年の権利の尊重、保護および履行を保障しようと努力するにあたり、指針と支援を提供することにある。

4．委員会は、「健康と発達」という概念を、条約6条および24条（それぞれ生命、生存および発達に対する権利、健康に対する権利）に定められた規定に厳格に限定された意味よりも、はるかに広いものとして理解する。この一般的意見のひとつの目的は、思春期の青少年が到達可能な最高水準の健康を享受し、調和のとれた発達を達成し、成人期を迎えるための充分な準備を整え、かつコミュニティお

び社会一般で建設的な役割を担っていくことを確保するために締約国が促進および保護する必要のある主な人権を、明瞭な形で特定するところにある。この一般的意見は、子どもの権利条約に加え、それぞれ「子どもの売買、子ども買春および子どもポルノグラフィー」と「武力紛争への子どもの関与」に関する条約の選択議定書（2001年）ならびにその他の関連する国際人権規範・基準1)との関連で理解されるべきである。

II. 基本的原則および締約国のその他の義務

5．ウィーン人権会議（1993年）で承認され、また委員会が繰り返し述べてきたように、子どもの権利は不可分であり、かつ相互に関連している。6条および24条に加え、条約のその他の規定と原則も、思春期の青少年が健康・発達に対する権利を全面的に享受することを保障するために決定的に重要である。

差別の禁止に対する権利

6．締約国には、18歳未満のすべての者が、「人種、皮膚の色、性、言語、宗教、政治的意見その他の意見、国民的、民族的もしくは社会的出身、財産、障害、出生またはその他の地位」に関わるものを含む差別を受けることなく、条約に掲げられたすべての権利を享受することを確保する義務がある（2条）。これらの差別禁止事由は、青少年の性的指向および健康上の地位（HIV/AIDSおよび精神的健康に関わる地位を含む）も対象とするものである。差別を受けている青少年は、虐待、その他のタイプの暴力および搾取をいっそう受けやすくなり、その健康・発達に対するリスクも高まる。したがって、このような青少年には社会のあらゆる層から特別な注意と保護を受ける権利がある。

権利の行使における適当な指示

7．条約は、親（または子どもに法的責任を負う他の者）が、「この条約において認められる権利を子どもが行使するにあたって、子どもの発達しつつある能力と一致する方法で適当な指示および指導を行う」責任、権利および義務を認めている（5条）。委員会は、親または子どもに法的責任を負う他の者は、その子である青少年が自己の権利を行使するにあたって指示および指導を行う責任と権利を、注意深く履行しなければならないと考えるものである。この点に関して、親その他の法定保護者には、青少年の意見をその年齢および成熟度に従って考慮に入れ、かつ青少年が発達する安全で支えとなる環境を確保する義務が存する。思春期の青少年は、その家族環境の構成員から、適切な指示と指導を与えられれば全面的かつ責任ある市民となる能力を備えた、積極的な権利の保有者として認められなければならない。

子どもの意見の尊重

8．自由に意見を表明し、かつその意見

---

1)このような国際人権条約としては、市民的および政治的権利に関する国際規約、経済的、社会的および文化的権利に関する国際規約、拷問等禁止条約、あらゆる形態の人種差別の撤廃に関する国際条約、あらゆる移住労働者およびその家族構成員の権利の保護に関する国際条約、女性に対するあらゆる形態の差別の撤廃に関する条約などがある。

を考慮される権利（12条）も、健康・発達に対する思春期の青少年の権利を実施するうえで基本的な重要性を有するものである。締約国は、とくに家庭、学校およびコミュニティにおいて、自己に関わるあらゆることがらについて自由に意見を表明する真正な機会が青少年に与えられることを確保しなければならない。青少年が安全かつ適切にこの権利を行使できるようにするため、公的機関、親、および子どもとともにまたは子どものために働くその他のおとなは、思春期の青少年が意思決定過程を含む社会に対等に参加することに貢献するような、信頼、情報の共有、話を聴く能力および健全な指示に基づいた環境をつくっていく必要がある。

法的・司法的措置および手続

9．条約4条に基づき、「締約国は、この条約において認められる権利の実施のためのあらゆる適当な立法上、行政上およびその他の措置をと」らなければならない。健康・発達に対する青少年の権利の文脈においては、締約国は、性的同意、婚姻および親の同意を得ずに治療を受ける可能性に関する最低年齢の設定に関わるものを含め、国内法で具体的な法規定が保障されることを確保する必要がある。これらの最低年齢は、男女ともに同一で（条約2条）、かつ、18歳未満の者がその発達しつつある能力、年齢および成熟度に従って権利の保有者としての地位を認められていること（5条および12〜17条）を忠実に反映したものであるべきである。さらに、思春期の青少年は、個人としての苦情を申し立てる制度ならびに司法的および適切な非司法的救済の仕組みに容易にアクセスできる必要がある。これらの仕組みは、プライバシーに対する権利（16条）にとくに注意しながら公正な適正手続を保障するようなものでなければならない。

市民的権利および自由

10．条約は、13〜17条において子どもと青少年の市民的権利および自由を定めている。これらの権利および自由は、健康・発達に対する青少年の権利を保障するうえで基本的な重要性を有するものである。17条は、子どもには「多様な国内的および国際的な情報源からの情報および資料、とくに自己の社会的、精神的および道徳的福祉ならびに心身の健康の促進を目的とした情報および資料へアクセスする」権利があると述べている。締約国が法律、政策およびプログラム等を通じて費用対効果の高い予防措置を促進するためには、適切な情報にアクセスする青少年の権利が決定的に重要である。この権利は、24条および33条で対象とされているものを含む、健康に関わる膨大な状況に適用される。家族計画、事故の防止、若年婚や女性器切除を含む有害な伝統的慣行からの保護、ならびにアルコールやタバコの使用および有害物質の濫用などである。

11．思春期の青少年の健康・発達を促進するために、締約国は、あらゆる健康問題に関する秘密の助言およびカウンセリングを含む、プライバシーと秘密保持に対する権利（16条）を厳格に尊重するようにも奨励されるところである。保健ケアの提供者には、条約の基本原則を念頭に置き、青少年の医療情報の秘密保持を確保する義務が存する。このような情報を開示できるのは、当該青少年の同意があ

る場合、または成人の場合でも守秘義務が免除されるような状況においてのみである。親その他の者の立会いなくカウンセリングを受けられる程度に成熟していると見なされる青少年は、プライバシーに対する権利を有しており、秘密が保持されるサービス（治療を含む）を求めることができる。

あらゆる形態の虐待、ネグレクト、暴力および搾取からの保護2)

　12．締約国は、この年齢層に影響を及ぼす特定の形態の虐待、ネグレクト、暴力および搾取にいっそうの注意を向けながら、思春期の青少年があらゆる形態の暴力、虐待、ネグレクトおよび搾取から保護されることを確保するためにあらゆる効果的な措置をとらなければならない（19条ならびに32～36条および38条）。とくに、とりわけ虐待やネグレクトの対象となりやすい、障害のある青少年の身体的、性的および精神的不可侵性を確保するため、特別な措置をとることが求められる。また、社会的に周縁化され、貧困の影響を受けている青少年が犯罪者とされないことも確保するべきである。これとの関連で、地方および国のレベルで効果的な法律、政策およびプログラムを採択する際の参考とするための調査研究を促進する目的で、財政的および人的資源を配分する必要がある。政策や戦略は定期的に見直し、しかるべき改訂を行うべきである。以上の措置をとるにあたって、締約国は、青少年の発達しつつある能力を考慮に入れ、青少年を保護するための効果的措置（プログラムを含む）の立案に適切な形で青少年の参加を得なければならない。これとの関連で委員会は、ピア・エデュケーション（訳者注：同世代による教育・啓発）による前向きな効果、および適切な役割モデル、とくにアート、エンターテインメントおよびスポーツの世界の役割モデルの前向きな影響力を強調するものである。

データ収集

　13．締約国が思春期の青少年の健康・発達をモニターできるようにするためには、体系的なデータ収集が必要となる。締約国は、異なるグループの状況を追跡できるように、性別、年齢別、出身別および社会経済的地位別の細分化を可能とするデータ収集機構を整備すべきである。データはまた、民族的マイノリティおよび（もしくは）先住民族マイノリティ、移住者もしくは難民である青少年、障害のある青少年、働く青少年などのような特定のグループの状況を研究するためにも収集されなければならない。適切な場合には、情報が青少年に配慮した形で理解および活用されることを確保するため、青少年も分析に参加するべきである。

III. 安全で支えとなる環境づくり

　14．思春期の青少年の健康・発達は、青少年が生活する環境によって強力に左右される。安全で支えとなる環境づくりは、青少年を直接取り巻く環境——家

---

2) 子どもの権利委員会の、子どもに対する暴力についての一般的討議（2000年および2001年）の報告およびこれに関連して採択された勧告（CRC/C/100, chap.V and CRC/C/111, chap.V）も参照。

族、仲間、学校およびサービス──と、とくにコミュニティの指導者、宗教的指導者、メディア、政策および法令によって形づくられるいっそう幅広い環境の双方に関わる態度および行動に対応していくということである。子どもの権利条約の規定と原則、とくに2～6条、12～17条、24条、28条、29条および31条を促進および執行することは、健康・発達に対する青少年の権利を保障するうえで鍵となる。締約国は、青少年をとくに対象とした政策や立法の策定ならびにプログラムの実施を通じて、意識を高め、かつ行動を刺激および(または)規制するための措置をとるべきである。

15. 委員会は、適当な場合には拡大家族(訳者注：核家族の構成員のほか近親者も含む家族形態)および地域共同体の構成員または子どももしくは青少年に法的な責任を負う他の者を含む、家族環境の重要性を認知する(5条および18条)。ほとんどの青少年はうまく機能する家族環境のなかで成長するものの、一部の青少年にとっては、家族環境は安全で支えとなる場にはなっていない。

16. 委員会は、締約国に対し、思春期の青少年の発達しつつある能力に一致する方法で、青少年の健康・発達を促進するための立法、政策およびプログラムを策定および実施するよう求める。そのための手段は以下のとおりである。(a)青少年の良好な状態を充分に支える制度、便益およびサービスを発展させることを通じ、親(または法定保護者)に適切な援助を提供すること。これには、必要な場合に栄養、衣服および住居に関して物質的援助および支援を提供することも含まれる(27条3項)。(b)たとえばセクシュアリティおよび性的行動ならびにリスクを伴うライフスタイルに関わる問題をオープンに議論し、かつ青少年の権利を尊重しながら受入れ可能な解決策を見出せるような信頼関係の発達を促進するための、充分な情報および親に対する支援を提供すること(27条3項)。(c)自らも青少年である母親および父親に対し、彼ら自身およびその子の良好な状態を確保するための支援と指導を提供すること(24条2項(f)、27条2～3項)。(d)生活している社会とは異なる伝統や規範を有している青少年および親(または法定保護者)に対し、民族的その他のマイノリティの価値観および規範を尊重しながら特別な注意、指導および支援を与えること。(e)たとえば虐待またはネグレクトの場合に青少年を保護し、かつ必要な場合には青少年を家族から分離するための家族への介入が、適用可能な法律と手続に従って行われることを確保すること。これらの法律や手続は、条約の規定に従うことを確保するために見直されるべきである。

17. 学校は、学習、発達および社会化のための場所として、多くの青少年の人生の中で重要な役割を果たしている。29条1項は、教育は「子どもの人格、才能ならびに精神的および身体的能力を最大限可能なまでに発達させること」を目的として行われなければならないと述べているところである。加えて、教育の目的に関する一般的意見1は次のように述べている。「人生のなかで直面するであろう課題に向き合う用意が整わないまま学校を離れる子どもがひとりもいないように……しなければならない。基本的なスキルとは、……充分にバランスのとれた決定を行い、紛争を非暴力的に解決し、健全な

215

ライフスタイル、良好な社交関係……を発達させる能力……などのことである」。思春期の青少年やその子どもの現在および未来の健康・発達にとって適切な教育が重要であることを考慮し、委員会は、条約28条および29条に従って、締約国に対して以下の措置をとるよう促す。(a)質の高い初等教育がすべての者にとって義務的、利用可能、アクセス可能および無償であること、ならびに、中等教育および高等教育がすべての青少年にとって利用可能かつアクセス可能であることを確保すること。(b)生徒に健康上のリスクを課さない、効果的に機能する学校設備およびレクリエーション設備（水および衛生設備ならびに安全な通学路を含む）を提供すること。(c)学校職員による、および生徒間における学校でのあらゆる形態の暴力および虐待（性的虐待、体罰およびその他の非人間的な、品位を傷つけるもしくは屈辱的な取扱または処罰を含む）を防止および禁止するために必要な措置をとること。(d)学校カリキュラムに関連のトピックを含めることを通じ、健康的な行動を促進するような措置、態度および活動を主導および支援すること。

18．思春期においては、家族を支えることや報酬を得ることを目的として、学校を離れてフォーマル部門またはインフォーマル部門で働き始める青少年が増える。国際基準に従う形での労働活動への参加は、それが健康および教育を含む青少年のその他のすべての権利の享受を妨げないかぎり、青少年の発達にとって利益となりうるものである。委員会は締約国に対し、法定年齢に達しない子どもによるあらゆる形態の労働を、手始めに最悪の形態の労働から廃止すること、最低年齢に関する現行の国内規則を継続的に見直して国際基準と一致させること、および、働いている青少年が全面的に保護され、かつ法的救済のための機構にアクセスできるようにするためにその労働環境と労働条件を（条約32条ならびにILO第138号および第182号条約に従って）規制することを目的として、あらゆる必要な措置をとるよう促す。

19．委員会はまた、条約23条3項に従い、障害のある青少年の特別な権利が考慮に入れられるべきこと、および、障害のある子ども／青少年が質の高い教育に効果的にアクセスでき、かつそのような教育を受けることを確保するための援助が提供されるべきことを強調する。国は、子ども／青少年に対し、可能な場合には普通学校において初等教育、中等教育および高等教育の平等な機会を提供するという原則を承認しなければならない。

20．委員会は、セクシュアル・ヘルスおよびリプロダクティブ・ヘルスに関連する健康上の諸問題（HIV/AIDSを含む）にとって、若年婚と妊娠が重要な要因となっていることを懸念する。いくつかの締約国においては、婚姻に関する法定最低年齢と実際の婚姻年齢の双方が、とくに女子にとっては未だにきわめて低い。そこには健康以外の問題に関連した懸念も伴う。婚姻した子ども、とくに女子は、教育制度から離れることを余儀なくされ、社会活動から阻害されることが多くなってしまうのである。さらに、いくつかの締約国においては、婚姻した子どもはたとえ18歳に達する前であっても成人と見なされ、条約に基づいて受ける権利があるあらゆる特別な保護措置を奪われてしまう。委員会は締約国に対し、女子と男子の双方を

対象として、親の同意があるか否かにかかわらず婚姻の最低年齢を18歳に引き上げるために立法および慣行を見直し、必要な場合には改革するよう強く勧告するものである。女性差別撤廃委員会も同様の勧告を行っている(1994年の一般的意見21)。

21. ほとんどの国で、偶発的な負傷または暴力による負傷は、思春期の青少年の死亡または回復不可能な障害の原因の筆頭にあがっている。これとの関係で委員会は、路上の交通事故による死傷が、人口比に照らして不釣合いなほど大きい影響を青少年に及ぼしていることを懸念するものである。締約国は、路上の安全を向上させるための法律とプログラムを策定および執行するべきである。このような措置としては、青少年を対象とした運転教育や試験とともに、有効な運転免許証の携帯義務、シートベルトや緩衝ヘルメットの着用義務ならびに歩行者帯の指定といった、効果が高いことで知られている法律の採択または強化などがある。

22. 委員会はまた、この年齢層において自殺率が高いことを非常に懸念するものである。精神障害や精神病も、思春期の青少年の間で相対的に一般化している。時として自傷行為や自殺につながる鬱、摂食障害および自己破壊行動のような症状が増えている国も多い。これらは、とりわけ、暴力、不当な取扱い、虐待およびネグレクト(性的虐待を含む)や、学校内外における非現実的なほどに高い期待および(または)いじめもしくはしごきと関連している可能性がある。締約国は、このような青少年に対し、あらゆる必要なサービスを提供するべきである。

23. 暴力は、個人、家族、コミュニティおよび社会の諸因が複雑に相互作用する結果として生ずるものである。ホームレスの青少年、施設で暮らす青少年、ギャングに所属する青少年、または子ども兵士として徴募された青少年のような、権利侵害を受けやすい立場に置かれた青少年は、制度的暴力と対人暴力の双方にとくにさらされやすくなる。締約国は、条約19条に従い、以下のような暴力を防止および根絶するためにあらゆる適当な措置をとらなければならない3)。(a)青少年に対する制度的暴力を防止・根絶するための措置としては、青少年を対象とした公立および私立の施設(学校、障害のある青少年のための施設、少年矯正施設等)に関連した立法および行政措置、施設に措置された子どもを担当する職員または活動を通じてその他の形で子どもと接触する職員(警察官を含む)の研修および監視などが挙げられる。(b)青少年の間での対人暴力を防止・根絶するための措置としては、乳幼児期における社会的・教育的発達のための充分な養育および機会を支援すること、非暴力の文化的規範および価値観を(条約29条で予定されているように)発達させること、火器の管理ならびにアルコールや薬物へのアクセス制限を厳格化することなどが挙げられる。

24. 条約3条、6条、12条、19条および24条3項に照らし、締約国は、名誉殺人など、青少年の生命権を脅かすあらゆる形態の行為および活動を廃止するためにあらゆる効果的な措置をとるべきである。委員会は締約国に対し、支配的な態

---

3)前掲注2)参照。

度を変革することを目的とした意識啓発キャンペーン、教育プログラムおよび立法を策定および実施し、かつ、有害な伝統的慣行を助長するジェンダー役割とステロタイプに対応するよう、強く促す。さらに、締約国は、若年婚や女性器切除を含む一部の有害な伝統的慣行の有害な側面に関する学際的な情報助言センターの設置を促進するべきである。

25. 委員会は、不健康な製品やライフスタイルの宣伝が青少年の健康上の行動に及ぼす影響力を懸念する。条約17条に従って、締約国は、多様な国内的および国際的な情報源からの情報や資料にアクセスする青少年の権利を強調しつつ、青少年をその健康・発達に有害な情報から保護するよう促されるところである。したがって締約国は、アルコールやタバコのような有害物質に関する情報およびその宣伝を、とくに子どもや青少年が対象とされている場合には規制または禁止するよう促される4)。

IV. 情報、スキルの発達、カウンセリングおよび保健サービス

26. 思春期の青少年は、その健康・発達ならびに社会に意味のある形で参加する能力にとって必要不可欠な、充分な情報にアクセスする権利を有する。男女を問わず、また学校に行っているか否かを問わずすべての青少年が、自分の健康・発達を守る方法および健康的な行動を実践する方法に関する正確かつ適切な情報を提供され、それを否定されないようにすることは、締約国の義務である。このような情報には、タバコ、アルコールその他の有害物質の使用および濫用、安全かつ相手を尊重した社会的および性的行動、食習慣ならびに身体的活動に関する情報が含まれなければならない。

27. 情報に基づいて充分に行動するために、思春期の青少年は必要なスキルを発達させなければならない。これには、栄養バランスのとれた食事を計画・用意する方法または充分な衛生習慣を確保する方法のようなセルフケアのスキルや、対人コミュニケーション、意思決定、ストレスや紛争への対処といった特定の社会状況に対応するためのスキルが含まれる。締約国は、とくにフォーマルおよびインフォーマルな教育・訓練プログラム、若者組織ならびにメディアを通じて、そのようなスキルを身につけるための機会を刺激および支援するべきである。

28. 条約3条、17条および24条に照らし、締約国は、家族計画および避妊法、若年妊娠の危険性、HIV/AIDSの予防ならびに性感染症(STD)の予防および治療に関する情報を含む、性と生殖に関する情報に青少年がアクセスできるようにするべきである。加えて、締約国は、婚姻上の地位および親または保護者の事前の同意の有無にかかわらず、適切な情報へのアクセスを確保することが求められる。男女の青少年の特性と具体的権利に配慮した充分な情報を提供するための適切な手段と方法を見出すことが欠かせない。この目的のため、締約国は、若者を対象とした組織、宗教的共同体およびグループならびにメディアなどを通じ、学校に留ま

---

4) 世界保健機関のタバコ規制に関する枠組み条約(2003年)で提案されているとおりである。

らない多種多様な回路を通じた情報の設計および普及に、青少年が積極的に関与することを確保するよう奨励されるところである。

29. 条約24条に基づき、締約国は、精神障害のある青少年に対して充分な治療とリハビリテーションを提供し、精神障害の早期の兆しおよび症状ならびに深刻さをコミュニティの間で周知させ、かつ、心理社会的ストレスを含む過度なストレスから青少年を保護するよう促される。締約国はまた、2条に基づく義務に従い、精神障害を取り巻く差別およびスティグマと闘うことも促されるところである。精神障害のあるすべての青少年は、可能なかぎり自らが生活するコミュニティの中で治療とケアを受ける権利を有する。入院または精神病施設への措置が必要なときは、その決定は子どもの最善の利益の原則に一致したものでなければならない。入院または施設措置の際には、患者に対し、条約で認められたすべての権利（教育に対する権利やレクリエーション活動にアクセスする権利を含む）を享受する機会が可能なかぎり最大限に与えられるべきである5)。適切な場合には、青少年を成人から分離することが求められる。締約国は、必要かつ適切である場合には、青少年が、自己の利益を代弁する、家族構成員以外の個人的代理人にアクセスできることを確保しなければならない6)。条約25条に従い、締約国は、病院または精神病施設への青少年の措置が定期的に見直されることを確保するべきである。

30. 思春期の青少年は、男女を問わず、HIV/AIDSを含むSTDに感染し、かつその影響を受けるリスクにさらされている7)。国は、HIV/AIDSを含むSTDの予防および治療のための適切な物資、サービスおよび情報が利用可能およびアクセス可能であることを確保するべきである。このことを確保するため、締約国は以下の措置をとるよう促される。(a)避妊やSTD予防のための青少年のニーズに関する文化的見方を変え、かつ青少年のセクシュアリティをめぐる文化的その他のタブーに対応するための措置を含む、効果的な予防プログラムを開発すること。(b)青少年の感染リスクを高め、またはすでにHIVを含むSTDに感染した青少年の周縁化を助長するような慣行と闘うための立法を採択すること。(c)青少年が情報、コンドームのような予防措置およびケアにアクセスすることを阻むあらゆる障壁を除去するための措置をとること。

31. 思春期の女子は若年婚と若年妊娠が引き起こしうる悪影響に関する情報にアクセスできるべきであり、また妊娠した女子はその権利と特定のニーズに配慮した保健サービスにアクセスできるべきである。締約国は、とくに若年妊娠と危険な中絶を理由とする思春期の女子の妊産婦有病率および死亡率を削減し、かつ自らも青少年である母親および父親の子育てを支援するための措置をとらなければならない。若い母親は、とくに支援が得られない環境にあっては鬱や不安に陥りやすくなり、子どもをケアする能力が阻害

---

5) この問題に関するさらなる指針としては、精神病者の保護および精神保健ケアの促進に関する原則（1991年12月17日の国連総会決議46/119添付文書）参照。
6) 同上。とくに原則2、3および7。
7) この問題に関するさらなる指針としては、HIV/AIDSと子どもの権利に関する子どもの権利委員会の一般的意見3（2003年）参照。

される可能性がある。委員会は締約国に対し、以下の措置をとるよう促すものである。(a)セクシュアル・ヘルスおよびリプロダクティブ・ヘルスのためのサービスへのアクセスを確保するプログラムを策定および実施すること。このようなサービスには、家族計画、避妊手段、ならびに中絶が違法でない状況においては中絶のための安全なサービス、充分かつ包括的な産科ケアおよびカウンセリングが含まれる。(b)青少年の母親および父親を対象として、青少年が親になることへの前向きかつ支えとなる態度を促進すること。(c)自らも青少年である母親が教育を継続できるようにするための政策を策定すること。

32. 条約12条に従って、青少年には親の同意の前に自由に意見を表明する機会が保障されなければならず、かつその意見は正当に考慮されるべきである。しかし、青少年が充分に成熟している場合には、「子どもの最善の利益」（3条）に適う場合には親に連絡するにしても、青少年自身からインフォームド・コンセント（訳者注：充分な情報を得たうえでの同意）が得られなければならない。

33. プライバシーおよび秘密保持、ならびに治療に対するインフォームド・コンセントに関わる問題については、締約国は以下の措置をとるべきである。(a)青少年がインフォームド・コンセントを与えられるよう、治療に関わる秘密の助言が青少年に提供されることを確保するための法律または規則を制定すること。このような法律または規則は、この手続に関する年齢を明示するか、または子どもの発達しつつある能力に言及するべきである。(b)青少年の、プライバシーおよび秘密を守られる権利、計画されている治療に関して情報を提供される権利ならびに治療にインフォームド・コンセントを与える権利について、保健従事者に訓練を施すこと。

V. 被害の受けやすさおよびリスク

34. 健康・発達に対する青少年の権利を確保する際には、被害の受けやすさとリスクを高める個人的行動および環境的要因の双方が考慮されなければならない。武力紛争や社会的排除のような環境的要因によって、青少年は虐待、その他の形態の暴力および搾取の被害をいっそう受けやすくなり、そのため個人として健康的な行動をとる能力を深刻に制限される。たとえば、安全ではないセックスをするという決定は青少年が健康を損なうリスクを高める。

35. 条約23条に従い、精神障害および（または）身体障害のある青少年も、到達可能な最高水準の身体的および精神的健康に対する平等な権利を有する。締約国には、障害のある青少年に対し、自己の権利の実現のために必要な手段を提供する義務が存する[8]。締約国は以下の措置をとるべきである。(a)障害のあるすべての青少年に対し、健康のための便益、物資およびサービスが利用可能およびアクセス可能とされること、ならびに、これらの便益およびサービスにおいて、障害のある青少年の自立およびコミュニティへの積極的参加が促進されることを確保すること。(b)障害のある青少年が動き回り、

---

[8] 障害者の機会均等化に関する国連基準規則。

参加し、かつコミュニケーションできるようにするため、必要な設備および人的支援が利用できるようにすること。(c)障害のある青少年のセクシュアリティに関連する特別なニーズにとくに注意を向けること。(d)障害のある青少年による自己実現を制約する障壁を取り除くこと。

36. 締約国は、インフォーマル部門で働く青少年を含むホームレスの青少年に対し、特別な保護を提供しなければならない。ホームレスの青少年は、他者からの暴力、虐待および性的搾取、自己破壊的行動、有害物質の濫用ならびに精神障害の被害をとくに受けやすい立場にある。これとの関係で、締約国は以下の措置をとるよう求められるところである。(a)そのような青少年を、たとえば法執行官による暴力から保護するための政策立案ならびに法律の制定および執行を行うこと。(b)適切な教育および保健ケアならびに生計維持のスキルを発達させる機会を提供するための戦略を策定すること。

37. 買春やポルノグラフィーなどで性的に搾取されている青少年は、STD、HIV/AIDS、望まない妊娠、危険な中絶、暴力および心理的困窮を含む、相当の健康上のリスクにさらされている。このような青少年には、健康、自尊心および尊厳を育む環境における身体的および心理的回復ならびに社会的再統合に対する権利がある（39条）。あらゆる形態の性的搾取と関連の人身取引を禁ずる法律を制定および執行すること、国際人身取引を根絶するために他の締約国と連携すること、性的に搾取された青少年に対し、彼らが犯罪者としてではなく被害者として取り扱われるようにしながら適切な保健サービスやカウンセリング・サービスを提供することは、締約国の義務である。

38. 加えて、貧困、武力紛争、あらゆる形態の不公正、家族の崩壊、政治的、社会的および経済的不安定、ならびにあらゆるタイプの移住を経験している青少年も、とりわけ被害を受けやすい立場に置かれる可能性がある。このような状況は青少年の健康・発達を深刻な形で損ないかねない。締約国は、予防的な政策および措置に大規模な投資を行うことにより、被害の受けやすさのレベルおよびリスク要因を劇的に縮減することができる。そのような政策および措置はさらに、社会に対し、青少年が自由な社会において調和のとれた形で発達していく一助となる、費用対効果の高いアプローチを提供してくれるはずである。

VI.締約国の義務の性質

39. 思春期の青少年の健康・発達に関わる義務を履行するにあたって、締約国は常に条約の一般原則を全面的に考慮にいれなければならない。締約国は、条約で認められた健康・発達に対する青少年の権利を実施および監視するため、あらゆる適切な立法上、行政上その他の措置をとらなければならないというのが、委員会の見解である。この目的のため、締約国はとくに以下の義務を履行しなければならない。

(a)家庭、学校、青少年が生活するあらゆるタイプの施設、職場および（または）社会一般における環境も含め、青少年にとって安全で支えとなる環境づくりを行うこと。

(b)青少年が自己の健康・発達にとって必要不可欠な情報にアクセスできること、

ならびに、自己の健康に影響を与える決定に（とくにインフォームド・コンセントおよび秘密保持の権利を通じて）参加する機会、ライフスキルを身につける機会、年齢にふさわしい充分な情報を入手する機会、および健康に関わる適切な行動を選択する機会を持てることを確保すること。

(c)青少年の関心事に配慮した質の高い健康のための便益、物資およびサービス（精神的健康、セクシュアル・ヘルスおよびリプロダクティブ・ヘルスに関するカウンセリングおよび保健サービスを含む）をすべての青少年が利用できることを確保すること。

(d)青少年の男女が、自分たち自身の健康・発達のための計画およびプログラム立案に積極的に参加する機会を確保すること。

(e)とくにあらゆる形態の児童労働を廃止し、かつ労働環境および労働基準を国際基準に従って規制することによって、権利の享受を脅かす可能性があるあらゆる形態の労働から青少年を保護すること。

(f)暴力および路上の交通事故によるものを含むあらゆる形態の意図的および偶発的負傷から青少年を保護すること。

(g)若年婚、名誉殺人および女性器切除のようなあらゆる有害な伝統的慣行から青少年を保護すること。

(h)上記のすべての義務の履行にあたって、とくに被害を受けやすいグループに属する青少年に対して全面的配慮が行われることを確保すること。

(i)精神障害を予防し、かつ青少年の精神的健康を促進するための措置を実施すること。

40. 委員会は、到達可能な最高水準の健康に対する権利についての、経済的、社会的および文化的権利に関する委員会（CESCR）の一般的意見14に締約国の注意を促すものである。同一般的意見は次のように述べている。「締約国は、思春期の青少年に対し、自己の健康に影響を与える決定に参加する機会、ライフスキルを身につける機会、適切な情報を入手する機会、カウンセリングを受ける機会、および交渉を通じて健康に関わる行動を選択する機会の確保につながるような、安全で支えとなる環境を提供するべきである。健康に対する青少年の権利の実現は、秘密保持とプライバシーを尊重し、かつセクシュアル・ヘルスおよびリプロダクティブ・ヘルスのための適切なサービスを含む、若者に配慮した保健ケアの発展にかかっている」。

41. 条約24条、39条その他の関連の規定に従って、締約国は、以下の特質に注意を払うことにより、すべての青少年の特定のニーズと人権に配慮した保健サービスを提供するべきである。

・利用可能性：プライマリーヘルスケアには青少年のニーズに配慮したサービスが含まれなければならない。その際、セクシュアル・ヘルス、リプロダクティブ・ヘルスおよび精神的健康に特別な注意が向けられるべきである。

・アクセス可能性：健康のための便益、物資およびサービスは、青少年に対して差別なく周知され、かつ（経済的、物理的および社会的に）容易にアクセス可能とされなければならない。必要な場合には秘密保持が保障されるべきである。

・受入れ可能性：健康のためのすべての便益、物資およびサービスは、条約の規定および原則を全面的に尊重しつつ、文化的価値観を尊重し、ジェンダーに配慮

し、医療倫理を尊重し、かつ、青少年と、青少年が暮らすコミュニティの双方から受け入れられるようなものでなければならない。
・質：保健サービスおよび保健物資は科学的および医学的に適切なものでなければならない。そのためには、青少年をケアする訓練を受けた従事者、充分な便益および科学的に受け入れられた手法が必要とされる。

42. 締約国は、実行可能な場合には、関連するあらゆる主体間で効果的かつ持続可能な連携およびパートナーシップを促進することを通じ、青少年の健康・発達の促進および保護に対する部門横断型アプローチをとるべきである。国レベルでこのようなアプローチをとるためには、関連するあらゆる政府機関の必要な参加が得られるよう、政府部内での緊密かつ制度的な連携および調整が必要となる。青少年が利用する公衆衛生その他のサービスも、とくに民間のおよび（または）伝統的な実務家、職能団体、製薬業者、ならびに被害を受けやすい立場に置かれたグループの思春期にサービスを提供している機関との連携を追求するよう、奨励および援助されるべきである。

43. 青少年の健康・発達の促進および保護に対する部門横断型アプローチは、国際協力がなければ効果を発揮しないであろう。したがって締約国は、適当な場合には、国連の専門機関、計画およびその他の国連機関、国際NGOおよび二国間援助機関、国際的職能団体ならびにその他の国以外の主体との協力を追求するべきである。

（訳：平野裕二）

資料6

子どもの権利委員会
一般的意見5（2003）
実施に関する一般的措置（4条、42条および44条6項）

2003年9月29日第34会期採択
CRC/GC/2003/5

まえがき

　子どもの権利委員会がこの一般的意見を作成したのは、委員会が「実施に関する一般的措置」と名づけた措置を発展させていく締約国の義務を概観することが目的である。この概念を構成するさまざまな要素は複雑であり、委員会は、ここで示した概要をより詳しく展開するため、個々の要素に関するいっそう詳細な一般的意見を適宜発表していく可能性が高いことを強調しておく。「子どもの権利の保護および促進における独立した国内人権機関の役割」と題する一般的意見2（2002年）において、すでにこの概念についてより詳しく展開してある。

第4条「締約国は、この条約において認められる権利の実施のためのあらゆる適当な立法上、行政上およびその他の措置をとる。経済的、社会的および文化的権利に関して、締約国は、自国の利用可能な手段を最大限に用いることにより、および必要な場合には、国際協力の枠組の中でこれらの措置をとる」

I.はじめに

　1．ある国が子どもの権利条約を批准したとき、その国は条約を実施する国際法上の義務を負ったことになる。実施とは、締約国が、その管轄内にあるすべての子どもに対して条約上のあらゆる権利の実現を確保するために行動をとるプロセスである[1]。4条は締約国に対し、実施のために「あらゆる適当な立法上、行政上およびその他の措置」をとるよう求めている。条約上の義務を負うのは国であるが、実施の作業――子どもの人権を実現するという作業には、社会のあらゆる層、そしてもちろん子どもたち自身が参加しなければならない。あらゆる国内法が条約と全面的に両立するようにすること、また条約の原則および規定が直接に適用され、かつ適切に執行されうるようにすることは、基本課題である。加えて、子どもの権利委員会は効果的実施のために必要な一連の措置を特定してきた。これには、あらゆるレベルの行政機関、議会および司法機関における特別な体制の発展、監視および訓練その他の活動が含まれる[2]。

　2．委員会は、条約に基づく締約国報告書を定期的に審査するにあたって、「実

---

[1] 委員会は、締約国に対し、条約の適用上、子どもとは「子どもに適用される法律の下でより早く成年に達する場合」を除いて「18歳未満のすべての者」と定義されていることを想起するよう求める。

施に関する一般的措置」と名づけた措置にとくに注意を払っている。審査後に出される総括所見では、委員会は一般的措置に関する具体的勧告を行う。その後の定期報告書では、その勧告に応じてどのような行動がとられたかを説明することが締約国に期待されているところである。委員会の報告ガイドラインでは、条約の諸条項がクラスター別に配列されている3)。最初のクラスターが「実施に関する一般的措置」についてのものであり、4条とともに42条（条約の内容を子どもにもおとなにも広く知らせる義務、後掲パラ65参照）と44条6項（国内で報告書を広く利用可能とする義務、後掲パラ71参照）が1つのグループにまとめられている。

3．以上の規定に加え、その他の一般的実施義務が2条に掲げられている。すなわち、「締約国は、その管轄内にある子ども一人一人に対して、……いかなる種類の差別もなしに、この条約に掲げる権利を尊重しかつ確保する」。

4．3条2項も同様である。すなわち、「締約国は、親、法定保護者または子どもに法的な責任を負う他の者の権利および義務を考慮しつつ、子どもに対してその福祉に必要な保護およびケアを確保することを約束し、この目的のために、あらゆる適当な立法上および行政上の措置をとる」。

5．国際人権法では、市民的および政治的権利に関する国際規約2条と経済的、社会的および文化的権利に関する国際規約2条のように、条約4条と同様に全般的実施義務を定めた条項が存在する。自由権規約委員会および社会権規約委員会はこれらの規定に関わる一般的意見を出しており、それらはこの一般的意見を補完するものとして捉えられるべきである4)。以下でも参照する。

6．4条は、国の全般的実施義務を反映したものではあるものの、市民的・政治的権利と経済的・社会的・文化的権利との間に区別があることを第2文で示唆している。「経済的、社会的および文化的権利に関して、締約国は、自国の利用可能な手段を最大限に用いることにより、および必要な場合には、国際協力の枠組の中でこれらの措置をとる」。人権一般にせよ条約上の権利にせよ、それらをこの2つのカテゴリーに単純にまたは有権的に分類することはできない。委員会の報告ガイドラインでは7条、8条、13～17条および37条(a)が「市民的権利および自由」の見出しのもとにまとめられているが、その文脈から、これらの条項だけが条約上の市民的・政治的権利というわけではないことが示されている。実際、条約2条、3条、6条および12条を含む他の多くの条項にも市民的・政治的権利の構成要素が含まれてお

---

2) 1999年、子どもの権利委員会は国連総会による子どもの権利条約採択10周年を記念して2日間のワークショップを開催した。ワークショップでは実施に関する一般的措置に焦点が当てられ、委員会はその後詳細な結論および勧告を採択している（CRC/C/90, para.291参照）。
3) 子どもの権利条約44条1項(a)に基づいて締約国が提出する第1回報告書の形式および内容に関するガイドライン（CRC/C/5、1991年10月15日）；子どもの権利条約44条1項(b)に基づいて提出される定期報告書の形式および内容に関する一般指針（CRC/C/58、1996年11月20日）。
4) 自由権規約委員会の一般的意見3（第13会期・1981年）「2条：国レベルにおける実施」；社会権規約委員会の一般的意見3（第5会期・1990年）「締約国の義務の性質（規約2条1項）。また、社会権規約委員会の一般的意見9（第19会期・1998年）「規約の国内適用」は、一般的意見3のいくつかの要素についてさらに詳しく展開している。条約機関の一般的意見・勧告集は人権高等弁務官事務所が定期的に刊行している（HRI/GEN/1/Rev.6）。

り、このようにしてあらゆる人権の相互依存性および不可分性が反映されているのである。経済的・社会的・文化的権利の享受は市民的・政治的権利の享受と分かちがたく結びついている。後掲パラ25で示すように、委員会は、市民的・政治的権利のみならず経済的・社会的・文化的権利も裁判適用可能なものとして捉えられるべきだと考えるものである。

7. 4条第2文は、国によっては資源――財政的その他の資源――がないために経済的・社会的・文化的権利の全面的実施が阻害されうることを現実的に受け入れたものである。これにより、このような権利の「漸進的実施」という概念が導入される。国は、「利用可能な手段を最大限に用いることにより」実施を図ってきたこと、また必要に応じて国際協力を求めたことを実証できなければならない。条約を批准した国は、それを自国の管轄内で実施する義務だけではなく、国際協力を通じて世界的実施に貢献する義務を負うのである（後掲パラ60参照）。

8. 同文は経済的、社会的および文化的権利に関する国際規約の用語法に類似しており、委員会は、社会権規約委員会の以下の主張に完全に賛同するものである。「たとえ利用可能な資源が目に見えて不充分であったとしても、蔓延している状況下で可能なかぎり幅広く関連の権利の享受を確保するために努力しなければならないという締約国の義務には変わりがない……」5)。経済的状況がどうあれ、締約国は、最も不利な立場に置かれたグループに特別な注意を払いながら、子どもの権利の実現に向けてあらゆる可能な措置をとることが求められる。

9. 委員会が特定し、この一般的意見で説明している実施に関する一般的措置は、条約上のあらゆる権利をすべての子どもが全面的に享受することの促進を意図したものである。権利の享受は、立法、調整・監視のための政府機関および独立機関の設置、包括的なデータ収集、意識啓発・訓練、ならびに適切な政策、サービスおよびプログラムの策定・実施を通じて促進される。条約が採択され、かつほぼすべての国によって批准されたことによる満足すべき成果のひとつは、子どもに焦点を当て、かつ子どもに配慮した多種多様な新しい機関、体制および活動が国レベルで発展してきたことである。これには、政府の中枢に置かれた子どもの権利部、子ども担当大臣、子どもに関する省庁間委員会、議会委員会、子ども影響分析、子ども予算および「子どもの権利白書」、子どもの権利に関するNGO連合、子どもオンブズパーソンおよび子どもの権利コミッショナーなどがある。

10. このような形で発展してきた活動のなかには大部分見せかけだけと思われるようなものもあるかもしれないが、このような活動が台頭してきたということは、少なくとも、社会における子どもの立場の見方が変化し、子どもを政治的にいっそう優先させることに対して前向きな姿勢が示され、かつ政府の行為が子どもおよびその人権にどのような影響を及ぼすかという配慮が高まってきたことを示すものである。

11. 国は、条約の文脈において、一人一人の子どもに対する明確な法的義務を

---

5) 一般的意見3、HRI/GEN/1/Rev.6, Para.11, p.16。

履行する役割を自覚しなければならないと、委員会は強調する。子どもの人権の実施は、子どもにいいことをしてあげるという慈善のプロセスとして捉えられてはならない。

12. 行政機関、議会および司法機関全体で子どもの権利の視点を発展させていくためには、とくに委員会が一般原則として特定した条約の以下の条項に照らし、条約全体を効果的に実施していくことが必要である。

第2条：管轄内にある子ども一人一人に対し、いかなる種類の差別もなく、条約に掲げられた権利を尊重および確保する義務。この差別の禁止の義務により、国は、権利の承認・実現のために特別な措置を必要とする可能性がある個々の子どもおよび子どものグループを、積極的に特定するよう求められる。たとえば、委員会がとくに強調しているのは、差別または潜在的差別を特定できるように細分化されたデータ収集を行わなければならないということである。差別に対応するためには、法律、行政および資源配分のあり方を変革することや、態度を変えるための教育的措置をとることが必要な場合がある。権利に対する平等のアクセスを定めた差別の禁止の原則を適用することが同一の取扱いを意味するわけではないことを、強調しておかなければならない。自由権規約委員会の一般的意見は、差別を引き起こす条件を緩和または解消するために特別な措置をとることの重要性を強調している6)。

第3条1項：子どもに関わるあらゆる行動において第一義的に考慮されなければならない子どもの最善の利益。同条は、「公的もしくは私的な社会福祉機関、裁判所、行政機関または立法機関」による活動に言及している。この原則は、行政機関、議会および司法機関全体で積極的措置をとることを求めるものである。あらゆる立法機関、行政機関および司法機関は、子どもの権利および利益が自らの決定・行動によってどのような影響を受けているか（または受ける可能性があるか）を制度的に考慮することによって、最善の利益原則を適用するよう求められる。ここでいう決定・行動とは、たとえば、提案されている（またはすでに実行されている）法律もしくは政策または行政措置もしくは裁判所の決定などであり、子どもに直接は関係しないものの間接的に影響を及ぼすものも含まれる。

第6条：生命に対する子どもの固有の権利と、子どもの生存および発達を可能なかぎり最大限に確保する国の義務。委員会は、国が、ここでいう「発達」を最も幅広い意味に解釈することを期待している。これはホリスティックな概念であり、子どもの身体的、精神的、霊的、道徳的、心理的および社会的発達を包含するものである。実施措置は、すべての子どもが最適な形で発達できるようにすることをめざしたものでなければならない。

第12条：「その子どもに影響を与えるすべてのことがら」について自由に意見を表明し、かつその意見を正当に重視される子どもの権利。この原則は、自分の権利の促進、保護および監視に積極的に参加する存在としての子どもの役割を強調し

---

6) 自由権規約委員会の一般的意見18（1989年）、HRI/GEN/1/Rev.6, pp.147 et seq.。

たものであり、条約実施のために国がとるあらゆる措置に平等に適用される。

　政府の意思決定プロセスを子どもたちに開放することは積極的な挑戦であり、委員会の見るところ、この挑戦に対応しようとする国は増えつつある。投票年齢を18歳未満に引き下げた国がまだほとんど存在しないことを考えれば、参政権を認められていない子どもたちの意見の尊重を行政機関や議会で確保するのは当然である。協議を意味のあるものとするためには、資料およびプロセスの両方がアクセスしやすくされなければならない。もっとも、子どもたちの声に「耳を傾ける」ように見せかけるのは比較的たやすい課題である。子どもたちの意見を正当に尊重することこそ、本当の意味での変革を必要とする。子どもたちの声に耳を傾けることは、それ自体が目的とされるべきではなく、むしろ、国が、子どもたちとの交流および子どもたちのための行動において、子どもの権利の実施にこれまで以上の配慮を払うようにするための手段として見なされなければならない。

　子ども議会のような一度きりのまたは定期的な行事も刺激にはなりうるし、一般の意識も高められる可能性がある。しかし12条は一貫した継続的体制を求めたものである。子どもたちの参加を得たり子どもたちと協議したりするにあたっては、見せかけだけになってしまうことも避け、子どもたちを正当に代表した意見を確認することがめざされなければならない。12条1項で「子どもに影響を与える……ことがら」が強調されていることは、特定の問題に関する特定のグループの子どもの意見が確認されなければならないということを言外に意味している。たとえば、少年司法制度を経験したことのある子どもにその分野での法改正の提案について意見を聴く、あるいは養子縁組に関わる法律・政策について養子となった子どもや養親家族で暮らしている子どもの意見を聴くといったことである。政府が子どもたちとの直接の関係を発展させ、非政府組織（NGO）や人権機関を通じて仲介された関係に留まらないようにすることも重要である。条約が採択されてからしばらくの間、NGOは子どもに対する参加型アプローチを先駆的に進めるうえで目覚ましい役割を果たしたものの、直接の関係を適切な形で持つことは政府にとっても子どもたちにとっても利益となる。

II. 留保の見直し

　13. 実施に関する一般的措置についての報告ガイドラインで、委員会は、留保を付したとすればそれを維持することが必要と考えているかどうか、あるいは留保を撤回したかどうか示すよう締約国に促しているところである7)。条約の締約国には、批准時または加入時に留保を付す権利がある（51条）。子どもの人権が限定されることなく全面的に尊重されることを確保するという委員会の目標は、各国が留保を撤回してはじめて可能になることである。委員会は、報告書審査の際に一貫して、留保の見直しと撤回を勧告している。見直しののちに留保を維持するといずれ

---

7) 子どもの権利条約11条1項(b)に基づいて提出される定期報告書の形式および内容に関する一般指針（CRC/C/58、1996年11月20日）パラ11。

かの国が決定したときは、委員会は、次回の定期報告書に充分な説明を記載するよう要請する。委員会は、世界人権会議において留保の見直しおよび撤回が奨励されている8)ことに各国の注意を促すものである。

14. 条約法に関するウィーン条約2条は、「留保」を、「国が、条約の特定の規定の自国への適用上その法的効果を排除し又は変更することを意図して、条約への署名、条約の批准、受託若しくは承認又は条約への加入の際に単独に行う声明（用いられる文言及び名称のいかんを問わない）」と定義している。ウィーン条約は、「条約の趣旨及び目的と両立しない」ものであるときを除き、国は条約の批准または条約への加入に際して留保を付すことができることに留意している（19条）。

15. 子どもの権利条約51条2項もこれを反映した規定である。「この条約の趣旨および目的と両立しない留保は認められない」。委員会は、いくつかの国が、たとえば条約の尊重は当該国の現行憲法または現行法（場合により宗教法も含む）によって制約されると示唆することにより、明白に51条2項違反である留保を付していることを深く懸念するものである。条約法に関するウィーン条約27条は、「当事国は、条約の不履行を正当化する根拠として自国の国内法を援用することができない」と定めている。

16. 委員会は、締約国が、他の締約国によるこのような広範な留保に対して正式に異議を唱えた場合があることに留意する。委員会は、すべての締約国で条約が可能なかぎり全面的に尊重されるようにすることに寄与するいかなる行動も賞賛するものである。

III. 他の主要国際人権文書の批准

17. 実施に関する一般的措置の審査の一環として、また人権の不可分性および相互依存性の原則に照らして、委員会は、子どもの権利条約の2つの選択議定書（武力紛争への子どもの関与に関するものならびに子どもの売買、子ども買春および子どもポルノグラフィーに関するもの）と他の6つの主要国際人権文書を締約国がまだ批准していない場合、批准するように一貫して締約国に促してきた。締約国との対話の過程で、他の関連の国際文書の批准を検討するよう奨励することも多い。これらの文書を非網羅的に掲げたリストはこの一般的意見に添付されている。委員会は、このリストを随時更新する予定である。

IV. 立法上の措置

18. 委員会は、条約の全面的遵守を確保するためにあらゆる国内法および関連の行政指示を包括的に見直すことは義務であると考える。委員会は、条約に基づく第1回報告書のみならず現在では第2回・第3回定期報告書も審査するようになっているが、その経験が示すところによれば、国レベルでの見直しプロセスは、ほとんどの場合開始されてはいるものの、いっそう精力的に進められなければならない。見直しにあたっては、人権の相互依存性

---

8)世界人権会議（ウィーン、1993年6月14〜25日）「ウィーン宣言および行動計画」（A/CONF.157/23）。

および不可分性を認識して、逐条ごとだけではなくホリスティックに条約を考慮することが必要である。見直しは1回きりで終わるのではなく継続的でなければならず、現行法のみならず法案も検討しなければならない。このような見直しプロセスを関連のあらゆる政府省庁の機構に組み込むことも重要であるが、たとえば議会委員会および議会聴聞、国内人権機関、非政府組織、学界、影響を受ける子ども・若者その他による、独立した立場からの見直しを進めることも有益である。

19. 締約国は、国内法体系において条約の規定が法的効果を生ずることを、あらゆる適切な手段によって確保しなければならない。このことは、多くの締約国において依然として課題のまま残っている。とりわけ重要なのは、「自動執行」原則が適用される国や、条約が「憲法上の地位」を有している、または国内法に編入されていると主張される国において、条約がどの程度適用可能なのかを明らかにしなければならないということである。

20. 委員会は国内法に条約が編入されることを歓迎する。これは、すべての国ではないが一部の国でとられている、国際人権文書を実施するための伝統的アプローチである。編入とは、条約の規定が裁判所において直接援用でき、また国の公的機関によって直接適用されうること、国内法または一般実務において食い違いが生じた場合は条約が優先されることを意味するものでなければならない。また、条約が国内法に編入されるからといって、関連のあらゆる国内法（地方の法律または慣習法も含む）が条約と両立するようにする必要性がそれだけで解消するものではない。法律との間に食い違いが生じた場合、条約法に関するウィーン条約27条に照らし、つねに条約が優先されるべきである。国が連邦制のもとで地域政府に立法権限を委譲している場合、国はこれらの下位政府に対し、条約の枠組みのなかで立法を行うことおよび効果的実施を確保することも求めなければならない（後掲パラ40以下も参照）。

21. 憲法に「すべての者」の権利の保障が含まれているので、それだけで充分に子どもに対してこれらの権利の尊重を確保することができると委員会に述べた国も存在する。判断基準は、適用可能なこれらの権利が本当に子どもたちを対象として実現されているか、またそれらの権利を裁判所で直接援用することができるかどうかというところに置かれなければならない。委員会は、国の憲法に子どもの権利に関する章が含まれ、条約の主要な原則がそこに反映されることを歓迎する。それは、条約の鍵となるメッセージ、すなわち子どもはおとなと並ぶ人権の保有者であるというメッセージを強調する役に立つものである。ただし、そのような章が置かれているからといって、子どもの権利の尊重が自動的に確保されるわけではない。これらの権利の全面的実施（適切な場合には子ども自身による権利行使を含む）を促進するためには、立法上その他の追加措置が必要な場合がある。

22. 委員会はとくに、国内法に条約の一般原則（2条、3条、6条および12条、前掲パラ12参照）が反映されるようにすることの重要性を強調する。委員会は、統合された子どもの権利法の策定を歓迎するものである。このような法律は条約の諸原則を強調し、注目を集められるようにしうる。ただし委員会は、それに加えて、あ

らゆる関連の「部門」法（教育、保健、司法その他）に条約の原則および基準が一貫して反映されるようにすることが決定的に重要であることも強調するものである。

23．委員会は、条約41条に照らし、あらゆる締約国に対して、条約に掲げられている規定よりも子どもの権利の実現に貢献する法規定をその管轄内で制定および実施するよう奨励する。委員会は、他の国際人権文書も18歳未満のあらゆる者に適用されることを強調するものである。

V.権利の裁判適用可能性

24．権利が意味を持つためには、侵害を是正するための効果的救済措置が利用可能でなければならない。この要件は条約にも黙示的に含まれており、また他の6つの主要国際人権条約では一貫して言及されている。子どもは特別な状況にあり、かつ他者に依存していることから、権利侵害に対する救済を追求するのはまったく困難である。したがって国は、子どもおよびその代理人が利用できる効果的な、子どもに配慮した手続が存在することを確保するよう、とくに注意する必要がある。このような手続には、子どもに優しい情報、助言、アドボカシー（セルフ・アドボカシーのための支援も含む）を提供することや、必要な法的その他の援助とともに独立した苦情申立手続および裁判所へのアクセスを用意することが含まれなければならない。権利が侵害されたと認められたときは、適切な被害回復措置（賠償も含む）と、必要な場合には、39条で求められているように、身体的および心理的回復、リハビリテーションおよび再統合を促進するための措置がとられるべきである。

25．前掲パラ6で述べたように、委員会は、市民的・政治的権利とともに経済的・社会的・文化的権利も裁判適用可能と見なされなければならないことを強調する。権利が遵守されなかったことに対する救済措置が効果的なものとなるよう、国内法において権利の内容を充分詳細に定めることが必要不可欠である。

VI.行政上その他の措置

26．委員会として、条約の効果的実施を確保するために適切だとひとつひとつの締約国が考える措置を詳細に記述することはできない。しかし、各国の報告書を審査してきた最初の10年間の経験から、また政府、国連機関・国連関連機関、非政府組織その他の権限ある機関との継続的な対話から抽出した、各国を対象としたいくつかの鍵となる助言をここに記す。

27．条約の効果的実施のためには、政府全体で子どもの権利を承認・実現するための部門を超えた調整が、各行政レベル間で、また政府と市民社会（とくに子ども・若者自身を含む）との間で、目に見える形で図られなければならないと委員会は考える。多くの異なる政府省庁やその他の政府機関ないしは準政府機関が、子どもたちの生活および子どもたちによる権利の享受に影響を及ぼさないことはありえない。直接的にせよ間接的にせよ子どもたちの生活にまったく影響を与えない政府省庁は、あったとしてもごくわずかである。実施状況の精力的な監視が求められる。それはあらゆるレベルの行政プロセスに組み込まれていなければならないが、同時に、国内人権機関、NGOその他による独立した監視も必要である。

231

A. 条約に根ざした包括的な国家戦略の策定

28. 政府が全体として、またあらゆるレベルで子どもの権利を促進・尊重していこうとするなら、条約に根ざした統一の、包括的な、かつ権利基盤型の国家戦略に基づいて活動することが必要である。

29. 委員会は、条約の枠組みに基づいて構築された、子どものための包括的な国家戦略または国家行動計画の策定を賞賛する。委員会は、締約国に対し、国家戦略の策定および（または）見直しにあたっては委員会が定期報告書に関する総括所見に掲げた勧告を考慮するよう期待するものである。そのような戦略が効果を発揮するためには、すべての子どもの状況および条約のすべての権利と関連していなければならない。戦略は、子ども・若者や、彼らとともに生活し、働いている人々を対象としたものも含む協議のプロセスを通じて策定される必要があろう。前述したように（パラ12）、子どもとの協議を意味のあるものとするためには子どもに配慮した特別な資料およびプロセスが要求される。単に、おとな向けのプロセスに子どももアクセスできるようにすればよいという問題ではない。

30. 周縁化され、不利な立場に置かれたグループの子どもたちを特定および優先することに、とくに注意を向ける必要があろう。条約が掲げる差別の禁止の原則により、条約で保障されたすべての権利が管轄内のすべての子どもに対して承認されるべきである。前述したように（パラ12）、差別の禁止の原則があるからといって、差別を緩和するための特別な措置をとることが許されないわけではない。

31. 戦略を権威あるものとするためには、政府の最高レベルでその戦略が支持される必要があろう。また、国の開発計画と連携することおよび国の予算策定に含まれることも必要である。そうしなければ、戦略は重要な意思決定プロセスの埒外で周縁化されたままになってしまう可能性がある。

32. 戦略は、単に善意を羅列したものであってはならない。国全体で子どもの権利を実現していくための持続可能なプロセスが説明されていなければならない。方針と原則を宣言するにとどまらず、すべての子どものあらゆる経済的・社会的・文化的権利および市民的・政治的権利との関係で、現実味のある達成可能な目標を設定しなければならない。包括的な国家戦略は、部門別の（たとえば教育や保健に関する）国家行動計画のなかでより詳しい内容を規定し、具体的目標、対象が明確な実施措置および財政的・人的資源の配分について定めることも可能である。戦略のなかで優先順位を定めるのは避けられないだろうが、締約国が条約に基づいて受託した詳細な義務をなんらかの形で無視または軽減することは許されない。戦略には充分な人的・財政的資源が配分される必要がある。

33. 国家戦略の策定は、作ってしまえばそれで終わりという作業ではない。戦略が起草されたら、政府全体で、また子どもを含む公衆に対して（子ども版として、また適切な言葉遣い・形式に表現を改めたものとして）広く普及する必要がある。戦略には、監視および継続的見直し、定期的更新、議会および公衆に対する定期的報告のための体制も含まれていなければならない。

34. 第1回子どものための世界サミット

（1990年）後に各国が策定を奨励された「国内行動計画」は、サミット参加国が定めた特定のコミットメント9)に関わるものだった。1993年に世界人権会議が採択したウィーン宣言および行動計画は、各国に対し、国家人権行動計画に子どもの権利条約を統合するよう求めた10)。

35．国連子ども特別総会（2002年）の成果文書も、各国に対し、「緊急課題として、可能であれば2003年末までに、国別および適当な場合には地域別の行動計画を策定または強化する」ことを求めている。「当該計画は、この行動計画に基づく、期限を定めた測定可能な一連の具体的目標を掲げ」たものでなければならない11)。委員会は、子ども特別総会で定められ、成果文書「子どもにふさわしい世界」に掲げられた目標を達成することに対する各国のコミットメントを歓迎する。しかし委員会は、世界会議で特定のコミットメントを行ったからといって条約に基づく締約国の法的義務がなんらかの形で緩和されるわけではないことを強調するものである。同様に、特別総会に対応して具体的な行動計画を作成したからといって、条約実施のための包括的な実施戦略の必要性が低くなるわけではない。各国は、2002年の特別総会およびその他の関連の世界会議に対応するための措置を、条約全体を実施するための全般的戦略に統合するべきである。

36．成果文書はまた、締約国に対し、「この行動計画の実施に関してとられた措置および達成された成果に関する情報を子どもの権利委員会への報告書に含めることを検討する」よう奨励している12)。委員会はこの提案を支持し、特別総会におけるコミットメントの達成に向けた進展を監視していく決意である。委員会は、条約に基づく定期報告書の改訂ガイドラインでさらなる指針を提供する。

B.子どもの権利の実施の調整

37．締約国報告書を審査するにあたり、委員会はほとんどつねに、効果的実施を確保するために政府のいっそうの調整を奨励する必要性を見出してきた。中央政府省庁間の調整、さまざまな州・地域間の調整、中央政府と他のレベルの政府との間の調整、そして政府と市民社会との間の調整である。調整の目的は、管轄内のすべての子どもを対象として、条約のあらゆる原則および基準の尊重を確保するところにある。また、条約の批准または条約への加入に本質的に伴う義務が、子どもに相当の影響を及ぼす大規模な省庁（教育省、保健省、福祉省など）だけではなく、たとえば財政、計画、雇用および防衛などを担当する省庁を含む政府全体で、かつあらゆるレベルの政府で認識されることを確保するのも目的である。

38．条約機関として、締約国によって非常に異なる行政システムにふさわしい体制を詳細に述べようとするのは望まし

---

9)子どものための世界サミット「子どもの生存、保護および発達に関する世界宣言、ならびに子どもの生存、保護および発達に関する世界宣言を実施するための1990年代における行動計画」(CF/WSC/1990/WS-001)、国際連合、ニューヨーク、1990年9月30日。
10)世界人権会議（ウィーン、1993年6月14〜25日）「ウィーン宣言および行動計画」(A/CONF.157/23)、1993年7月12日。
11)「子どもにふさわしい世界」（国連子ども特別総会成果文書）、2002年、パラ59。
12)前掲注11)、パラ61(a)参照。

くないと、委員会は考える。効果的な調整を達成するためには、たとえば子どものための省庁間委員会を含め、公式なものか非公式なものかは問わず多くの方法が存在するのである。委員会は、条約、およびとくに一般原則を定めたものとして特定されている4つの条項（パラ12参照）を実施するという観点から締約国が行政のあり方を見直すことを、まだそのような見直しを行っていないのであれば提案する。

39. 多くの締約国は、実施および子ども政策を調整する目的で、政府の中枢に近いところ（場合により大統領府、首相府または内閣府）に特定の部局を設置し、役立ててきた。前述のとおり、実質的にはすべての政府省庁の活動が子どもたちの生活に影響を及ぼしているのである。子どもに関わるすべてのサービスの責任を単一の省庁に負わせることは実際的ではないし、いずれにしても、そうすることによって政府における子どもの位置づけがいっそう周縁化される危険がある。けれども特別の部局の設置は、そこに高度な権限——たとえば首相もしくは大統領または閣僚レベルの子ども委員会に直接報告する権限——が与えられれば、政府のなかで子どもをいっそう目に見える存在にするという全般的目的に対しても、政府全体およびあらゆる行政レベルで子どもの権利の尊重を確保するための調整に対しても、貢献しうるのである。このような部局に、包括的な子ども戦略の策定およびその実施の監視や、条約に基づく報告の調整を担当させることも考えられる。

C.地方分権化・連邦制・権限委譲

40. 委員会は、行政権限の委譲および委任を通じて地方分権化が行われたからといって、管轄内のすべての子どもに対する義務を履行する締約国政府の直接的責任はいかなる形でも小さくならないことを、国の体制の如何を問わず、多くの国に対して強調してこなければならなかった。

41. 条約を批准したまたは条約に加入した国は、いかなる状況下においても、その管轄全域で条約の全面的実施を確保する責任を有したままであることを、委員会はあらためて強調する。いかなる権限委譲プロセスにおいても、締約国は、権限を委譲された機関に、条約実施の責任を効果的に果たすために必要な財政的、人的その他の資源があることを確保しなければならない。締約国政府は、権限を委譲された機関または地方の公的機関が条約を全面的に遵守するよう求める権限を保持しなければならず、条約が管轄全域のすべての子どもに対して差別なく尊重・適用されることを確保するため、常設の監視機構を設置しなければならない。さらに、地方分権化または権限委譲によって、異なる地域の子どもによる権利の享受に差別が生じることのないよう、保護措置が用意されなければならない。

D.民営化

42. サービスを民営化するプロセスは、子どもの権利の承認・実現に深刻な影響を及ぼす場合がある。委員会は2002年の一般的討議のテーマを「サービス提供者としての民間セクターおよび子どもの権利の実施におけるその役割」とし、民間セクターを、営利目的か非営利かを問わず、企業、非政府組織およびその他の民間団体を含むものとして定義した。一般的討議ののちに委員会は詳細な勧告を採択しており、締約国の注意を促す

ものである13)。

43. 委員会は、条約締約国には条約に規定された子どもの権利を尊重・確保する法的義務があることを強調する。これは、国以外のサービス提供者が条約の規定にしたがって活動することを確保し、それによってこのような主体に対する間接的義務を創設する義務を含むものである。

44. 委員会は、民間セクター（上述の定義に従う）がサービスを提供したり施設を運営したりできるようにしたからといって、管轄内のあらゆる子どもを対象として条約上のすべての権利が全面的に承認・実現されることを確保する国の義務（2条1項および3条2項）は、いかなる意味でも弱まるものではないことを強調する。3条1項は、子どもに関わるあらゆる行動において、それが公的機関によるものか民間機関によるものかを問わず、子どもの最善の利益が第一義的に考慮されなければならないことを定めたものである。3条3項は、とくに健康の領域ならびに職員の数および適格性について権限ある機関（適切な法的権限を有する機関）が適切な基準を定めるよう求めている。これは、条約の遵守を確保するための精力的な査察を求めるものである。委員会は、国および国以外のサービス提供者が条約を尊重するようにすることを目的とした、常設の監視機構または監視手続が設けられるべきであると提案する。

E.実施の監視――子ども影響事前評価・事後評価の必要性

45. 子どもに関わるあらゆる行動において子どもの最善の利益が第一義的に考慮されること（3条1項）、またあらゆる行政レベルにおける立法および政策立案ならびにサービス提供で条約のすべての規定が尊重されることを確保するためには、子ども影響事前評価（子どもおよびその権利の享受に影響を及ぼすいかなる法律、政策または予算配分の提案についてもその影響を予測すること）と子ども影響事後評価（実施の実際の影響を評価すること）という継続的プロセスが要求される。このプロセスはあらゆるレベルの行政機構に、また政策立案のできるだけ早い段階に組み込まれなければならない。

46. 自己監視と自己評価は政府の義務である。しかし委員会は、たとえば議会委員会、NGO、学術機関、職能団体、若者グループや独立した人権機関（後掲パラ65参照）が、実施に向けた進展を独立した立場から監視することも必要不可欠であると考えている。

47. 委員会は、いくつかの国が、正式な評価分析声明を作成し、議会および（または）公衆に提示するよう求める法律を採択したことを賞賛する。すべての国は、いかにして3条1項の遵守を確保できるか検討すべきであり、その際、子どもの存在が政策立案に目に見える形で統合されること、子どもの権利に配慮が払われることをいっそう促進するような方法をとるべきである。

F.データの収集および分析ならびに指標の開発

48. 子どもに関して、権利の実現にお

---

13)子どもの権利委員会第31会期（2002年9～10月）報告書、「サービス提供者としての民間セクターおよび子どもの権利の実施におけるその役割」に関する一般的討議、パラ630～653。

ける差別および（または）格差を特定できるよう細分化された充分かつ信頼のおけるデータを収集することは、実施の不可欠な一環である。委員会は締約国に対し、データ収集は18歳に至るまでの子ども時代全体を含むものでなければならないことを想起するよう求める。データ収集はまた、全国的に適用可能な指標を確保できるよう、管轄全域を通じて調整されなければならない。国は、適切な研究機関と連携し、質的および量的研究によって、実施に向けた進展を余すところなく把握することをめざすべきである。定期報告書ガイドラインは、条約のすべての領域を対象とした、細分化された詳細な統計的その他の情報を求めている。単に効果的なデータ収集システムを確立するだけではなく、収集されたデータが実施に向けた進展の評価、問題の特定および子どものためのあらゆる政策立案における参照のために評価・活用されるようにすることが必要不可欠である。評価のためには、条約が保障するあらゆる権利に関連した指標を開発することが求められる。

49．委員会は、管轄全域の子どもの権利の状況に関する包括的な年次報告書の刊行を導入した締約国を賞賛する。そのような報告書を刊行し、幅広く普及し、かつ議会等で議論することにより、公衆が実施に広く関与するための焦点が明確になりうる。このプロセスに子どもやマイノリティ・グループが参加できるようにするため、子ども版等への翻訳が必要不可欠である。

50．委員会は、多くの場合、子どもの権利が全面的に承認・実現されているかどうか示すことのできる立場にいるのは子どもたちだけであることを強調する。（適切な保護措置を用意して）子どもにインタビューすることや子どもを調査員として活用することは、たとえば子どもの市民的権利（意見を聴かれ、かつ正当に重視されるという、12条に基づくきわめて重要な権利を含む）が家庭や学校等でどのぐらい尊重されているかを調べる重要な方法となりうる。

G. 予算で子どもを目に見える存在にする

51．報告ガイドラインにおいて、また締約国報告書の審査のなかで、委員会は国その他の予算における子ども向けの資源の特定および分析に多大な注意を払ってきた14)。いかなる国も、国その他の予算のうちどのぐらいの割合が社会部門に、また同部門の中で直接・間接に子どもに向けられているかを特定することなく、4条で求められているように「利用可能な手段を最大限に用いて」子どもの経済的、社会的および文化的権利を履行しているかどうか判断することはできない。このような形で国家予算を分析するのは不可能だと主張する国もある。けれども、そのような分析を行って毎年「子ども予算」を公にしている国もあるのである。委員会は、経済的・社会的計画立案および意思決定ならびに予算上の決定が子どもの最善の利益を第一義的に考慮して行われること、また子ども（とくに周縁化され、不利な立場に置かれたグループの子どもを含む）が経済政策または財政的後退の悪影響から

---

14) 子どもの権利条約44条1項(b)に基づいて提出される定期報告書の形式および内容に関する一般指針（CRC/C/58、1996年11月20日）パラ20。

保護されることを確保するために、あらゆる行政レベルでどのような措置がとられているかを知る必要がある。

52．経済政策は子どもの権利に及ぼす影響という面で決して中立ではないことを強調する委員会は、構造調整プログラムおよび市場経済への移行がしばしば子どもに悪影響を及ぼしていることを深く懸念してきた。条約4条その他の規定の実施義務は、このような変化の影響を精力的に監視し、子どもの経済的、社会的および文化的権利を保護するための政策修正を要求するものである。

H.訓練および能力構築

53．委員会は、実施プロセスに携わるすべての者——政府職員、議員および司法関係者——や、子どもとともにおよび子どものために働くすべての者を対象とした訓練および能力構築を発展させる国の義務を強調する。後者に含まれるのは、たとえば、コミュニティの指導者、宗教的指導者、教員、ソーシャルワーカーその他の専門家（子どもを対象とした施設および拘禁場所で働く者を含む）、警察、軍隊（平和維持軍を含む）、メディアで働く者、その他の多くの者などである。訓練は体系的かつ継続的なもの——就業前の訓練および再訓練——でなければならない。訓練の目的は、人権の保有者としての子どもの地位を強調すること、条約に関する知識と理解を深めること、およびそのすべての規定の積極的尊重を奨励することにある。委員会は、専門職の養成カリキュラムおよび行動規範ならびにあらゆるレベルの教育カリキュラムに条約が反映されることを期待するものである。人権に関する理解および知識は、もちろん、学校カリキュラムその他の方法を通じて、子どもたち自身を対象としても促進されなければならない（42条に関する後掲パラ69および教育の目的に関する委員会の一般的意見1〔2001年〕も参照）。

54．委員会の定期報告書ガイドラインでは、すべての子どもがその権利を享受できるようにするために必要不可欠な訓練の多くの側面（専門家の訓練を含む）について述べられている。条約は、前文および多くの条項で家族の重要性を強調している。とりわけ重要なのは、子どもの権利の促進が、親になるための準備教育および親を対象とした教育に統合されることである。

55．訓練の効果について定期的評価が行われなければならない。その際、条約とその規定に関する知識だけではなく、子どもによる権利の享受を積極的に促進する態度および実践を発展させることに訓練がどの程度貢献したかについても振り返る必要がある。

I.市民社会との協力

56．実施は締約国の義務であるが、その際には子どもたち自身を含む社会のあらゆる層の参加を得なければならない。委員会は、子どもの権利を尊重・確保する責任は実際上、国および国が管理するサービス・制度を超えて、子ども、親および親以外の家族、その他のおとなならびに国以外のサービスおよび機関にも及ぶことを認識する。委員会はたとえば、到達可能な最高水準の健康に対する権利についての社会権規約委員会の一般的意見14（2000年）に賛同するものである。そのパラ42は次のように述べている。「国のみが規約の当事者であり、したがって規約

の遵守に対しては国のみが最終的に責任を有しているとはいえ、社会のすべての構成員——保健従事者を含む個人、家族、地域コミュニティ、政府間機関および非政府組織、市民社会組織ならびに民間産業部門——に、健康に対する権利の実現に関わる責任がある。したがって締約国は、これらの責任を果たすことを促進するような環境を提供するべきである」。

57. 条約12条は、すでに強調したとおり（前掲パラ12）、子どもに影響を与えるすべてのことがらについて子どもの意見が正当に考慮されることを求めている。ここでいうことがらに、「彼らの」条約の実施が含まれているのは当然である。

58. 国は、最も幅広い意味におけるNGOと、その自律性を尊重しつつも緊密に協力しなければならない。このようなNGOには、たとえば、人権NGO、子ども・若者主導の団体および若者グループ、親・家族のグループ、宗教団体、学術機関ならびに職能団体が含まれる。NGOは条約の起草にあたって決定的な役割を果たしたのであり、実施プロセスにNGOが関わることはきわめて重要である。

59. 委員会は、子どもの人権の促進、保護および監視にコミットするNGO連合やNGO連盟の発展を歓迎し、政府に対し、このような組織に押しつけではない支援を与えること、および公式・非公式を問わずこのような組織との前向きな関係を発展させることを促す。NGOは45条(a)にいう「権限ある機関」の定義に含まれているのであり、NGOが条約に基づく報告プロセスに関与することによって、多くの場合、実施および報告のプロセスに本当の意味ではずみがついてきた。子どもの権利条約のためのNGOグループは、非常に歓迎すべき、力強い、支えとなる影響を報告プロセスおよび委員会の活動のその他の側面に及ぼしている。委員会は、報告ガイドラインにおいて、報告書を作成する過程が「民衆の参加および政府の政策に対する公開の吟味を奨励しかつ促進するようなものであるべきである」ことを強調しているところである15)。実施のプロセスにおいてはメディアも貴重なパートナーとなりうる（パラ70も参照）。

J. 国際協力

60. 4条は、条約の実施が世界の国々の協力に基づく活動であることを強調している。同条および条約のその他の規定は国際協力の必要性を浮き彫りにするものである16)。国際連合憲章（55条および56条）は経済的・社会的国際協力の全般的目的を掲げており、加盟国は、憲章に基づき、これらの目的を達成するために「この機関と協力して、共同及び個別の行動をとること」を約束している。国連ミレニアム宣言、および国連子ども特別総会を含むその他の世界会議においても、各国はとくに貧困を解消するための国際協力を約束した。

61. 委員会は、締約国に対し、子どもに直接・間接に関わる国際開発援助の枠組みとして条約を位置づけること、および援助国のプログラムが権利を基盤としたものとなるようにすることを忠告する。委員会は、各国に対し、国内総生産の0.7％

---

15) 前掲パラ3。
16) 条約の以下の条項が国際協力について明示的に言及している：7条2項、11条2項、17条(b)、21条(e)、22条2項、23条4項、24条4項、27条4項、28条3項、34条および35条。

を国際開発援助に充てるという国連の目標を含む、国際的に合意された目標を達成するよう促すものである。この目標は、他の目標とともに、2002年の国際開発資金会議で採択されたモンテレー・コンセンサスでもあらためて掲げられた17)。委員会は、国際援助を受領する締約国に対し、援助の相当額を明確な形で子どもに振り向けるよう奨励する。委員会は、締約国に対し、国際支援のうち子どもの権利の実施に振り向けられた額および割合を年次ごとに特定できるようになることを期待するものである。

62. 委員会は、発展途上国および援助国の共通の責任として、質の高い基礎的社会サービスにすべての人が持続可能な形でアクセスできるようにすることを達成するという、20/20イニシアチブの目的を支持する。委員会は、進展を振り返るために開催された国際会議において、追加的な資源が配分され、かつ資源配分の効率性が向上しないかぎり、多くの国々は基本的な経済的・社会的権利を達成するのが困難になるであろうという結論が出されてきたことに留意する。委員会は、貧困削減戦略文書（PRSP）を通じて、最も多額の債務を抱えた国々の貧困を削減するための努力が進められていることに留意し、そのような努力を奨励するものである。ミレニアム開発目標を達成するための、国家主導の中心的戦略であるPRSPにおいては、子どもの権利に対して強い焦点が当てられていなければならない。委員会は、政府、ドナーおよび市民社会に対し、PRSPや開発に対するセクターワイド・アプローチ（SWAps）の策定において子どもたちが突出して優先されることを確保するよう促す。PRSPもSWApsも、子どもの権利の原則を反映し、子どもを権利の保有者として認めるホリスティックな子ども中心のアプローチをとるとともに、子どもに関わる開発目標・目的を編入したものであるべきである。

63. 委員会は各国に対し、適切な場合には条約の実施プロセスにおいて技術的援助を提供および活用するよう奨励する。国連児童基金（ユニセフ）、人権高等弁務官事務所その他の国連機関および国連関連機関は、実施の多くの側面に関して技術的援助を提供することが可能である。締約国は、条約に基づく報告書において、技術的援助に対してどのような関心を抱いているか示すよう奨励される。

64. 国連機関および国連関連機関はすべて、国際協力および技術的援助を促進するにあたって条約を指針とすべきであり、かつその活動全体の主流に子どもの権利を位置づけるべきである。各機関は、その影響力の及ぶ範囲内で、各国が条約に基づく義務を履行するのを支援することに国際協力が向けられることを確保するよう努めなければならない。同様に、世界銀行グループ、国際通貨基金および世界貿易機関は、国際協力および経済開発に関わるその活動において子どもの最善の利益が第一義的に考慮され、かつ条約の全面的実施が促進されることを確保するべきである。

K.独立した人権機関

65. 委員会は、一般的意見2（2000年）「子どもの権利の保護および促進におけ

---

17) 国際開発資金会議（モンテレー、メキシコ、2002年3月18～22日）報告書（A/Conf.198/11）。

る独立した国内人権機関の役割」において、「締約国が批准と同時に行った、条約の実施を確保しかつ子どもの権利の普遍的実現を前進させるというコミットメントの中に、このような機関の設置が含まれると考える」と述べている。独立した人権機関は子どものための効果的な政府の体制を補完するものであり、その必要不可欠な要素は独立性である。「国内人権機関の役割は、国による遵守、および実施に向けた進展を独立した立場から監視するとともに、子どもの権利の全面的尊重を確保するために全力を尽くすことである。そのためには、国内機関が子どもの権利の促進および保護を増進させるためのプロジェクトを発展させる必要が生ずる場合もあるが、そのことによって、政府が監視の義務を国内機関に委譲することにつながってはならない。自らの議題を設定し、かつ自らの活動を決定するにあたって国内機関が完全な自由を維持することは、必要不可欠である」18)。一般的意見２は、子どものための独立した人権機関の設置および運営に関する詳細な指針を提示している。

第42条：条約をおとなにも子どもにも同様に周知させる

「締約国は、この条約の原則および規定を、適当かつ積極的な手段により、大人のみならず子どもに対しても同様に、広く知らせることを約束する」

66. 個人は自分にどのような権利があるのか知る必要がある。伝統的に、すべてとはいわないまでもほとんどの社会で、子どもは権利の保有者と見なされてこなかった。そこで42条がとくに重要となる。子どものまわりのおとな、子どもの親その他の家族構成員、教員および養育者が条約の意味するところを、そしてとくに条約において権利の主体としての子どもの平等な地位が確認されていることを理解していなければ、多くの子どもにとって、条約の定める権利が実現されることはきわめて望み薄である。

67. 委員会は、社会全体を通じて条約に関する知識を広めるための包括的戦略を各国が策定するよう提案する。そこには、実施および監視に従事している機関——政府機関および独立の機関——に関する情報と、そのような機関にどのように連絡したらよいかに関する情報も含まれるべきである。最も基礎的なレベルでは、条約の本文がすべての言語で広く入手できなければならない。委員会は、人権高等弁務官事務所が条約の公式訳および非公式訳を収集していることを賞賛するものである。非識字者の間で条約を普及するための戦略も用意されなければならない。ユニセフやNGOは、多くの国で、さまざまな年齢の子どもを対象とした条約のチャイルド・フレンドリー版を作成してきた。委員会はこのようなプロセスを歓迎および奨励するものである。そこでは、子どもたちに対し、援助および助言をどこで得られるかについての情報も提供されなければならない。

68. 子どもたちは自分の権利についての知識を身につけなければならない。委員会は、あらゆる段階の学校カリキュラムに条約および人権一般についての学習を

---

18) HRI/GEN/1/Rev.6, para.25, p.295.

編入することをとくに重視している。「教育の目的（29条1項）」と題する委員会の一般的意見1（2001年）もこれとの関係で読まれなければならない。29条1項は、子どもの教育が「人権および基本的自由の尊重……を発展させること」を目的として行われるよう求めている。一般的意見は次のように強調している。「人権教育においては、人権条約の内容に関する情報が提供されるべきである。しかし子どもは、人権基準が家庭であれ学校であれ地域社会であれ実際に実施されるのを目にすることを通じても、人権について学ぶべきなのである。人権教育は包括的な、生涯にわたるプロセスであるべきであり、かつ、子どもの日常的な生活および経験における人権の価値観を振り返るところから開始されるべきである」19）。

69. 同様に、条約についての学習は、子どもとともにおよび子どものために働くすべての者の初任時研修および現職研修に統合されなければならない（前掲パラ53参照）。委員会は、条約採択10周年を記念して開催された、実施に関する一般的措置についての会合ののちに行った勧告を、締約国に対して推奨する。委員会は、そのなかで以下のことを想起している。「子どもの権利に関する普及および意識啓発〔は〕、講義ではなく社会的変革、相互交流および対話の過程として捉えられたときに最も効果的になる……。意識啓発には、子どもおよび若者を含む社会のあらゆる層を関与させるべきである。青少年を含む子どもには、その発達しつつある能力を最大限に活用して自己の権利に関する意識啓発に参加する権利がある」20）。

「委員会は、子どもの権利に関する研修を提供するためのあらゆる努力が、その効果および持続性を最大限のものとするため、実際的であること、体系的であることおよび専門家の一般研修に統合されることを勧告する。人権研修にあたっては参加型の手法を活用すべきであり、かつ、子どもおよび若者と、その権利、尊厳および自尊心を尊重するようなやり方で交流できるようにするためのスキルおよび態度を専門家に身につけさせるべきである」21）。

70. メディアは、条約ならびにそれに関する知識および理解を広めるうえで決定的に重要な役割を果たしうるのであり、委員会はメディアがそのプロセスに自発的に関与するよう奨励する。そのような関与は、政府やNGOの働きかけが刺激となって行われる場合もある22）。

第44条6項：条約に基づく報告書を広く利用可能とする

「締約国は、自国の報告を、国内において公衆に広く利用できるようにする」

71. 条約に基づく報告が、国レベルの実施のプロセスにおいて本来果たすべき重要な役割を果たすようにするためには、それが締約国全域のおとなおよび子どもに知られていなければならない。報告プロセスは、国が子どもたちおよびその権利をどのように取り扱っているかに関する国

19）Ibid., para.15, p.286.
20）CRC/C/90、パラ291(k)参照。
21）前掲パラ291(I)参照。
22）委員会は1996年に「子どもとメディア」に関する一般的討議を開催し、詳細な勧告を採択した（CRC/C.57、パラ242以下参照）。

際的な説明責任を、他に例のない形態で果たす場を提供するものである。しかし、国レベルで報告書が普及されて建設的な議論の対象とされなければ、このプロセスが子どもたちの生活に相当の影響を及ぼす見込みは薄い。

72. 条約は各国に対し、自国の報告書を公衆が広く利用できるようにすることを明示的に求めている。このような対応は報告書が委員会に提出された時点でとられるべきである。報告書は、たとえばすべての言語に翻訳すること、子どもや障害者にふさわしい形式に翻訳すること等を通じて、真の意味でアクセス可能とされなければならない。インターネットは普及におおいに役立つ可能性があり、政府および議会はこのような報告書をウェブサイトに掲載するよう強く促されるところである。

73. 委員会は、各国に対し、条約に基づく報告書審査に関わる他のあらゆる文書を広く利用できるようにすることによって、あらゆるレベルで建設的議論を促進し、かつ実施プロセスの参考とするよう促す。とくに、委員会の総括所見は子どもを含む公衆に対して広められるべきであり、かつ議会における詳細な議論の対象とされるべきである。独立した人権機関やNGOは、広範な議論を確保する援助をするうえで決定的な役割を果たしうる。委員会による政府代表の審査の議事要録はこのプロセスおよび委員会の要求を理解するうえで役に立つものであり、これも利用可能とされ、かつ議論の対象とされるべきである。

添付資料I

他の主要国際人権文書の批准

この一般的意見のパラ17で述べたように、子どもの権利委員会は、実施に関する一般的措置の審査の一環として、また人権の不可分性および相互依存性の原則に照らして、子どもの権利条約の2つの選択議定書（武力紛争への子どもの関与に関するものならびに子どもの売買、子ども買春および子どもポルノグラフィーに関するもの）と他の6つの主要国際人権文書を、締約国がまだ批准していない場合は批准するように一貫して締約国に促している。締約国との対話の過程で、他の関連の国際文書の批准を検討するよう奨励することも多い。これらの文書を非網羅的に挙げたリストをここに掲げる。委員会はこのリストを随時更新する予定である。

・市民的および政治的権利に関する国際規約の選択議定書
・死刑の廃止を目指す、市民的および政治的権利に関する国際規約の第2選択議定書
・女性に対するあらゆる形態の差別の撤廃に関する条約の選択議定書
・拷問およびその他の残虐な、非人道的なもしくは品位を傷つける取扱いまたは刑罰を禁止する条約の選択議定書
・教育における差別を禁止する条約
・強制労働に関するILO第29号条約（1930年）
・強制労働の廃止に関するILO第105号条約（1957年）
・就業の最低年齢に関するILO第138号条約（1973年）
・最悪の形態の児童労働に関するILO第182号条約（1999年）
・母性の保護に関するILO第183号条約

（2000年）
・難民の地位に関する議定書(1967年)によって改正された難民の地位に関する条約(1951年)
・人身売買および他人の売春からの搾取の禁止に関する条約(1949年)
・奴隷条約(1926年)
・奴隷条約を改正する議定書(1953年)
・奴隷制度、奴隷取引ならびに奴隷制類似の制度および慣行の廃止に関する補足条約(1956年)
・国際組織犯罪条約を補足する、とくに女性および子どもの人身取引の防止、禁止および処罰のための議定書(2000年)
・戦時における文民の保護に関するジュネーブ条約
・国際的武力紛争の犠牲者の保護に関し、1949年8月12日のジュネーブ諸条約に追加される議定書(第1追加議定書)
・非国際的武力紛争の犠牲者の保護に関し、1949年8月12日のジュネーブ諸条約に追加される議定書(第2追加議定書)
・対人地雷の使用、貯蔵、生産および移譲の禁止ならびに廃棄に関する条約
・国際刑事裁判所設置規程
・国際養子縁組における子どもの保護および協力に関するハーグ条約
・国際的な子の奪取の民事面に関するハーグ条約
・親の責任および子の保護のための措置に関する管轄権、適用可能な法律、承認、執行および協力に関する1996年のハーグ条約

（翻訳：平野裕二）

資料7

女性差別撤廃委員会
総括所見・日本

2003年6月30日〜7月18日
A/53/38 p.130-138

337. 委員会は、日本の第4回・5回報告（CEDAW/C/JPN/4 and CEDAW/C/JPN/5）を2003年7月8日に開催された第617回、618回会合において審議した。

締約国による冒頭報告

338. 第4・5回報告を紹介するにあたり、政府代表は、1990年代に、男女共同参画に向けた大きな前進があったことを強調した。本報告作成にあたっては、NGOの意見を含む情報が求められた。2001年の中央省庁改革の際に、男女共同参画のための国内本部機構が強化された。政府の男女共同参画施策の企画立案と総合調整を任務として、男女共同参画局が内閣府に創設された。男女共同参画担当大臣も務める内閣官房長官を議長とし、閣僚と民間有識者から構成される男女共同参画会議が、男女共同参画施策の実施状況の監視や、それらの施策が及ぼす影響の調査を行っている。

339. 代表は、いくつかの新たな法制度やその他の施策について関心を促した。男女共同参画社会基本法が1999年に制定され、それに基づき、2000年12月に男女共同参画基本計画が策定された。基本計画は、2010年を目標とした長期的な政策の方向性と、2005年度末までに実施する具体的施策を内容としている。それ以降、多くの都道府県で、基本法で策定が義務づけられている男女共同参画計画を実施するため、男女共同参画条例が制定されている。

340. 2001年には、配偶者からの暴力の防止及び被害者の保護に関する初の総合的な法律が制定され、同法に基づいて全国103か所に配偶者暴力相談支援センターが設置された。2002年11月に全国で行った調査によると、女性の5人に1人が配偶者からなんらかの形の暴力を受けたことがあるが、それらの人のほとんどが公的機関に相談をしていない。政府では、情報の普及に努めるとともに、同法をより効果的なものにするための改正について、検討が進められている。さらに、「児童買春、児童ポルノに係る行為等の処罰及び児童の保護等に関する法律」、「ストーカー行為等の規制等に関する法律」により、女性に対する暴力への対応強化を図っている。

341. 改正された男女雇用機会均等法（1997年）では、女性に対する差別的取扱いが禁止され、男女均等取扱いは確実に浸透してきているが、事実上の格差は依然として残っている。今後の課題は、事実上の格差をいかに解消するかである。

ポジティブ・アクションを推進するための協議会が設置された。また、研究会は要因を分析し、男女間の賃金格差縮小に対応した提言を出した。この結果を踏まえ、政府はガイドラインを作成した。男女雇用機会均等政策研究会は、どのようなケースが間接差別となるのかについて現在検討を進めており、2004年にはその報告が取りまとめられる予定である。女性は、パートタイム労働者の7割を占めており、女性雇用者の4割はパートタイム労働者であるが、そうした労働者の賃金は正社員より低くなっている。今年3月に発表された報告を踏まえ、政府は、正社員とパートタイム労働者との均衡を考慮した処遇の考え方を示す指針の改正準備を進めている。

342. 仕事と家庭の両立を促進する努力も行われている。2001年に育児休業取得を理由とする不利益取扱いの禁止等を内容とする育児・介護休業法の改正が行われた。また、男性の5日間の出産休暇の取得目標、保育所の受入れ児童数を3年間で合計15万人増やす目標など、法律の実施の政策がとられている。2001年の調査によると、女性の3人に2人が出産を機に退職しており、この背景として、育児休業を取りやすい環境がととのっていないこと、保育サービスの不足、雇用管理が柔軟でないことや、育児が女性の責任であるという考え方があると考えられる。仕事と家庭の両立の負担や、急速な少子化の進行に対応するため、政府は「次世代育成支援に関する当面の取組方針」を決定し、男性の育児休業取得率引き上げの目標を設定している。また、関連の法案により、自治体、企業が今後10年間にわたり行動計画を実施することが義務づけられる予定である。さらに、母子家庭の増加に対応するため、2002年に、母子及び寡婦福祉法を改正し、子育て・生活支援策、就業・自立支援策、経済的支援策、養育費確保策が拡大された。

343. 政府代表は、政策・方針決定過程における女性の数を増加させるための政府の目標を強調した。例えば、女性国家公務員の採用・登用の拡大に関する指針が実施されている。2002年には、国の審議会の女性委員の割合は25％に達し、2005年までに30％という目標達成も間近である。しかしながら、女性管理職比率は、官民双方を含めて8.9％である。男女共同参画会議では、3つの領域を大きな課題として整理し、具体的な施策を提言している。その中で特に重要な点は、社会のあらゆる分野において、2020年までに指導的地位に女性の占める割合を30％にとのこれまでにない数値目標を示したことである。

344. 仕事と子育ての両立を支援する上で、人々の固定的な役割分担意識を変えるための取組も行われている。啓発・情報提供事業を実施したり、男女共同参画の視点からの公的広報の手引を広く配布している。男女共同参画会議の専門調査会では、ジェンダーの視点から税制、社会保障制度、雇用システムについて検討を行い、今年度の税制改正に反映された。

345. 政府代表は、1995年以来、日本は「途上国の女性支援（WID）イニシアティブ」の下、女性の教育、保健、経済・社会活動への参加といった分野で世界のあらゆる地域の女性を支援するため、政府開発援助（ODA）の約10％を配分してきたことを強調した。日本のODA総額は毎年平均100億ドルに上る。

346. トラフィッキング問題への対応としては、複数の事案が摘発されており、トラフィッキングの予防、被害者保護のため、関係当局、被害者の出身国の大使館等と情報交換を行っている。また、日本は、トラフィッキング撲滅に関連するプロジェクトを支援しており、2001年12月には「第2回児童の商業的性的搾取に反対する世界会議」を開催した。2000年に国際組織犯罪防止条約に、2002年にはその補則議定書に署名を行っており、条約については、2003年5月に締結につき国会の承認を得たところである。

347. 最後に、政府代表は、2003年6月に条約の20条1改正を受諾したことを示しつつ、条約実施への政府の強い意志を強調するとともに、女子差別撤廃委員会の重要な役割を高く評価した。政府代表はまた、日本の男女共同参画社会実現における、政府とNGOの協力の重要性と意義を強調した。

委員会の最終コメント

序論

348. 委員会は、定期報告作成のための委員会のガイドラインに従って作成された、第4回・5回報告の質と期限どおりの提出について、締約国を評価する。委員会は、会期前作業部会の質問事項に対する書面回答及び締約国での近年の進展についての追加的情報を提供した包括的な口頭報告について、締約国に感謝の意を表明する。

349. 委員会は、男女共同参画局長を首席代表とした代表団が派遣されたことについて締約国を評価する。委員会は、代表団と委員との間で行われた率直かつ建設的な対話に感謝する。

350. 委員会は、締約国が、北京行動綱領の12重大問題領域に基づく男女共同参画基本計画を策定するにあたり、第23回国連特別総会「女性2000年会議：21世紀に向けての男女平等・開発・平和」の成果文書を考慮に入れたことに満足をもって留意する。

肯定的側面

351. 委員会は、締約国が第2回・3回報告の審議以来、男女間の平等の促進に大きな成果をあげたこと、特に、1999年6月の男女共同参画社会基本法の制定及び男女共同参画政策の目標を明示した男女共同参画基本計画が2000年12月に策定されたことを祝福する。委員会はまた、基本法に基づき、すべての都道府県で計画が策定され実施されていることを称賛するとともに、まだ計画を策定していない市町村が計画策定を奨励されていることに留意する。

352. 委員会は、募集から退職に至るまでの女性への差別的取扱いを禁止し、職場におけるセクシュアル・ハラスメントを防止するための配慮を事業主に義務づける「雇用機会均等法」の改正、育児休業取得を理由とする不利益取扱いを禁止する「育児・介護休業法」の2001年の改正、保護命令を規定した2001年の「配偶者からの暴力の防止及び被害者の保護に関する法律」の制定、ストーカー行為への処罰が定められた2000年の「ストーカー行為等の規制等に関する法律」の制定等、締約国がさまざまな分野で行った法改正に称賛をもって留意する。

353. 委員会は、男女共同参画施策の企画立案と総合調整を任務として男女

共同参画局が内閣府に設置されるとともに、それらの施策の実施状況の監視や、政府の施策が及ぼす影響の調査を行う、男女共同参画担当大臣である内閣官房長官を議長とし、閣僚と内閣総理大臣が任命した民間有識者から構成される男女共同参画会議が設置され、国内本部機構が強化されたことを歓迎する。

354. 委員会は、委員会の前回の最終コメントで提言されたとおり、締約国が報告作成において女性NGOと協力を行ったことを評価するとともに、そのパートナーシップを引き続き強化するとの締約国の姿勢を歓迎する。

355. 委員会は、締約国が、世界の様々な地域の開発途上国に対し、「途上国の女性支援（WID）イニシアティブ」の下、過去10年間にわたり政府開発援助の約10％を女性の教育、保健、経済・社会活動への参加に配分していることを評価する。

356. 委員会は、締約国が、委員会の会期に関する条約の20条1の改正を受諾したことに称賛をもって留意する。

主要関心事項及び勧告

357. 委員会は、憲法が両性の平等を規定してはいるが、国内法に差別の明確な定義が含まれていないことに懸念を表明する。

358. 委員会は、条約の第1条に沿った、直接及び間接差別を含む、女性に対する差別の定義が国内法にとりこまれることを勧告する。委員会は、また、条約についての、とりわけ間接差別の意味と範囲についての、特に国会議員、司法関係者、法曹一般を対象とした、意識啓発のためのキャンペーンを行うことを勧告する。

359. 委員会は、締約国が、長年の固定的役割分担意識が男女間の平等を達成するための大きな障害と認識していることを評価し、この点についての定期的な世論調査に基づく取組に留意する一方、日本において、家庭や社会における男女の役割と責任に関し、根深く、硬直的な固定観念が持続し、労働市場における女性の状況、教育の選択、政治・公的分野への参画の低さに反映されていることに引き続き懸念を有する。

360. 委員会は、女性と男性の役割についての従来の役割分担意識に基づく態度を変えるために、締約国が人権教育、男女平等についての教育等の教育システムにおける包括的なプログラムを策定、実施すること、また、条約についての情報や男女共同参画に対する政府の姿勢を広めることを勧告する。委員会は、締約国が調査や世論調査を性別のみならず、年齢別にも行い、その結果に基づき、子育てを母親と父親双方の社会的責任とする考え方を促進することを目指す取組を拡大することを勧告する。委員会は、意識啓発キャンペーンが強化されること、メディアが女性のポジティブなイメージや私的、公的領域における男女の平等な地位と責任を伝えるよう奨励されることを勧告する。

361. 委員会は、締約国による、女性に対する暴力を扱う法律やその他の施策を認識する一方で、女性や女児に対する暴力の横行及び既存の公的機関に援助を求めることに女性にためらいがあることについて懸念を有する。委員会は、「配偶者暴力防止法」が、現在のところ、身体的暴力以外の形態の暴力を対象としていな

いことに懸念を有する。委員会は、また、強姦に対する罰則が比較的寛大であること、近親姦が刑法において明確に犯罪と定義されておらず、様々な処罰規定の下で間接的に扱われていることに懸念を有する。委員会は、更に、ドメスティック・バイオレンスを受けており、かつ入国管理上の地位が配偶者との同居に依存している外国人女性の特有な状況に懸念を有する。委員会は、強制退去への恐れが、そうした女性が援助を求めたり、別居や離婚といった措置を講じる妨げとなり得ることに懸念を有する。いわゆる、「従軍慰安婦」の問題に関しては、第2回・3回報告の審議以前、以後にとられた措置について、締約国が提供した包括的な情報を評価しつつ、委員会は、この問題についての懸念が継続していることに留意する。

362. 委員会は、ドメスティック・バイオレンスを含む女性に対する暴力の問題に、女性に対する人権の侵害として取り組む努力を強化することを締約国に要請する。特に、委員会は、配偶者暴力防止法を拡大し、様々な形態の暴力を含めること、強姦罪の罰則を強化すること、近親姦を個別の犯罪として刑罰法令に含めること、委員会の一般勧告19に基づき、暴力を防止し、被害者に保護、支援、その他のサービスを提供し、犯罪者を処罰するための政策を実施することを、締約国に要請する。委員会は、ドメスティック・バイオレンスを受けて別居している外国人妻の在留許可の取り消しは、その措置が当該女性に与える影響について十分に評価した後でのみなされることを勧告する。委員会は、締約国がいわゆる「従軍慰安婦」問題を最終的に解決するための方策を見出す努力を行うことを勧告する。

363. 女性・女児のトラフィッキングに関して、アジア・太平洋地域における、送出国や中継国の捜査当局や出入国管理局との防止、捜査面での協力など、締約国が行っている取組を認識しつつ、委員会は、この問題の広がりについての情報が不十分であること、現行法下では加害者の処罰が寛大すぎることに懸念を有する。

364. 委員会は、締約国が女性・女児のトラフィッキングと戦うための取組を強化することを勧告する。委員会は、締約国がこの問題に対処し、加害者への適切な処罰を確保するための包括的な戦略を策定することを目的として、体系的にこの事象を監視し、被害者の年齢、出身国を示す詳細なデータを収集することを要請する。委員会は、締約国が次回の報告に女性・女児のトラフィッキング及びそれに関連してとられた措置についての包括的な情報、データを提供することを要請する。

365. 委員会は、報告に日本のマイノリティ女性の状況についての情報が欠如していることに懸念を表明する。委員会は、これらの女性グループが教育、雇用、健康、社会福祉、暴力被害の面で、彼らの共同体内も含め、直面している複合的な形態の差別や周縁化に懸念を表明する。

366. 委員会は、締約国に、次回の報告に、日本のマイノリティ女性の状況に関するデータを含む包括的な情報、特に彼らの教育、雇用、健康状況や暴力被害についての情報を提供することを要請する。

367. 委員会は、国の審議会等における女性の登用拡大のための指針及び社会のあらゆる分野において、2020年までに指導的地位に女性が占める割合を30%にするという数値目標が設定された

ことを歓迎する一方、国会、地方議会、司法、外交官などのハイレベルの、選挙で選ばれる機関において、また市長、検察官、警察官としての女性の参加が低いことについて懸念を有する。

368．委員会は、締約国が、公的活動のあらゆる分野、特にハイレベルの政策決定過程に女性が参画する権利を実現するため、なかでも条約の第4条1に基づく暫定的特別措置の実施を通じ、政治的・公的活動における女性の参加を拡大するための更なる取組を行うことを勧告する。委員会は、締約国が、将来の女性指導者への訓練プログラムを支援すること、男女共同参画実現のためには意志決定過程への女性の参画が重要であることを啓発するキャンペーンを実施することを要請する。

369．委員会は、主に職種の違いやコース別雇用管理制度に表われるような水平的・垂直的な雇用分離から生じている男女間の賃金格差の存在、及び雇用機会均等法に関連する政府のガイドラインに示されている間接差別の慣行と影響についての認識の不足に懸念を有する。委員会は、更に、パートタイム労働者や派遣労働者に占める女性の割合が高く、彼らの賃金が一般労働者より低いことに懸念を有する。委員会は、主に女性が直面している個人・家庭生活と職業・公的な責任との調和における困難に深い懸念を有する。

370．委員会は、締約国が雇用機会均等法に関連するガイドラインを改正すること、労働市場における男女の事実上の機会均等の実現を促進する努力を特に条約第4条1に沿った暫定的特別措置を用いて増すことを要請する。委員会は、特に教育、訓練、効果的な強制メカニズム、進捗状況の体系的な監視を通じて、水平的・垂直的な職務分離を撤廃するための取組がなされることを勧告する。委員会は、家族的責任と職業上の責任の両立を可能にする施策が強化されること、家庭内の仕事の男女間での平等な分担が促進されること、家庭や労働市場における女性の役割についての固定観念に基づく期待が変わることが奨励されることを勧告する。

371．委員会は、民法が、婚姻最低年齢、離婚後の女性の再婚禁止期間、夫婦の氏の選択などに関する、差別的な規定を依然として含んでいることに懸念を表明する。委員会は、また、戸籍、相続権に関する法や行政措置における非嫡出子に対する差別及びその結果としての女性への重大な影響に懸念を有する。

372．委員会は、民法に依然として存在する差別的な法規定を廃止し、法や行政上の措置を条約に沿ったものとすることを要請する。

373．政府が、2002年3月に人権擁護法案を国会に提出したことに満足をもって留意しつつ、委員会は、法務省の下に設置されるとされている人権委員会の独立性について懸念を有する。

374．委員会は、人権擁護法案で提案されている人権委員会が、独立機関として、女性の人権に適切に対処することが確保されるよう、国内人権機構の地位に関する原則（国連総会決議1993年12月20日48/134附属文書、いわゆる「パリ原則」）に基づいて設置されることを勧告する。

375．第5回報告で締約国が表明している懸念に留意しつつ、委員会は、締約

国が条約の選択議定書の批准の検討を継続することを推奨する。委員会は、選択議定書の提供するメカニズムが司法の独立を強化し、司法が女性に対する差別を理解する上での助けとなると確信している。

376. 委員会は、締約国が、2006年が期限の次回定期報告において、この最終コメントで提起された個々の問題に対応することを要請する。委員会は、また、締約国が、性別、年齢別の包括的なデータを収集、分析し、次回報告に含めることを要請する。委員会は、また、同報告で、条約の実施においてとられた法制度、政策、プログラムの成果や影響についての情報を明らかに示すことを要請する。

377. 委員会は、一般の人々や、特に行政官、公務員、政治家に、法律上及び事実上の男女平等を保障するためにとられる措置とその分野でとられるべき追加措置について知らしめるため、この最終コメントの内容が日本において広く周知されるよう要請する。委員会は、また、締約国が、条約、選択議定書、委員会の一般勧告、北京宣言及び行動綱領、第23回国連特別総会「女性2000年会議：21世紀に向けての男女平等・開発・平和」の成果を、特に女性団体や人権機関に対し、引き続き広く広報することを要請する。

378. 関連の国連会議、サミット、特別総会（例えば、国連人口開発特別総会、国連こども特別総会、人種主義、人種差別、外国人排斥およびそれに関連する世界会議、第2回高齢者問題世界会議など）により採択された宣言、計画、行動綱領のジェンダーの側面を考慮にいれつつ、委員会は、締約国が、次回の報告に、条約の関連条項に関するそれらの文書の実施についての情報を含めることを要請する。

（仮訳：内閣府）

資料8

子どもの権利委員会
総括所見・日本

2004年1月12日～30日第35会期
CRC/C/15/Add.231

1．委員会は、2004年1月28日に開かれた第942回および第943回会合（CRC/C/SR.942-943参照）において日本の第2回定期報告書（CRC/C/104/Add.2）を検討し、2004年1月30日に開かれた第946回会合において以下の総括所見を採択した。

A. 序

2．委員会は、包括的な締約国定期報告書、および委員会の事前質問事項（CRC/C/Q/JAP/2）に対する詳細な文書回答が提出されたことを歓迎する。これらの文書により、締約国における子どもの状況がいっそう明確に理解できた。委員会はさらに、部門を横断した代表団について評価の意とともに留意し、かつ、率直な対話と、議論の過程で行われた提案および勧告に対する前向きな反応を歓迎するものである。

B. 積極的な側面

3．委員会は以下の点に評価の意とともに留意する。
a．児童買春、児童ポルノに係る行為等の処罰及び児童の保護等に関する法律（1999年）および児童虐待防止法（2000年）の制定。
b．児童の商業的性的搾取に対する国内行動計画の策定（2001年）。
c．青少年育成施策大綱の策定（2003年）。

4．委員会は、締約国が絶対額では最大の政府開発援助拠出国であること、および、その援助の相当額が保健・教育を含む社会開発に配分されていることに、評価の意とともに留意する。

5．委員会は、締約国が、就業の最低年齢に関するILO（訳者注：国際労働機関）第138号条約を2000年に、また最悪の形態の児童労働の禁止および撲滅のための即時的行動に関する条約を2001年に批准したことを歓迎する。

C. 主要な懸念領域および勧告

1. 実施に関する一般的措置
委員会の前回の勧告

6．委員会は、締約国の第1回報告書（CRC/C/41/Add.1）の検討後に行われた一部の懸念表明および勧告（CRC/C/15/Add.90、1998年6月24日付）が立法上の措置および政策を通じて対応さ

251

れてきたことに留意する。しかしながら、とくに差別の禁止(パラ35)、学校制度の過度に競争的な性質(パラ43)およびいじめを含む学校での暴力(パラ45)に関する勧告は充分にフォローアップされていない。委員会は、これらの懸念および勧告がこの総括所見においても繰り返されていることに留意するものである。

7. 委員会は、締約国に対し、第1回報告書に関する総括所見の勧告のうちまだ実施されていないものに対応し、かつ第2回定期報告書に関するこの総括所見に掲げられた一連の懸念事項に対応するために、あらゆる努力を行うよう促す。

宣言および留保

8. 委員会は、9条および10条に関する締約国の宣言ならびに37条(c)に対する留保について懸念する。

9. 1993年の世界人権会議のウィーン宣言および行動計画(A/CONF.157/23)に従い、委員会は、締約国が条約に対する宣言および留保を撤回するようあらためて勧告する。

立法

10. 委員会は、条約の原則と規定が国内法に全面的に反映されていないこと(たとえばこの総括所見のパラ22、24および31参照)、および、条約は裁判所で直接援用可能であるものの実際には援用されていないことを懸念する。

11. 委員会は、締約国が立法の包括的見直しを行うとともに、条約の原則および規定ならびにそこに掲げられた権利基盤型アプローチとの全面的一致を確保するためにあらゆる必要な措置をとるよう勧告する。

調整および国家行動計画

12. 委員会は、子どもと若者に関する政策を調整する権限を与えられた青少年育成推進本部が内閣府に設置されたこと、および、前述したように青少年育成施策大綱が立案されたことに留意する。しかしながら委員会は、青少年育成施策大綱が包括的な行動計画ではないこと、および、大綱の立案・実施への子どもおよび市民社会の参加が不充分であることを懸念するものである。

13. 委員会は、締約国が以下の措置をとるよう勧告する。

a. 青少年育成施策大綱において権利基盤型アプローチがとられ、条約のすべての領域が対象とされ、かつ「子どもにふさわしい世界」と題する2002年国連子ども特別総会の成果文書のコミットメントが考慮されることを確保するため、市民社会および若者団体と連携しながら同大綱を強化すること。

b. 新たに浮上する論点および問題が青少年育成施策大綱において効果的に対応されることを確保するため、市民社会および子どもとともに同大綱を継続的に見直すこと。

独立した監視

14. 委員会は、条約の実施を監視する独立したシステムが全国規模で存在しないことを懸念する。同時に委員会は、3つの自治体が地方オンブズマンを設置したという情報、および、人権委員会の設置に関する法案が再提出される予定であるという情報を歓迎するものである。法案においては法務大臣の監督下にある人権委員会が構想されているという代表団か

ら提供された情報に照らし、委員会は、同機関の独立性について懸念する。加えて委員会は、計画されている人権委員会には条約の実施を監視する明示的な権限が与えられていないことを懸念するものである。

15. 子どもの権利の保護および促進における独立した国内人権機関の役割に関する一般的意見2（2002年）に照らし、委員会は締約国が以下の措置をとるよう勧告する。

　a．計画されている人権委員会が人権の促進および保護のための国内機関の地位に関する原則（パリ原則、総会決議48/134附属文書）にしたがって独立した効果的機構となることを確保するため、人権擁護法案を見直すこと。

　b．人権委員会が、条約の実施を監視するという明確に定義された権限を有し、子どもからの苦情について子どもに配慮した方法で迅速に対応し、かつ、条約に基づく権利の侵害に対して救済を提供することを確保すること。

　c．自治体における地方オンブズマンの設置を促進し、かつ、人権委員会が設置されたときにはこれらの地方オンブズマンが同委員会と調整するための制度を確立すること。

　d．人権委員会および地方レベルのオンブズマンが、充分な人的および財政的資源を提供され、かつ子どもが容易にアクセスできるものとなることを確保すること。

データ収集

16. 委員会は、0～18歳のすべての子どもを対象とした、条約のすべての領域に関する包括的なデータが存在しないことを懸念するとともに、0～18歳の子どもに配分される資源についての情報が存在しないことも遺憾に思うものである。

17. 委員会は、条約のあらゆる領域に関してデータが収集されること、および、そのデータが18歳未満のすべての者を対象として年齢別ならびにとくにジェンダー別、民族的マイノリティ別および先住民族マイノリティ別に細分化されることを確保するため、締約国が現行のデータ収集機構を強化し、かつ必要な場合には追加的なデータ収集機構を設置するよう勧告する。委員会はまた、支出の影響を評価する目的で、かつ子どもを対象としたさまざまな部門のサービスの費用、アクセス可能性、質および実効性の観点からも、締約国が子どものための予算配分に関するデータを収集して、公共部門、民間部門およびNGO部門において0～18歳の子どもに用いられている国家予算の額および割合を特定するよう勧告するものである。

市民社会との協力

18. 代表団から提供された、市民社会との協力を向上させる傾向が強まっている旨の情報には留意しながらも、委員会は、とくに子どもの権利の分野において政府とNGOとの間に交流が存在しないことを懸念する。

19. 委員会は、条約および委員会の総括所見を実施するにあたり、締約国が市民社会と制度的に協力するよう勧告する。

広報および研修

20. 委員会は、裁判官、教職員、警察官、矯正施設職員、保護観察官および出

入国管理官を対象として締約国が実施している研修活動を歓迎する。しかしながら委員会は、子どもおよび公衆一般、ならびに子どもとともにおよび子どものために働いている多くの専門家が条約およびそこに体現された権利基盤型アプローチについて充分に理解していないことを、依然として懸念するものである。

21. 委員会は、締約国が以下の措置をとるよう勧告する。

　a. 公衆一般および子どもを対象として、条約、およびとくに子どもが権利の主体であるということに関する意識啓発キャンペーンを強化すること。

　b. 子どもとともにおよび子どものために働いているすべての者、とくに教職員、裁判官、弁護士、議員、法執行官、公務員、自治体職員、子どもを対象とした施設および拘禁場所で働く職員、心理学者を含む保健従事者、ならびにソーシャルワーカーを対象として、条約の原則および規定に関する体系的な教育および研修を引き続き実施すること。

　c. 意識啓発キャンペーン、研修および教育プログラムが態度の変革、行動および子どもの取扱いに与えた影響を評価すること。

　d. 人権教育、およびとくに子どもの権利教育を学校カリキュラムに含めること。

2. 子どもの定義

22. 委員会は、最低婚姻年齢がいまなお男子（18歳）と女子（16歳）で異なっていること、および、性的同意に関する最低年齢（13歳）が低いことを懸念する。

23. 委員会は、締約国が以下の措置をとるよう勧告する。

　a. 女子の最低婚姻年齢を男子のそれまで引上げること。

　b. 性的同意に関する最低年齢を引上げること。

3. 一般原則
差別の禁止

24. 委員会は、法律で婚外子が差別されていること、および、女子、障害のある子ども、アメラジアン、コリアン、部落およびアイヌの子どもその他のマイノリティ・グループならびに移住労働者の子どもに対する社会的差別が根強く残っていることを懸念する。

25. 委員会は、締約国が、とくに相続ならびに市民権および出生登録に関わるあらゆる婚外子差別ならびに「嫡出でない」といった差別的用語を法令から除くために法律を改正するよう勧告する。委員会は、とくに女子、障害のある子ども、アメラジアン、コリアン、部落、アイヌその他のマイノリティ、移住労働者の子どもならびに難民および庇護申請者の子どもに関して社会的差別と闘いかつ基本的サービスへのアクセスを確保するため、締約国が、とりわけ教育および意識啓発キャンペーンを通じて、あらゆる必要な積極的措置をとるよう勧告するものである。

26. 委員会は、2001年の「人種主義、人種差別、外国人排斥および関連のある不寛容に反対する世界会議」で採択されたダーバン宣言および行動計画をフォローアップするために締約国がとった措置のうち子どもの権利条約に関わるものについての具体的情報を、条約29条1項（教育の目的）に関する一般的意見1号も考慮に入れながら、次回の定期報告書に記載するよう要請する。

子どもの意見の尊重

27. 子どもの意見の尊重を向上させようとする締約国の努力には留意しながらも、委員会は、子どもに対する社会の伝統的態度により、家庭、学校、その他の施設および社会一般における子どもの意見の尊重が制限されていることを依然として懸念する。

28. 委員会は、条約12条に従い、締約国が以下の措置をとるよう勧告する。

　a. 家庭、裁判所および行政機関、施設および学校ならびに政策立案において、子どもに影響を及ぼすあらゆることがらに関して子どもの意見の尊重を促進しかつ子どもの参加の便宜を図ること。また、子どもがこの権利を知ることを確保すること。

　b. 子どもに影響を及ぼすあらゆる事柄に関して意見を考慮され、かつ参加する子どもの権利について、とくに親、教育者、政府の行政職員、司法関係者および社会一般に対し、教育的情報を提供すること。

　c. 子どもの意見がどのぐらい考慮されているか、またそれが政策、プログラムおよび子どもたち自身にどのような影響を与えているかについて定期的検討を行なうこと。

　d. 学校、および子どもに教育、余暇その他の活動を提供しているその他の施設において、政策を決定する諸会議体、委員会その他のグループの会合に子どもが制度的に参加することを確保すること。

4. 市民的権利および自由
表現および結社の自由

29. 委員会は、学校内外で生徒が行う政治活動に対する制限を懸念する。委員会はまた、18歳未満の子どもは団体に加入するために親の同意を必要とすることも懸念するものである。

30. 委員会は、条約13条、14条および15条の全面的実施を確保するため、締約国が、学校内外で生徒が行なう活動を規制する法令および団体に加入するために親の同意を必要とする要件を見直すよう勧告する。

名前および国籍

31. 委員会は、日本人の父および外国人の母の子が、出生前に父の認知を受けていないかぎり日本国籍を取得できないことを懸念する。これにより、場合により一部の子どもが無国籍となってきた。委員会は加えて、資格外滞在の移住者がその子どもの出生を登録できないこと、およびこれによっても無国籍の事例が生じてきたことを懸念するものである。

32. 委員会は、日本で生まれた子どもが一人も無国籍にならないよう、締約国が、条約7条との一致を確保するために国籍法および他のあらゆる関連の法令を改正するよう勧告する。

プライバシーに対する権利

33. 委員会は、とくに子どもの持ち物検査との関連でプライバシーに対する子どもの権利が全面的に尊重されていないこと、および、施設の職員が子どもの個人的通信に介入する場合があることを懸念する。

34. 委員会は、締約国が以下の措置をとるよう勧告する。

　a. 個人的通信および私物の検査との関連も含め、プライバシーに対する子どもの権利の全面的実施を確保すること。

b．条約16条との一致を確保するため児童福祉施設最低基準を改正すること。

体罰
　35．委員会は、学校における体罰は法律で禁止されているとはいえ、学校、施設および家庭において体罰が広く実践されていることに懸念とともに留意する。
　36．委員会は、締約国が以下の措置をとるよう勧告する。
　a．施設および家庭における体罰を禁止すること。
　b．体罰に関する態度を変革するため、子どもの不当な取扱いの悪影響について教育キャンペーンを実施すること。また、そのような罰に代わる手段として、学校、施設および家庭において積極的かつ非暴力的な形態の規律およびしつけを促進すること。
　c．施設および学校の子どもを対象とした苦情申立てのしくみを強化することにより、不当な取扱いの苦情が効果的に、かつ子どもに配慮した方法で対応されることを確保すること。

5．家庭環境および代替的養護
児童虐待およびネグレクト
　37．委員会は、児童虐待の通報および調査を改善するためにとられ、相当の成果をもたらしてきた措置を歓迎する。しかしながら委員会は、以下の点について懸念するものである。
　a．児童虐待の防止のための包括的かつ分野横断的な戦略が存在しないこと。
　b．訴追された事件数がまだきわめて少ないこと。
　c．被害者の回復およびカウンセリングのためのサービスが不充分であり、このようなサービスへの需要の高まりに対応できていないこと。
　38．委員会は、締約国が以下の措置をとるよう勧告する。
　a．とくに市民社会、ソーシャルワーカー、親および子どもと連携しながら、児童虐待の防止のための分野横断的な国家戦略を策定すること。
　b．家庭で虐待の被害を受けた子どもを対象とした保護措置を改善するために法律を見直すこと。
　c．児童相談所において被害者に分野横断的な方法で心理カウンセリングその他の回復サービスを提供する、訓練を受けた専門家を増員すること。
　d．子どもに配慮した方法で苦情を受理、監視、調査および訴追する方法について法執行官、ソーシャルワーカー、児童相談所職員および検察官に提供される研修を増加させること。

養子縁組
　39．委員会は、国内・国際養子縁組の監視および統制が限られた形でしか行なわれていないこと、および国内・国際養子縁組に関するデータがきわめて限られていることを懸念する。
　40．委員会は、締約国が以下の措置をとるよう勧告する。
　a．国内・国際養子縁組の監視制度を強化すること。
　b．国際養子縁組における子どもの保護および協力に関するハーグ条約（1993年）を批准および実施すること。

子どもの奪取
　41．委員会は、子どもを奪取から保護するための保護措置が不充分であること

を懸念する。

42. 委員会は、締約国が、国際的な子どもの奪取の民事面に関するハーグ条約（1980年）を批准および実施するよう勧告する。

6. 基礎保健および福祉
障害のある子ども

43. 委員会は、精神障害を含む障害のある子どもが、条約で保障された権利の享受の面で依然として不利な立場に置かれており、かつ教育制度およびその他のレクリエーション活動または文化的活動に全面的に統合されていないことを懸念する。

44. 「障害のある子どもの権利」に関する委員会の一般的討議（1997年、CRC/C/66付属文書Ⅴ）および障害者の機会均等化に関する国連基準規則（1993年12月20日の国連総会決議48/86）を考慮に入れ、委員会は、締約国が以下の措置をとるよう勧告する。

 a. 障害のある子どもに影響を及ぼすあらゆる政策を、それらが障害のある子どものニーズを満たし、かつ条約および障害者の機会均等化に関する国連基準規則にしたがうことを確保する目的で、障害のある子どもおよび関連の非政府組織と連携しながら見直すこと。

 b. 教育ならびにレクリエーション活動および文化的活動への障害のある子どものいっそうの統合を促進すること。

 c. 障害のある子どものための特別な教育およびサービスに配分される人的および財政的資源を増やすこと。

思春期の子どもの健康

45. 委員会は、思春期の子どもの間で精神障害および情緒障害（ストレスおよび鬱を含む）が蔓延していること、および、思春期の子どもの精神的健康に関する包括的な戦略が存在しないことを懸念する。委員会はまた、若者の間で性感染症が増加していることも懸念するとともに、締約国の青少年による薬物濫用について締約国が抱いている懸念を共有するものである。委員会はまた、18歳未満の子どもが治療および医療上の相談のために親の同意を必要とすることも懸念する。

46. 委員会は、締約国が以下の措置をとるよう勧告する。

 a. 精神的健康、リプロダクティブ・ヘルスおよびセクシュアル・ヘルス、薬物濫用ならびにその他の関連の問題に対応する、思春期の子どもの健康に関する包括的な政策（適切な場合には予防策を含む）を策定する目的で、思春期の子どもの健康に関する研究を実施すること。

 b. 18歳未満の子どもが親の同意なく医療上の相談および情報にアクセスできるようにするため、法律を改正すること。

 c. 思春期の子どもの精神障害および情緒障害の予防のためのプログラムを策定および実施すること。また、思春期の精神的健康の問題に子どもに配慮したやり方で対応する方法について、教職員、ソーシャルワーカーおよび子どもとともに働くその他の者を訓練すること。

若者の自殺

47. 委員会は以下の点についてきわめて懸念する。

 a. 若者の自殺率がますます高くなっていること。

 b. 自殺および自殺未遂ならびにその原因に関する質的および量的データが存

在しないこと。

c．若者の自殺の問題に対応する主要機関のひとつに警察が指定されていること。

48．委員会は、締約国が、児童相談所、ソーシャルワーカー、教職員、ヘルスワーカーその他の関連の専門家と協力しながら、若者の自殺およびその原因について詳細な研究を実施し、かつ、その情報を活用して若者の自殺に関する国家的行動計画を策定および実施するよう勧告する。

7．教育、余暇および文化的活動

49．委員会は、教育制度を改革し、かつそれをいっそう条約に一致させるために締約国が行っている努力に留意する。しかしながら、委員会は以下の点について懸念するものである。

a．教育制度の過度に競争的な性質によって、子どもの身体的および精神的健康に悪影響が生じ、かつ子どもが最大限可能なまで発達することが阻害されていること。

b．高等教育進学のための過度な競争のため、学校における公教育が、貧しい家庭出身の子どもには負担できない私的教育によって補完されなければならないこと。

c．学校における子どもの問題および紛争に関して、親と教職員とのコミュニケーションおよび協力がきわめて限られていること。

d．日本にある外国人学校を卒業して大学進学を希望する者の資格基準が拡大されたとはいえ、依然として高等教育へのアクセスを否定されている者が存在すること。

e．とくにドロップアウトした生徒を対象として柔軟な教育機会を提供している東京都の夜間定時制高校が閉鎖されようとしていること。

f．マイノリティの子どもたちにとって、自己の言語で教育を受ける機会がきわめて限られていること。

g．審査手続の存在にもかかわらず、一部の歴史教科書が不完全または一面的であること。

50．委員会は、締約国が以下の措置をとるよう勧告する。

a．高校を卒業したすべての生徒が高等教育に平等にアクセスできるよう、高い水準の教育の質を維持しつつも学校制度の競争的性質を緩和する目的で、生徒、親および関連の非政府組織の意見を考慮にいれながらカリキュラムを見直すこと。

b．生徒および親と連携しながら、学校における問題および紛争、とくに（いじめを含む）学校における暴力に効果的に対応するための措置を発展させること。

c．東京都に対して夜間定時制高校の閉鎖を再検討するよう奨励し、かつ代替的形態の教育を拡大すること。

d．マイノリティ・グループの子どもが自己の文化を享受し、自己の宗教を表明または実践し、かつ自己の言語を使用する機会を拡大すること。

e．教科書でバランスのとれた見方が提示されることを確保するため、教科書の審査手続を強化すること。

8．特別な保護措置
性的搾取および人身取引

51．パラ3で述べたように、委員会

は、児童買春、児童ポルノに係る行為等の処罰及び児童の保護等に関する法律（1999年）の制定および実施を歓迎する。しかしながら、委員会は以下の点について懸念するものである。

　a．強姦が、刑法において、男性から女性に対する行為として狭く定義されたままであること。

　b．性的搾取の被害者全員が適切な回復・援助サービスにアクセスできているわけではないこと。

　c．被害を受けた子どもが犯罪者として取り扱われているという報告があること。

　d．「援助交際」すなわち対償を伴う交際が行われているという報告があること。

　e．〔性的〕同意に関する最低年齢が低いこと。このことは「援助交際」を助長している可能性があり、また子どもの性的虐待の訴追を妨げている。

　52．委員会は、締約国が以下の措置をとるよう勧告する。

　a．男女の子どもが平等に保護されることを確保するため、性的搾取および性的虐待に関する法律を改正すること。

　b．児童相談所において被害者に心理カウンセリングその他の回復サービスを提供する、訓練を受けた専門家を増員すること。

　c．子どもに配慮した方法で苦情を受理、監視、調査および訴追する方法について法執行官、ソーシャルワーカー、児童相談所職員および検察官を訓練すること。

　d．未成年者の性的虐待および性的搾取に関連する法律についての資料、および教育プログラム（健康的なライフスタイルについて学校で実施されるプログラムを含む）のような、性的サービスの勧誘および提供を行う者を対象とした防止措置を発展させること。

　e．性的同意に関する最低年齢を引上げること。

少年司法

　53．委員会が締約国の第1回報告書を審査して以降、締約国が少年法改革を進めてきたことには留意しながらも、委員会は、改革の多くが、条約および少年司法に関する国際基準の原則および規定の精神に則っていないことを懸念する。このことはとくに、刑事責任に関する最低年齢が16歳から14歳に引き下げられたこと、および、審判前の身柄拘束の期間が4週間から8週間に引き上げられたことに関して指摘できる。委員会はまた、成人として裁判を受けて拘禁刑を言い渡される少年が増えていること、および、少年が終身刑に付される可能性があることを懸念するものである。最後に委員会は、評判の芳しくない場所に頻繁に通うなどの問題行動を示す子どもが罪を犯した少年として扱われる傾向があるという報告を懸念する。

　54．委員会は、締約国が以下の措置をとるよう勧告する。

　a．少年司法の運営に関する委員会の一般的討議（1995年）に照らし、少年司法に関する基準、とくに条約37条、40条および39条、ならびに少年司法の運営に関する国連最低基準規則（北京規則）および少年非行の防止のための国連指針（リャド・ガイドライン）の全面的実施を確保すること。

　b．法律を改正して少年に対する終身刑を廃止すること。

　c．自由の剥奪が最後の手段としての

み用いられることを確保するため、身柄拘束（審判前の身柄拘束を含む）に代わる手段の利用を増強すること。

　d．現在、家庭裁判所が16歳以上の子どもの事件を成人刑事裁判所に移送できることについて、このような実務を廃止する方向で見直しを行うこと。

　e．法律に触れた子どもに対し、法的手続全体を通じて法的援助を提供すること。

　f．問題行動を抱えた子どもが犯罪者として取り扱われないことを確保すること。

　g．リハビリテーションおよび再統合のためのプログラムを強化すること。

9．子どもの権利条約の選択議定書

　55．委員会は、締約国が、子どもの売買、子ども買春および子どもポルノグラフィーならびに武力紛争への子どもの関与に関する子どもの権利条約の両選択議定書を批准していないことに留意する。

　56．委員会は、締約国に対し、子どもの売買、子ども買春および子どもポルノグラフィーならびに武力紛争への子どもの関与に関する子どもの権利条約の両選択議定書を批准するよう勧告する。

10．文書の普及

　57．委員会は、条約44条6項に照らし、締約国が提出した第2回定期報告書および文書回答を広く公衆一般が入手できるようにするとともに、関連の議事要録および委員会が採択した総括所見とともに報告書を刊行することを検討するよう勧告する。このような文書は、政府、議会および一般公衆（関心のある非政府組織を含む）の間で、条約ならびにその実施および監視に関する議論および意識を喚起するため、広く配布されるべきである。

11．次回報告書

　58．委員会は、締約国の第3回定期報告書が、期限である2006年5月21日までに提出されることを期待する。報告書は120ページ以内に収められるべきである（CRC/C/118参照）。

（訳：平野裕二）

アジア・太平洋人権レビュー2004
企業の社会的責任と人権
2004年6月30日　第1版第1刷発行

編者●(財)アジア・太平洋人権情報センター（ヒューライツ大阪）
発行人●成澤壽信
編集人●西村吉世江
発行所●株式会社　現代人文社
　　　　〒160-0016　東京都新宿区信濃町20　佐藤ビル201
電話●03-5379-0307
FAX●03-5379-5388
E-mail●daihyo@genjin.jp（代表）
　　　　hanbai@genjin.jp（販売）
Web●http://www.genjin.jp

発売所●株式会社　大学図書
電話●03-3295-6861
FAX●03-3219-5158

印刷●株式会社シナノ
装丁●スタジオ・ポット
検印省略　Printed in JAPAN
ISBN4-87798-209-4 C3030
©2004　by Asia-Pacific Human Rights Information Center

㈶アジア・太平洋人権情報センター 編
アジア・太平洋人権レビュー●バックナンバー

アジア・太平洋人権レビュー1997
The Transformation of UN Human Rights System: its impact on the Asia-Pacific Region
国連人権システムの変動
アジア・太平洋へのインパクト
国連と覇権の狭間で:国連の人権活動の未来とアジア・太平洋地域／武者小路公秀●人権高等弁務官:レトリックと実態との狭間で／フィリップ・アルストン●国際人権条約と実施機関の役割:その変容と課題／金 東勲●女子差別撤廃条約とアジアの女性の人権／米田眞澄●国連とNGO:地球的な市民参加のうねりと人権／馬橋憲男●アジアにおける先住民族の権利確立に向けて:先住民族の権利に取り組む国連人権機構の歴史と現状／上村英明●人間居住に関するイスタンブール宣言●社会権規約委員会一般的意見4:十分な居住に対する権利●国家機関(国内人権機関)の地位に関する原則(パリ原則)●ララキア宣言●国連システムの人権活動とアジア・太平洋地域の人権確立●アジア・太平洋の地域の取決めに関する第4回・第5回ワークショップ結論
4-906531-28-8 C3030　定価2200円(本体)＋税

アジア・太平洋人権レビュー1998
Social Development and Human Rights in Asia
アジアの社会発展と人権
社会発展論の展開／西川 潤●「対抗思潮」としての社会権:社会権規約の可能性と課題／阿部浩己●国連における「発展の権利」の検討／山崎公士●アジアにおける人権・発展に関わる課題／川村暁雄●韓国の社会発展と人権・民主化活動／金 東勲●フィリピンの開発政策における社会発展と人権:カラバルソン地域総合開発計画の展開をめぐって／ジェファーソン・プランティリア＋横山正樹●タイの社会発展と人権活動／ラダワン・タンティウィタヤピタック●インドネシアの人権状況／アリフ・ブディマン＋津留歴子●カンボジアの社会発展と人権状況／川村暁雄●インドのグローバリゼーションと先住民族の権利:生物多様性に関わる伝統的な知識の「所有」をめぐって／斎藤千宏●第2回アジア・太平洋地域国内人権機関ワークショップ結論●人種差別撤廃委員会先住民族に関する一般的勧告XXIII●社会権規約委員会一般的意見7:相当な住居への権利●女性差別撤廃委員会一般的勧告23:政治的および公的活動
4-906531-48-2 C3030　定価2800円(本体)＋税

アジア・太平洋人権レビュー1999
Cultural Values and Human Rights in Asia
アジアの文化的価値と人権
人権と文化価値との調和:文献概括／ジェファーソン・プランティリア●日本と東アジアの文化的発展:新たな人権文化の可能性／武者小路公秀●アジアの文化的価値と人権:アプローチの有効性:スリランカの経験／バジル・フェルナンド●韓国の展望における文化的価値と人権／オ・ビョン・ソン●ジャワの倫理的規範と人権／ジョハン・フェルディナンド●アジアの文化的価値観と人権:フィリピンの視点から／ディエゴ・G・クエジャダⅡ＋ロメリノ・オビナリオ●インドの文化価値と人権推進／セバスチ・L・ラジ●バンシダル・プラダハン●人権とスリランカの仏教倫理／ササンカ・ペレラ●人権と文化、女性／ビナイ・スリニヴァサン●第3回アジア・太平洋地域国内人権機関ワークショップ結論●アジア・太平洋人権教育国際会議大阪宣言●社会権規約一般的意見8:経済制裁と経済的、社会的および文化的権利の尊重との関係●社会権規約委員会一般的意見9:規約の国内適用●社会権規約委員会一般的意見10:経済的、社会的および文化的権利の保障における国内人権機関の役割●自由権規約委員会一般的意見26:自由権規約の義務の継続に関する問題●女性差別撤廃条約選択議定書案(女性の地位委員会採択案)●子どもの権利に関する委員会によって採択された結論と勧告(第16・17会期)●拷問等禁止委員会一般的意見1:拷問等禁止条約22条の状況における3条の実施に関する意見
4-906531-78-4 C3030　定価2800円(本体)＋税

アジア・太平洋人権レビュー 2000
Implementation of the International Covenant on Economic, Social and Cultural Rights in the Asia-Pacific Region

アジア・太平洋地域における
社会権規約の履行と課題

社会権規約の実施における国家の義務:「人権」としての社会権が意味するもの／申 惠丰●アメリカ合衆国における社会権の位置づけ／釜田泰介●スウェーデンと社会権／竹崎 孜●韓国における社会権の位相と課題／金 東勲●ニュージーランドにおける社会権規約の履行:11条および12条を中心に／中井伊都子●日本における社会権規約の履行と課題／米田眞澄●フィリピンにおける社会権規約の履行:住居の権利を中心として／岡田仁子●インドにおける社会権の保障／野沢萌子●第4回アジア・太平洋地域国内人権機関ワークショップ結論●キャンディー行動計画:国内人権機関とNGOの協力●社会権規約委員会一般的意見11:初等教育に関する行動計画●社会権規約委員会一般的意見12:十分な食料に対する権利●社会権規約委員会一般的意見13:教育への権利●自由権規約委員会一般的意見27:移動の自由●女性差別撤廃条約選択議定書●女性差別撤廃委員会一般的勧告24:女性と健康●人種差別撤廃委員会一般的勧告24:異なる人種、民族的／種族的集団または先住民に属する者に関する報告●子どもの権利委員会が採択した勧告:少年司法の運営●子どもの権利委員会が採択した勧告:武力紛争における子ども
4-87798-030-X C3030　定価2500円（本体）＋税

アジア・太平洋人権レビュー 2001
Initiatives and Challenges Against Domestic Violence in the Asia-Pacific Region

ドメスティック・バイオレンスに対する
取組みと課題

日本のDV防止法の成立と問題点／戒能民江●韓国の性暴力・家庭暴力関連法施行状況と課題／金 在仁●台湾におけるDV防止法について／戒能民江●インドネシアにおけるDVの法的枠組み／リタ・セレナ・コリボンソ●タイにおける女性に対するDV:男らしさと男性加害者／ビラダ・ソムスワスティ●DV禁止法に関するマレーシアの経験／アイヴィ・ジョサイアー＋ショーバ・アイヤー●バングラデシュにおける女性に対する暴力の考察／サイラ・ラフマン●DVとニュージーランドの女性／ファリダ・スルタナ●家庭内における女性に対する暴力:ラディカ・クマラスワミ報告（抜粋）●女性に対する暴力の撤廃に関する宣言●アジア太平洋国内人権機関フォーラム第5回年次会合結論●社会権規約委員会一般的意見14:到達可能な最高水準の健康についての権利●自由権規約委員会一般的意見28:男性と女性の権利の平等●武力紛争への子どもの関与に関する子どもの権利条約の選択議定書●子どもの売買、子ども売買春および子どもポルノグラフィに関する子どもの権利条約の選択議定書●人種差別撤廃委員会一般的勧告25:人種差別のジェンダーに関連する側面●人種差別撤廃委員会一般的勧告26:人種差別に対する救済●人種差別撤廃委員会一般的勧告27:ロマに対する差別●職業および世系に基づく差別●人種差別撤廃委員会最終見解・日本
4-87798-056-3 C3030　定価2500円（本体）＋税

アジア・太平洋人権レビュー 2002
Initiatives and Challenges Racism in the Asia-Pacific Region

人種主義の実態と差別撤廃に向けた取組み

反人種主義・差別撤廃世界会議後の人種主義との闘い:とくにアジアとエイジアン・ディセンダンツを中心にして／武者小路公秀●在日コリアンおよび移住労働者とその家族に対する人種主義と日本の課題／丹羽雅雄●韓国における移住労働者に対する差別と人権運動／リ・クミョン・セシリア●ドッカデー（苦難を背負った人）:ビルマからの難民とタイにおける人種主義／クイニー・イースト●人種主義のないマレーシアをめざして／クァ・キャ・スーン●私たちの民族のよりよい生活に向けて／ジャッキー・テ・カニ●イスラム教徒へのまなざし／八木久美子●アジア・太平洋国内人権機関フォーラム第6回年次会合最終結論●子どもの権利委員会一般的意見1:教育の目的●自由権規約委員会一般的意見29:緊急事態●社会権規約委員会総括所見・日本
4-87798-094-6 C3030　定価1800円（本体）＋税

アジア・太平洋人権レビュー 2003
Rights of Persons with Disabilities

障害者の権利

慈善から人権問題へ：私たちの人生をコントロールする／ヴィーナス・M・イラガン●国連障害者権利条約の実現に向けて：障害者の声を盛り込むために／川島 聡●すべての人のための、バリアフリーで、権利に根ざした社会の構築をめざして：アジア太平洋障害者の十年のこれまでとこれから／秋山愛子●差別禁止法制定に向けて／池田直樹●障害をもつ女性／蛭川涼子●精神医療ユーザーの主張／山本深雪●アジア・太平洋国内人権機関フォーラム第7回年次会合最終結論●人種差別撤廃委員会一般的意見29：世系●自由権規約委員会一般的意見30：規約40条に基づく締約国の報告義務●社会権規約委員会一般的意見15：水に対する権利●子どもの権利委員会一般的意見2：子どもの権利の保護および促進における独立した国内人権機関の役割●札幌宣言・札幌プラットフォーム●障害者の権利実現へのパートナーシップに関する大阪宣言

4-87798-165-9 C3030　定価1800円（本体）＋税